读行者

从阅读走进现实

knowledge-power

k n o w l e d g e - p o w e r

读 行 者

纳兰容若词传

苏缨 毛晓雯 著

人生若只如初见……

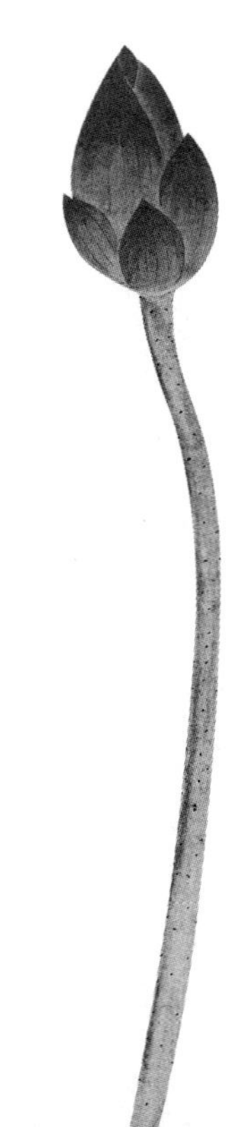

目录

第二幕

第三幕

第四幕

第五幕

第六幕

第七幕

第八幕

前言
纳兰容若，重21克

假若你似我一般百无聊赖，你或许能理解我怎么会在午睡后突然猜测起古人的重量来。

我猜关云长起码重100公斤，因他的情深义重，还有那一身高强武艺；苏东坡应该在70公斤上下，先有健康强壮的体魄，后有排除万难的精神，病恹恹如何能有“一蓑烟雨任平生”的豪爽；荆轲重55公斤，偏清瘦，气质特异，故力虽较不过秦王，但精神万古流芳；杜甫重65公斤，其中60公斤都在心脏，装满对天下苍生的悲悯，与经历大唐由盛转衰的惆怅；贺双卿重35公斤以下，一个将词填在花瓣与落叶上的女子，总是给人飘飘欲仙的想象；柳如是重40公斤以上，身为女子，却有不输男人的气度和情怀，过于柔弱的身体想来无法支撑她人生的精彩跌宕；而纳兰容若，重21克。

21克——西方人通过精密仪器测量出人在死去后体重会即刻减少21克，于是认为这21克是灵魂的重量。如果灵魂确实重21克，那么纳兰容若，就重21克。

沈从文先生说，不管是故事还是人生，一切都应当美一点。纵观纳兰一生，正是以美为原则开展和继续的，脚踏实地的人生，被他演绎成了一个美得有点悲怆的故事。故事分为两篇，上篇讲述肉身繁华热闹，下篇刻画灵魂寂寞荒凉。上篇的喧哗，只是为了衬托下篇的嘶哑。

我无论如何都不能想象，一个对爱苦心孤诣、将人生行进得有如诗篇、至死都以孩童面孔面对世界的人，除了21克外，还有别的重量。

在何处才能见到纳兰的21克，看清它是何形象、有什么不一样？到明日之屋去吧，如果能够到达。纪伯伦在《先知》中已清楚地告诉我们：

> 你们可以庇护孩子的身体，
> 但不能禁锢他们的灵魂。
> 孩子的灵魂栖息于明日之屋，
> 那是你们在梦中也无法造访之境。

毛晓雯

楔子

人生若只如初见

[1]顾贞观

康熙二十四年春。

北京。淑气渐生。

一名消瘦得有些孱弱的中年男子呆立于一株夜合花树下，持着一纸有着淡淡胭脂色的信笺，身体微微颤抖。月色冰凉，夜合花开了雪白晶莹的一树，香气在夜色的酝酿下愈发浓烈，竟有酒的味道，叫人不知不觉沉湎。

此时，没有人可以读懂他的眼睛，是无奈，是痛楚，是惶惑，是很多很多的内容，我们只是知道，不要在这个时间去惊扰他。哪怕一丝风、一丝雨、一抹夜合花的香气，都不要在这个时间去惊扰他。

我们从来也都只是仰望着他。他叫顾贞观，江南人，在整个康熙朝写诗填词的文人当中，“顾贞观”三个字是最响亮的几个名字之一。有人说他是全国词坛的第一名手，有人说他和另外一名公子并列第一，也有人说他只能排在第二，但无论如何，绝对没有人会把他排在第三名以后，除非这个人不怕落下一个外行的名声。

像许许多多真诚的诗人一样，顾贞观也是一个狂生，他一向泰然地接受世人的赞誉，却从来不肯承认自己就是词坛第一。他并不谦虚，谦虚从来不是诗人的美德。但在他的口中、心里，第一的位置永远属于此刻他手中这封信笺的主人——纳兰性德。

信笺的内容，是将来任何一个哪怕稍有诗词修养的人都能够脱口而出的：

人生若只如初见。何事秋风悲画扇。

等闲变却故人心，却道故心人易变。

骊山语罢清宵半。泪雨零铃终不怨。

何如薄幸锦衣郎，比翼连枝当日愿。

是的，这首《木兰花令》是所有纳兰词中流传最广的一首，“人生若只如初见”更是所有纳兰词乃至古往今来的所有诗词名句中最广为流传的一句。只是我们往往会把这首词、这句词从三百多年前的背景中抽离出来，用它来诉说我们自己的情绪，仿佛它一直就属于我们每个人自己的生活背景，属于我们每一个独特的、不为任何人所知也不容任何人窥探的私密空间。谁会知道呢，当顾贞观接到这首词的时候，他读到的内容，完全不同于我们任何一个人的理解。事情正像本雅明说的那样，古典的诗歌传统已经破碎了，诗人头上的光环重重地摔在人行道上，诗歌语言终于从公共空间走进了私人空间，并且在私人空间的小巷子里越走越深，越走越曲折，当小巷尽头的收信人展开信笺，小巷外面的我们只能提着灯笼、燃着蜡烛，小心翼翼地接近那个影影绰绰的目标。最后能不能找到，就看每个人的悟性与运气了。

这首《木兰花令》常被我们当作爱情诗来读，其实只要稍微下一点功夫，就会在道光十二年结铁网斋刻本《纳兰词》里看到词牌下边还有这样一个词题：“拟古决绝词，柬友”。这就是说，这首词是模仿古乐府的决绝词，写给一位朋友的。

汉魏乐府如今的读者已经很少了，但它毕竟是唐诗宋词的一大源头，有许多著名的诗词都是乐府旧题的形式。比如李白的《将进酒》，在诗体分类上我们很容易把它划作七言或杂言古诗，其实应该划作乐府。而决绝词本来也是乐府旧题，属于乐府当中的相和歌辞，原本是汉代街头巷尾传唱的歌谣，用丝竹乐器交相唱和的。元稹就写过三首很著名的《决绝词》，收在宋人郭茂倩编撰的百卷乐府当中。“君情既决绝，妾意已参差！借如死生别，安得长苦悲”，

这是八百多年前诗人元稹在同一题目之下的绝情之语，容若现在用到这个古老的题目，又标明“柬友”二字，可是要与故交决绝么？

不！如果读不懂词中的深意，又怎能称得上容若的第一挚友，又怎能当得起与容若并称的康熙朝词坛双璧之一！他看到一个孩子从身边跑了过去，边跑边跳，骑着竹马，跑出了大门，跑出了院墙，跑出了内城，又跑出了外城。这一刻，夜合花的花瓣无声地飘落，牵着顾贞观恍惚迷离的视线，飞过杨柳堆烟的庭院，飞过深深似海的侯门，飞过忧伤的雨丝与明媚的山河，锁进了一所结满春愁的江南庭院。

[2]沈宛

枕上片时春梦中，行尽江南数千里。他的梦断掉了，她的梦醒来了。睁开眼睛，又是这一所结满春愁的庭院。庭院之中，没有北方的夜合花，只有江南的丁香与芭蕉。“芭蕉不展丁香结，同向春风各自愁”，尤其是那芭蕉，叶子一重又一重地卷着，仿佛在无边的梅雨里永远不愿打开。那女子也是这般，她柔婉婉的身体蜷缩在一重又一重的回廊与院墙里，她愁僝僽的心畏缩于一重又一重的思念里。她已经属于千里之外这世上自己最爱的那个男子，她的生机便只等待他的开启。

她已经忘记了自己名叫沈宛，她只记得自己是纳兰容若的女人。

她不只是纳兰容若的女人，还是世界上每一个爱到痴狂的女子。

她记得容若曾经说过，自己的美，没有一点人间烟火气，若以名家国手的画来作比，与其说像一幅仕女图，不如说像一页山水画。那山水定是江南的山水，氤氤氲氲的，用一层迷蒙的水雾隔开尘世的琐碎与不堪。

他曾说过，自己是他避风的港湾，是他心底最后退守的城堡，给他足够的温暖和安全感，是属于他也不属于他的女人。

她的心底，每天都在不断重现着这些情话，怕有一万遍了吧。除了与心爱的人一起牵手对诗，这恐怕要算世界上第二号幸福的事情了。但是，此刻的沈宛，手里也持着一封信笺，是顾贞观从北京抄送来的。——这个顾贞观呀，沈宛想着，我与容若的结识是因为他，护送我千里北上京城寻找容若的也是他，再没有见过比他更加诚挚的男子，也没有见过比他和容若之间更加纯真的友

情，但是，他对我来说，究竟是个什么人呢？是带来幸福的信使，还是编织幻梦的魔王——在骗你相信了他所编织的幻梦之后再亲手把它扯碎？

今天，他带来的是幸福、幻梦，还是悲剧？这首题目上写着“柬友”的新词，他为什么要拿给我看？“人生若只如初见。何事秋风悲画扇”，沈宛低吟着信笺上刻骨的词句，无边的梅雨顿时已是无边的泪水。她读得懂，他心里生生世世不能割舍的，只有他的发妻卢氏，没有任何人可以代替，自己也不能。

她是江南最出众的才女，她熟悉士大夫们必须熟悉的所有典籍，她读得懂爱人的诗词中埋伏着的所有典故，而在这一切之上的是，她读得懂他的爱情。

呵呵，拟古决绝词，这是古老的乐府题目呀。一千多年前，汉代的长安城里，那条繁华的、植满垂柳的章台路上，那条外国使节来来往往的藁街上，丝竹的声音时时灌满行人的耳朵，有人唱，有人和，《决绝词》的古老歌谣不知被多少人唱过、听过呢。

汉魏六朝，多少年，多少有结果和没结果的爱情故事，唱过多少次这样的旋律呢？“晴如山上云，皎若云间月。闻君有两意，故来相决绝”这句诗，是在《宋书·乐志》里看到的，是那年海棠花畔、回廊曲处，他亲口读给自己听的。他说诗里是用山上白云和云间皓月来比喻自己的心志，而这样的心志自然容不得爱人有了两意。是的，言犹在耳，那时候，我们只是隔着发黄的书页，遥遥地感叹着古人的痴心与薄情，但是，今天的我们呢？

“何事秋风悲画扇”，是的，这是用汉成帝时班婕妤的典故，我看得懂，但我多希望自己看不懂——或者，我多希望那仅仅是发生在一千多年前、早已死在书本上的故事。那时候，班婕妤不再受到汉成帝的宠爱了，多才的她在一个入秋的天气里收拾房间，将一把美丽的团扇收进了箱子，她的泪水就是在这一刻突然落下的：再美丽的团扇也终会等到秋天，当秋风吹起，团扇要么被收起，要么被弃置，是的，就像一个个曾经受过万般宠爱的女子一样，就像自己一样。

新裂齐纨素，皎洁如霜雪。
裁成合欢扇，团团似明月。
出入君怀袖，动摇微风发。
常恐秋节至，凉飙夺炎热。
弃捐箧笥中，恩情中道绝。

沈宛想起了班婕妤的这首《怨歌行》。团扇是用齐地出产的丝绸精心裁制的，如霜似雪，形如满月，皎洁而团圆。这样的尤物“出入君怀袖”，与君形影不离。但为什么，每一把团扇都会等到秋天，每一个痴情的女子都会等到诀别？人之于人，若始终只如初见时的美好，若始终能保持初见时的感觉，团扇便永远是皎洁而团圆的。

不，不是每一个，沈宛不是，容若也不是。“等闲变却故人心，却道故心人易变”，词中这样的感叹，只是对人世间凡夫俗子的嘲讽，反衬出一对痴情人的无奈。是的，是无奈，容若始终无法留住自己想要留住的。

她来京城寻他，在京城黏他，回江南等他，但拼来的才会是人生，等来的只能是命运。

好在她终于读得懂他。词的下阕，“骊山语罢清宵半。泪雨零铃终不怨”，这是唐明皇和杨玉环的故事，书里写过，戏里唱过，她在及笄之年就已经知道了。骊山华清宫的长生殿里，唐明皇和杨玉环在七夕之夜私语盟约，白乐天描写这个场景，说“七月七日长生殿，夜半无人私语时。在天愿作比翼鸟，在地愿为连理枝”。但好景总是不长，马嵬坡杨妃缢死，后来在一个多愁的雨季，唐明皇凄凉入蜀，夜晚于栈道雨中闻铃，百感交集，依此音作了一曲《雨霖铃》。这便是《雨霖铃》词牌的来历。

这两句词，沈宛久久地读着“终不怨”三个字。曾经与唐明皇有比翼连理

之约的杨玉环，在被赐死之时，心中可有怨怼么？史书上讲过，那时候她只说了一句话：“妾诚负国恩，死无恨矣。”海誓山盟冰消瓦解了，不只如此，她甚至被那个狠心的男人亲口下令缢死，但她始终无怨。只不知道，无怨，也无悔么？只不知道，口中无怨，心中也无怨么？如果答案皆为“是”，女子之痴心恐怕莫过于此吧？

沈宛重读爱人的词句，透过所有迷惑人的字眼与典故，慢慢看清爱人的无奈与执着——无奈是对命运的无奈：我们终须决绝，无缘聚首；执着是对爱情的执着：纵然诀别一世，初心永远不改。“骊山语罢清宵半。泪雨零铃终不怨”，是的，有过“骊山语罢清宵半”的刻骨缠绵，纵然面对泪雨零铃的生离死别，口中心里，也始终没有一个怨字。

但是，“何如薄幸锦衣郎，比翼连枝当日愿”，唐明皇这个“薄幸锦衣郎”总算和爱侣有过“比翼连枝”呢喃私语的缱绻一幕，而我们，在永恒的悲剧、永恒的诀别前，竟连这样一个幸福的瞬间都不曾有过呢！

突然，她看到一个孩子从身边跑了过去，边跑边跳，骑着竹马，跑出了大门，跑出了院墙，跑过了梅雨的帷幕。这一刻，她忽然嗅到了丁香的味道，芭蕉也脉脉地展开了。沈宛忽然想起了唐朝诗人司空图的一句诗：“雨洗芭蕉叶上诗，独来凭槛晚晴时。”嗯，正是应景呢，在这芭蕉叶上题什么诗才好呢？李商隐的“芭蕉不展丁香结，同向春风各自愁”吗？不，诗还要用李商隐的诗，但一定要改作另一句了：“芭蕉开绿扇，菡萏荐红衣。”不为什么，只为芭蕉开了。

[3]严绳孙

江南。无锡。藕荡桥边。

藕荡桥，一个如此诗意的名字。这不过是江南普普通通的一座小桥，桥下每年夏天都会盛开江南普普通通的万朵荷花。此时的水面上，还只有荷叶，不见荷花。岸边一个老翁支着垂钓的鱼竿，视线却不在鱼漂上，而在手里的一封信笺上。

那是一张淡红色的八行小笺，纸质细腻，里边嵌着百合与玫瑰的花瓣，透出浅浅的印痕和淡淡的香气。这便是唐代就已闻名天下的薛涛笺，也称红笺，它的来历比它的形制还要美丽。红笺原本产自蜀地，那里的纸张本就是最好的。到了唐代，才女薛涛落脚在成都浣花溪畔，以绝世之姿、羡艳之才，和当时的许多文人名士诗歌唱和，其中有白居易、元稹、杜牧……多少名字都是我们耳熟能详的，甚至还和丧妻不久的元稹有过一场短暂的恋爱。诗歌唱和，多是一张纸上写一首律诗或绝句，但当时的纸张尺寸较大，以大纸写小诗，浪费倒不要紧，要紧的是不和谐、不好看。薛涛便特地让造纸工匠改小尺寸，做成小笺，自己又发明了新奇的染色技法，能染出深红、粉红、明黄等十种颜色，这就是所谓“十样变笺”，这不是普通的信笺，而是专门的诗笺。

在“十样变笺”之中，薛涛独爱深红色，而且染色之外，还以花瓣点缀，更添情趣。所以“十样变笺”独以红笺最为知名，甫一出世，便成了一众诗人追捧的对象。韦庄专门写过一首《乞彩笺歌》，大见当时的盛况，诗中说“人间无处买烟霞，须知得自神仙手”，以喻红笺工艺之妙、设计之巧；又说“也知价重连城璧，一纸万金犹不惜”，以喻时人的深爱与追捧。千载之后，薛涛

早已成为诗人们口中的传奇，红笺却仍然在名流文士之间小小地流传着，承载着多少卓越的笔墨；而那些情意绵绵的诗词与尺牍若不经过薛涛红笺，多少会显得不够精心，不够真挚。

严绳孙看得发呆，忽然一阵凉风吹过，险些把信笺吹飞了。水面上一阵荷叶晃动的声音，让人忆起“多少绿荷相倚恨，一时回首背西风”的诗句。

严绳孙定了定神。他手持这张红笺，并没有马上去看信的内容，而是抚摩着、玩赏着，从纸张看到墨迹。容若的信是行楷写就，但看得出，他的根底是唐代书法大家褚遂良的楷书。严绳孙忆起几年前自己以“江南三布衣”之一的名流身份被征召进京，参加博学鸿儒科的考试，那段时间常在明珠府中，与纳兰容若朝夕相对。

容若小自己三十多岁，却像同龄朋友一样地投契。那时候，最常聊起的就是书画。记得容若一直在临褚遂良的帖子，严绳孙说他已经得了“拨镫法”的真传，他很高兴，但反问严绳孙说：“怎么是‘拨镫法’，难道不是‘拨灯法’么？”他们那场漫长的书法讨论就是从这里开始的。

“拨镫法”或者“拨灯法”，传自二王，是书法运笔的独特法门。有人说是“拨灯法”，取意于手持小棍拨挑灯芯的动作；也有人说是“拨镫法”，取意于骑术中的身体悬空、双脚微点马镫的动作。总之，书法运笔，贵在手指与笔杆的不即不离、若即若离；笔杆并不总是笔直的，而手指有擫、押、钩、格、抵的五种用力方法，任由笔杆如何动作，始终保持力道的平衡。

后来是容若一脸天真地认输了，但那一脸的笑容，好像自己赢了似的。

严绳孙想出了神。在容若所有的朋友当中，也许只有他会在拿到一封信笺的时候先对纸张和书法投入这么多的关注了。的确，他的诗词也许并不太好，对儒家经典也许并不那么上心，对功名利禄更是视若浮云，总是当不了几天官便急着回家乡退隐，但他是当之无愧的书画国手。当初参加科举考试的时候，康熙皇帝就是从众多考卷中认出了他的笔迹，特地把他拔擢为鸿儒科二等，这件事在很长的时间里被传为士林佳话。

严绳孙抬头看了看旁边的藕荡桥，又把视线放远了些，望向远处曾有西子浣纱的苎萝山，望向范蠡和西施泛舟而去的五湖，这就是传说中的江南，是自己作画的地方，归隐的地方。那一年容若也曾有一首词寄来，现在依稀背得出：

藕荡桥边理钓筩。苎萝西去五湖东。笔床茶灶太从容。
况有短墙银杏雨，更兼高阁玉兰风。画眉闲了画芙蓉。

——《浣溪沙·寄严荪友》

呵呵，“画眉闲了画芙蓉”，好一番戏谑！这位老大不小的书画国手难道真的先要为太太画眉，得了闲才去画画花鸟吗？

严绳孙温暖地笑了，那是容若读过自己的那首《浣溪沙》，从那句温柔旖旎的“犹是不曾轻一笑，问谁堪与画双蛾。一般愁绪在心窝”当中抓到了笑柄。哦，今天的这首词，《木兰花令》，用褚遂良的笔意写在薛涛笺上的，又是怎样的问候呢？——这是前几天从沈宛那里寄来的，她知道严绳孙在搜集容若的诗词，还叮嘱严绳孙要寄还给她。

“人生若只如初见。何事秋风悲画扇。等闲变却故人心，却道故心人易变。”看到这样的词句，严绳孙的脸色略略起了一些变化，留心起词题中“柬友”这两个字来。多年之后，他在笔记里回忆起这件事，记得自己当时生出了一些将信将疑的心理，一时间几乎不敢相信这就是那个年轻、天真，总是带着几许自信和几许忧伤的纳兰容若写出来的，尤其不相信他是写给某位朋友的——这个真挚的大孩子，他从来不会对不起任何一位朋友，也没有任何一位朋友会忍心对不起他。

此刻的严绳孙突然想到了容若的另一首词。那是几年前，自己的辞呈终于被批准了，终于可以告别足足五年的官场生涯，告别这个冠盖满京华的名利场，回到江南故居，在苎萝山下、藕荡桥边，支起烹茶的小炉灶和悬挂毛笔的笔床，来一个“笔床茶灶太从容”，真正地享受一下人生的诗情画意。那个时候，他对京城唯一的留恋就是纳兰容若。

离开的时候，容若写了一首《送荪友》交给自己：

人生何如不相识，君老江南我燕北。
何如相逢不相合，更无别恨横胸臆。
…………

有这样的一些人，他们总是冷冰冰地和人保持距离，其实并不是因为冷漠，而是因为恐惧——在酿就了感情之后再被命运分开，这样的痛是如此难以承受，倒不如茕茕然地生活。不去爱，就不会有恨。

…………
芙蓉湖上芙蓉花，秋风未落如朝霞。
君如载酒须尽醉，醉来不复思天涯。

一首《送荪友》就这样故作洒脱地结尾了。回头看去，无论是“人生何如不相识”，还是“人生若只如初见”，那字里行间的明明的恨，分明藏不住它们背后的浓浓的爱。说什么“拟古决绝词”，那不是决绝，而是不忍分别！

不忍分别，但终要分别。临别的前一天，严绳孙一直都在容若的书房里。严绳孙始终记得，那天他们谈到了人世，谈到了命运，谈到了顾贞观、吴兆骞，谈到了所有的朋友，当然，也谈到了沈宛。

一到江南就先去看她。严绳孙说。

那是多久的事，多近的事？“等闲变却故人心，却道故心人易变”，容若悄悄地藏了典故哦！这不是谢朓的诗么：

掖庭聘绝国，长门失欢宴。
相逢咏蘼芜，辞宠悲团扇。
花丛乱数蝶，风帘入双燕。
徒使春带赊，坐惜红颜变。
平生一顾重，宿昔千金贱。
故人心尚永，故心人不见。

——谢朓《同王主簿怨情》

“故人心尚永，故心人不见”，但故心人何曾变来？回头看去，“平生一顾重，宿昔千金贱”，这不正是容若的性情么！

严绳孙释然地笑了。这一刻，他突然看到一个孩子从身边跑了过去，边跑边跳，骑着竹马，跑到了藕荡桥的那边，跑到了苎萝山的那边，跑到了五湖的对岸……严绳孙收起了钓竿，收拾了钓筒，在夕阳里信步回程。他没有带走一尾鱼儿，只带走了满塘荷叶的清香。

[4]纳兰性德

北京。

这是康熙二十四年五月三十日，公元1685年的7月1日。

纳兰容若已经在家里躺了整整七天七夜了。在这七天七夜里，他没有说一句话，没有写下一行字，也没有任何人把当时的情形记录下来。我们无从知道在这个最残酷的日子里，容若在惦记着什么，回忆着什么，梦着什么，忘着什么。只在他死后，从他的老师徐乾学所写的墓志铭里我们读到："君之丧，哭之者皆出涕。为哀挽之词者数十百人，有生平未识面者。"韩菼写的神道碑铭也有近似的记载："斯海内之知与不知者，无不摧伤……"

只在人世间度过了匆匆的三十一年，纳兰容若就这样平平常常地死在了病床上，平平常常地葬在京西皂甲屯的家族墓地里。墓地早已寻不见了，是一点一点的天灾，夹杂着数不清的人祸，让这里改天换地了。十几年前，这里建了一座纳兰性德纪念馆，如果你愿意沿着大河一样的上庄水库，在垂柳的荫蔽下走上半个小时，或许可以找到。

旁边是一个叫作上庄的小镇，这是北京海淀区的最北端，虽然理论上讲仍属北京市区，但当地人的口音已经大不同于京腔了。整个镇子基本就是由一个叫作"上庄家园"的居民小区，以及小区围墙外边的一些饭馆和商铺构成。运气好的话，访古的游客们也许会在菜市场的隐蔽处发现这里唯一一家招待所。多年前我走过那里，看到在菜市场的对面，唯一一家卖报刊的小店里正醒目地摆着一本《纳兰词典评》——这是店里罕见的几本正版书之一，素雅的封面在一众以浓烈的视觉冲击取胜的封面的挤压下反而显得扎眼。在小店的窗口，店家用硬纸板写就的广告牌上强调着纳兰性德是一位著名的“本地诗人”。

车来车往，人来人往，声音无处不在，还有大妈们的秧歌和小贩们的喇叭声。对于任何一位访古的游客，眼中所见的永远只是平庸和单调，而诗人的传奇永远只存在于我们世界的彼岸。也许，只有孩子一般的人，才能看到那个飞跑而过的孩子的背影，看着他跑过了街道，跑过了人群，跑过了时间和空间，跑到了诗的后面和诗的前面。

“揭帝揭帝，波罗揭帝，波罗僧揭帝，菩提萨婆诃。”渡吧，渡吧，勇敢地渡到彼岸……

第一幕

身世：别有根芽，不是人间富贵花

非关癖爱轻模样，冷处偏佳。
别有根芽。不是人间富贵花。
谢娘别后谁能惜，飘泊天涯。
寒月悲笳。万里西风瀚海沙。

——纳兰容若《采桑子》

一个人究竟可以在多大程度上改变命运呢？这是我们每一个人都关心或者关心过的问题。中国的老话“一命二运三风水”，在我们这个广泛信奉着“性格决定命运”“成功要靠自己”的时代里，越发成为被人唾弃的“封建糟粕”了。

祖先的经验真的不再可靠了吗？千百年人生经验的积累，难道就被时下的励志读物轻易推翻了吗？而在漫无边际的励志读物之外，另有一些人做过相当认真的研究。诺贝尔经济学奖得主弗兰克·奈特就曾在一个相当广泛的调查基础上，得出这样一个令人心酸的结论：对一个人的未来最具决定意义的是他的出身，其次是运气，个人努力相比之下是最不重要的。法兰西学院院士、被称为“法国最后一名知识分子”的布迪厄也用自己的研究印证了相似的结论。出身，如果不是决定了一切的话，至少决定了你大半部分的人生。那些丑小鸭变天鹅的故事只是小概率事件罢了。你也可以变成天鹅，正如你也可以买中彩票。

人们从来只接受他们愿意接受的结论，无论这样的结论是否禁得起严苛的论证，所以我们很容易把奈特和布迪厄的研究抛诸脑后。不过，本书的主人公，他绝对是个例外：在中国的版图上，还有几个人有着比他更加优越的出身呢?

追溯起这位贵公子的出身，还颇有几分复杂。在很多书里，还有网上，都说容若是一位“满族词人”——事实上这是大有疑问的。这个满族的身份，其实只是容若的“政治成分”，他属于满洲正黄旗，除此之外，无论从传统的角度还是从现代的角度看，他都不是满人。

从血缘上看，容若是蒙古人，本来属于土默特氏，这一支蒙古部族征服了满洲的那拉氏，然后不知出于怎样一种心理，放弃了土默特氏这个本姓，改用了被征服者的姓氏。纳兰性德的“纳兰”就是“那拉”的另一种汉译，也只有精通汉文化的人，完全以汉族知识分子的文化心态，才可能把那拉、纳腊译成“纳兰”这样一个美丽的汉名。从容若以“纳兰”来称呼自己姓氏的那一刻起，他已经成为一名汉人。

——不，这绝对不是修辞意义上的说法。中国博大精深的儒家文化在两千年前就已经超越了狭隘的血统论，而以文化论取代之。华夷之辨虽然极严，但华夏不是永远的华夏，夷狄也不是永远的夷狄：如果华夏放弃了自家的衣冠礼义，就会堕落为夷狄；同样地，夷狄只要吸纳了华夏的衣冠礼义，也就摆脱了夷狄的身份，而进诸华夏。我们的祖先，心胸是何等宽广!

我们在历代的史料中经常会遇到这样的阐释，一代代的知识分子不断地把文化界定为区分华夷的唯一标准。宋代方凤《夷俗考》提出“人性之善，无间夷夏”，之所以有夷夏之别，是性相近而习相远，只要受感化于我们伟大的华夏文化，夷狄便也是华夏；南宋春秋学的一代宗师胡安国也在《春秋传》里这样说道，“人之所以异于禽兽，中国之所以贵于夷狄，以其有父子之亲、君臣之义耳”；还有心学的祖师陆九渊，他也和胡安国一样激愤于南宋政权的偏安之局，在讲授《春秋》的时候借古讽今，大谈“圣人贵中国、贱夷狄”，但他马上就做出清晰的说明，说这并不是圣人对中国有所偏私，中国之所以卓越，

不是因为地理，不是因为血缘，而仅仅是因为礼义文化。

这就是正统的儒学标准，每个人都可以拿这个标杆来衡量自己、衡量别人。之所以有那么多桀骜不驯的汉人愿意与容若这个“侵略者的一员”倾心相交，只因为他们是真正的儒家，容若是真正的汉人。相反，那些背弃了华夏文化的人，即便血管里流淌着最纯正的汉族血液，却已经变成了夷狄。我们高贵的华夏文化，常会让最有才华的异族人深深拜服，也常会被自家人轻易抛弃。

纳兰性德，从他降生的那一刻起，就在一起奇异的死亡事件中与汉文化结下了不解的缘分。此后的三十一年生命，仿佛一直固执地沿着一条再无旁人看得见的轨道行进，远离了他的血脉，远离了他那白山黑水的根底。

[1]成德，名字的来历、疑云与谶语

顺治十一年，即公元1654年，西风开始吹进京城，带来些许料峭的寒意，却从来没有吹散过广源寺里缭绕的香烟。这里的住持法瑋大师是一个奇怪的人，他从来不像其他和尚那样热衷于操办各种法事，任达官显贵们出多高的价钱，他从不为他们的任何物件做哪怕最简短的开光仪式。他只是讲经，只是说法，他还冒天下之大不韪，发表过相当惊世骇俗的言论，说佛祖早就死了，根本就没有能力保佑任何人，只是在有生之年播下了一颗佛法的种子，任由这颗神奇的种子在其身后百年千年的岁月里不断生根繁衍、开花结果。花儿、叶子或者果子，也许有一天会落到你的头上，也许要靠你自己去寻找，去采摘，你或许可以由此摆脱尘世的苦海，达到佛的世界——也许你达不到，无论你达到与否，佛都不会帮你。

其实他早已经帮了你，就是在两千年前种下了那颗种子，但他毕竟死了，死人听不到任何人的许愿，无论你多么虔诚。面对善男信女们的困惑，法瑋大师常常用同一句话来回答："如果你想要一张纸，你会怎么做呢？会跪倒在蔡伦塑像的脚下烧香许愿吗？"——后来这句话成为京城士大夫中最流行的一句禅机，而且是唯一一句每个人都能听懂的禅机。

于是，最自然不过的发展是，愚夫愚妇们很快地抛弃了法瑋大师。因为他们并不需要佛法，他们只需要一座圣殿可以倾诉，只需要一尊佛像可以倚靠，只需要一个可以让自己表现虔诚的场合，使自己相信付出了（无论是付出烧香、礼拜还是施舍的代价）总有一天会得到回报。所以他们认为法瑋大师是一个奇怪的和尚，虽然他对佛家经典如数家珍，虽然整个京城再没有一个修行者

有他那样恢宏而和平的气度，虽然他从来都以最苛刻的标准遵守着那数不清的清规戒律，但他们始终不相信他。

每一个人、每一个世界都是一面筛子，只要给出足够的时间，就会得到精确的选择。法琫大师的佛门也是这样一面筛子，漏过去的是千千百百的愚夫愚妇，却吸引了越来越多的士大夫。当然，这里仍然有着一些贩夫走卒，甚至带刀的旗人武士，总之，这里能够吸引来的人，无论有没有深厚的学养，都有一些共同的特点：坚强的意志和强悍的理性。

在这些人当中，有一个那拉氏的青年，从他那张带着几分文气的脸上，很少有人能看出他的蒙古血统，更难以相信他并不是一名读书的士子，而是一名大内侍卫。今天的他一点都没有往常的从容，眉宇之间掩饰不住一丝狂喜，还有淡淡的焦灼。他一直在人群外边静静地守着，有时候烧上一炷香，但并不祈祷什么，只是在那氤氲的烟雾中放松着自己的神经，不自觉地陶醉在即将为人父的喜悦里。

好容易等到了可以和法琫大师单独谈话的时间，青年单刀直入，请法琫大师为自己即将出生的孩子取一个名字。“您不要笑！我知道很多人都说名字只是一个符号，但我相信，一个人的名字可以昭示这个人的一生。”青年说道。

法琫大师还是笑着：“他们说得对，你说得也对。”

“为什么？”青年现出一脸的困惑。

法琫大师轻轻地答道：“只要你信，事情就会成真。”

“这……”

“明珠，”法琫大师低声唤着青年的名字，“因为你信，所以你不会永远只是一名普普通通的大内侍卫，而终将成为一颗耀目的明珠，到了那个时候，没有人可以直视你的光芒。因为你信，你的孩子也会用他的一生来成就他的名字。”

明珠一怔：“这么说，您已经想好了犬子的名字？”

法瑋大师笑道：“《易经》里说：‘君子以成德为行，日可见之行也。’”

明珠点头：“这是乾卦的内容。”

法瑋大师问道：“你明白这句话的意思？”

明珠再次点头道：“我是大内侍卫，但也读过一些经典。这句话是说君子之行。君子的一言一行都在成就着自己的德业，这些言行都是外显的，每个人都可以看到、感受到。”

“好，”法瑋大师笑道，“‘君子以成德为行，日可见之行也。’这个孩子，我想会是一个男孩，他的名字就叫‘成德’。”

这一年的腊月十二，公历1655年1月19日，虽然外面是刺骨的寒意，明珠府里边的人脸上却满是焦灼而喜悦的汗水——小男孩终于顺利诞生了，取名成德。“君子以成德为行，日可见之行也”，这句话将是这个孩子今后一生的写照吗？初为人父的明珠虽然满怀期待，心里却并不那么笃定。

小男孩有了一个大名，他还要成长许多年才能明白这个名字的蕴意。他的父母自然不会呼他成德，而是呼唤他的小名：冬郎。

腊月出生，所以叫作冬郎。二十多年以后，顾贞观有一次半开玩笑地说：容若之所以诗词写得那么好，完全是因为李商隐早在唐朝就为他做出预言。——这是发生在唐朝的一则典故。诗人韩偓从小是个神童，吟诗作文可以一挥即成。韩偓的父亲和李商隐是故交，一次李商隐要离开京城，加入东川节度使的幕府，大家为他设宴送行，年仅十岁的韩偓即席赋诗，才华之高震惊四座。后来李商隐追忆起这件事来，仍对少年韩偓的佳句回味不已，便写了两首七绝寄给韩偓作为酬答，兼呈韩偓的父亲韩瞻（字畏之）：

十岁裁诗走马成，冷灰残烛动离情。

桐花万里丹山路，雏凤清于老凤声。

剑栈风樯各苦辛，别时冰雪到时春。
为凭何逊休联句，瘦尽东阳姓沈人。

诗中大大地推崇神童韩偓，最著名的是第一首的最后两句：“桐花万里丹山路，雏凤清于老凤声”，这就是“雏凤声清”这个成语的出处。这两首诗有个很长的题目，叫作《韩冬郎即席为诗相送，一座尽惊，他日余方追吟“连宵侍坐裴回久”之句，有老成之风，因成二绝寄酬，兼呈畏之员外》。题中的“韩冬郎”就是韩偓，“冬郎”是韩偓的小名。

因着这个故事，顾贞观戏对容若说：“令尊大人给你取‘冬郎’这个小名的时候，是不是已经把你当作神童韩偓了呢？这样的话，他老人家真是慧眼，纳兰冬郎的诗名早就‘雏凤声清’，远在韩冬郎之上了。”

容若不置可否：“家严当时应该想不到这么多吧。我是腊月出生的，自然就叫冬郎了。”

此冬郎与彼冬郎是何等相似！韩偓可以“十岁裁诗走马成”，容若流传下来的最早的一首诗恰恰也是在十岁那年写的。那是康熙三年，正月十五元宵之夜，本该是满月流光，却发生了月蚀。十岁的小冬郎用他那一点不显稚嫩的诗笔记下了这个特殊的景象：

夹道香尘拥狭斜，金波无影暗千家。
姮娥应是羞分镜，故倩轻云掩素华。

——《上元月蚀》

诗中说元宵之夜的繁华京城没有等到应来的月光，想是嫦娥害了羞，不肯移开镜子露出脸庞，还特意遮掩了一层轻柔的云彩。

七绝虽然短小，却已经属于近体诗了，对声律有着严格的限制，更何况明清时代人们的口音早就变了，可写诗填词还必须依照唐宋的发音，便免不了许多死记硬背的功夫。诗歌本就是戴着镣铐的舞蹈，镣铐越重，舞者越可以尽展才华。

十岁的小冬郎已经掌握了近体诗的写法，熟悉了平仄音的错综变换，背熟了唐宋的汉字在韵谱上的发音，流畅地化用古语，可以戴着所有的这些镣铐，无拘无束一般抒写着天才诗人的想象。

同一天里，冬郎还写过一首《上元即事》，渲染元宵之夜的璀璨灯火：

翠耗银鞍南陌回，凤城箫鼓殷如雷。
分明太乙峰头过，一片金莲火里开。

这首诗虽然写得平平，但足以告诉我们：小冬郎此时的阅读量已经相当可观了。他会用“翠耗”这样的生僻字眼，会用“凤城”这样的诗歌套语，会用“太乙峰”和“金莲”这样的典故，而“殷如雷”这个比喻则说明他已经学过《诗经》了。

在这短短的几句诗里，我们不仅看到了小冬郎过人的聪慧和努力，也看到了明珠夫妇为儿子的教育花费了多大的心思。百姓总是出于酸葡萄心理相信“豪门子弟多纨绔”，殊不知越是豪门，越可以并舍得在子弟的教育上花费血本。明珠的倾力投入，真的把冬郎培养成了李商隐赞赏的“冬郎”。

也许是有意，也许是巧合，作为旁观者的我们毕竟不得而知，只是惊叹，容若无论大号还是乳名，都像谶语一样昭示着他的一生，纠缠着他的一生。

关于容若的名字，这里还要交代两句后话：在容若二十多岁的时候，康熙皇帝立了第二子为皇太子，皇太子乳名保成，和容若的名字一样有一个“成”

字。于是为了避皇太子的名讳，已经用了二十多年的“成德”便被改为“性德”，这就是最为我们熟悉的名字：纳兰性德。直到第二年，保成改名胤礽，“性德”才恢复为“成德”。

所以，“性德”这个名字其实只用了一年而已，我们称呼公子为纳兰性德实在没什么道理，只是约定俗成罢了。

至于公子自己，在署名的时候每每署作“成德”，或者效法汉人的称谓，以“成”为姓，另取“容若”为字，署作“成容若”，他的汉人朋友们也往往用“成容若”这个名字来称呼他。在这样一个纯汉化的称谓里，昭示着容若对文化血脉的强烈认同。

是的，按照汉文化的传统，儒家经典《礼记》里早已讲过“二名不偏讳”，也就是说，对两个字的名字，如果言语或书写中只用到其中的某一个字，就不必避讳。皇太子既然乳名保成，只要别人的名字不是同时含有“保”和“成”这两个字就是可以的。满人吸纳了汉人的文化，而且把汉文化中强调君臣父子秩序的内容拿过来变本加厉。容若看得清楚，这不过是权谋治术而已，而他自己作为一名真正的汉文化的倾慕者，只要还有一线余地，就绝对不愿接受那些变了质的汉文化。

关于“成德”这个名字，还有一层很重的疑云，是连容若自己都解释不清的。少年时代的容若已经学习过儒家的许多经典了，有一天他学到《仪礼》，看到其中有“令月吉日，始加元服。弃尔幼志，顺尔成德。寿考惟祺，介尔景福”的句子，这是古代贵族子弟在成人礼（冠礼）上接受的祝词，意思是说：“在这个良辰吉日里，为你加冠，表示你已经进入成年。希望你从此以后抛弃童心，谨慎地修养成人的品德，这样你就可以顺顺利利地得享高寿和洪福。”在双行的小字里，郑玄和贾公彦这两位前辈大儒明明白白地注释着：这是行成人礼的时候对贵族子弟告诫和劝勉的话，告诉他们只要抛弃童心，像一个成年人那样遵守纲常秩序，就可以享洪福、享高寿。

容若早就听父亲讲过自己名字的来历，在此之前，他一直以为“成德”二字就是《易经》里的名言，所谓“君子以成德为行，日可见之行也”，父亲一直这样叮嘱自己，自己也一直有这样的自我期许。但是，“成德”二字竟然也在另一部儒家典籍《仪礼》当中出现，说的却是“弃尔幼志，顺尔成德……”容若不免有些迟疑：“照这么说，如果我抛弃不掉童心，不能像一个‘标准的’成年人那样在纲常礼制里规规矩矩地待人处事，我将来就不会有福有寿吗？”

这个疑惑，不知道容若有没有对旁人讲过，他把它悄悄地记在笔记里，也许不久就忘记了，只是在将来每一次遭受命运捉弄的时候又陡然想起。而在我们这些深爱容若的旁观者看来，“成德”二字果真是一句谶语——容若始终都不曾抛弃他那颗比世界更要宝贵的童心，也实实在在地为这颗童心付出了太过惨重的代价。

我们眼睁睁看着容若的一生，仿佛一个纯真的孩子，赤身露体地走在命运的丛林里。

容若让我想到达达主义。

达达主义，一战期间诞生的一种艺术流派，宣称文艺创作应屏蔽思想干扰，只表现感官感知到的直接印象。

达达，源于法语“dada”，意为儿童玩耍用的木马，读音模仿婴儿的牙牙学语。人在婴儿时期还未被文明污染，对周遭事物的反应单纯而直接，不加掩藏或修饰，带着近乎野性的真挚。达达，人一生最初的发音、最后的实话。

相较主张否定与破坏一切、有些简单粗暴的达达主义，我以为容若更能代表“达达”二字，终其一生，他都在实践孩子的艺术：放弃理智与逻辑，忽视人类社会道貌岸然的生存规则和价值观，听从感觉的蛊惑，让心灵成为指引。

要糖果和游戏，不要算计。

孩子并不多。在冷硬现实的猎杀下，孩子成了稀缺品。不要蔑视曾经幼稚的自己，就算对过去的天真无法欣赏，至少可以怀有凭吊的心情。

【小考据】 十岁时的纳兰词?

在容若的文集当中，写上元月蚀的除了这里提到的一首七绝之外，还有一首词《梅梢雪·元夜月蚀》：

星毬映彻。一痕微褪梅梢雪。紫姑待话经年别。窃药心灰，慵把菱花揭。

踏歌才起清钲歇。扇纨仍似秋期洁。天公毕竟风流绝。教看蛾眉，特放些时缺。

这首词的大意是：京城的元宵之夜到处都是花灯和焰火，梅梢的积雪竟在这一夜里微微融化了一些。厕神紫姑正欲与人诉说多年的离情别绪，嫦娥却正懊悔着当初偷了仙药独上月宫，不愿揭开镜面见人，所以月华被深深地掩住了。但很快地，驱逐天狗的铜锣声停了下来，月亮又露出脸来。地上的人们手拉着手，脚踏着节拍，再次把歌唱响，天上的月亮也恢复了七夕时候的明艳皎洁。都是因为天公的风流啊，为了看一眼月儿那弯弯的蛾眉，特地制造了这一次月蚀。

不用多说，这首《梅梢雪·元夜月蚀》比前边的一首七绝高出太多。以前的说法，认为容若这一生只见过一次上元之夜的月蚀，所以这首词必定也和那首《上元月蚀》的七绝写在同一天里。如果这样的话，这就是容若最早的一首词作。

这完全是一首成熟的作品，于是有些故事便做了十分渲染，添枝加叶地描写十岁的小冬郎当时是如何地艺惊四座。但这实在是不可能的。

只要我们对诗与词的发展源流略有所知，就会清楚一点：写诗向来被当作文人立言的正途，而填词只是所谓艳科小道，不但没有什么地位，还总是很难遮掩歌姬舞女的情调。所以我们看容若成年之后的填词宣言，大有冒天下之大不韪的劲头。如果十岁的容若居然填出词来，尤其是这样一首充满风流韵致的词，那情形一定像《红楼梦》里的宝哥哥和林妹妹偷看《西厢记》一样，一旦被家长知道，少不了一顿责罚。

再者，以天文学的知识来看，容若二十八岁那年（康熙二十一年）的元宵之夜，京城再次上演了一次月蚀，由此便可以为这首《梅梢雪·元夜月蚀》标出清晰的创作时间。

[2]法琿大师的佛门密室

容若的这个疑惑，本来可以去请教为他取了这个名字的法琿大师，但他没有这个机会了，因为就在几年之前，法琿大师已经死去了。他的死是如此离奇，以至于在此后的几年之中一直都是街头巷尾的谈资，也多次见诸清人笔记。

我们综合各种不同的记载，可以大略梳理出事件的轮廓。当时，对言论过度敏感的清政府以“妖言”的罪名指控了法琿大师，大师一开始只是淡淡地叹息了一声，说了一句：“可有所据？”说罢就走进了禅房。

法琿大师在京城里一向很有名望，差役没敢贸然抓人，只是围住了禅房，等待上司指示。他们很快就等到了，不仅是指示，督责此案的官员也亲自来了。那是一个春天的夜晚，月华如水，花香四溢，官员拖着一条丑陋的发辫，喝令手下粗暴地撞开了禅房的门扉。一瞬间，所有人都呆住了，禅房之中空空如也，法琿大师已在当中的横梁上自缢而死，脚下本该踏着凳子的地方却空无一物，只有十几支寸把高的矮烛台围成了一个圆形，烛台上没有蜡烛，只有蜡烛烧尽后的一点油脂。

法琿大师自尽了，但这分明是一次不可能的自尽。大师把自己关在了禅房里，外边一直有十几名差役包围、看守；烛台围成的那个圆形，圆圈里边本该有一件供大师自缢时踩踏的家具，比如椅子或凳子；再退一步说，如果有一只凳子，也该在大师自缢的那一瞬间被踢倒而砸倒一些烛台，也就是说，这十几支烛台不可能这样仍然完好无损地围成一个圆形。

大家不约而同地想到了法琿大师生前那最后一句话：“可有所据？”是的，对他的指控是没有根据的，但他依然会被审讯，会被处死，就像他的自缢，脚下是空无所据的，他却依然把自己吊在了禅房的横梁上。这两者，不都是无根无据的“事实”吗？法琗大师是在以自己的死嘲讽着清政府的残暴。是的，法琗大师就是这样“无所据”地死去了。

这件案子最后只能不了了之了，但街谈巷议愈传愈神，甚至有人说在法琗大师自缢的当夜看到了那间禅房发出过黯淡的光芒，也有人说法琗大师的尸身并不在禅房当中，被撞开门扉之后的禅房里只有横梁上的一根套索和地板上的几颗舍利。

为了平息这些荒诞不经的谣言，清政府残忍地把法琗大师曝尸示众，但那晚的离奇事件早已经不胫而走，成为许多人心头渐渐燃烧起来的一点火花、一点希望。

法琗大师众多的怀念者当中，有一个旗人少年。容若听父亲讲过自己和法琗大师的一段渊源，却在记事之后从没见过这位佛门传奇人物。他也和父亲聊过大师的死因，问父亲世间是否真有佛门法力、真有灵异幻术，但一向以精明、沉稳和强悍著称的父亲不置可否，只在被孩子逼问得无法脱身的一次，才简单解释说自己也不清楚法琗大师是否拥有什么神奇法力，不过他那次神奇的自缢其实每一个人都能做到——那次事件之后，自己曾久久地琢磨过，后来终于想到：是冰。

京城专门有一种藏冰的生意，冬天把什刹海里结的冰凿成块藏在地窖里，等夏天的时候取出来用（北京现在还留下了这样一个地名：冰窖口胡同）。一些有藏冰条件的人家自己也会藏冰来用，法琗大师很可能就是踏在一块冰砖上完成了自缢，摆一圈烛台乍看上去只是为了制造一种仪式效果，其实这种仪式效果只是为了遮掩它们的实际功用，即迅速地融化那块冰砖。

容若后来在笔记里回顾了和父亲的这一次对话，他说那是他第一次被父亲那超卓的理性与缜密的思维所震撼，这既让他更加崇拜父亲，也让他觉察出了自己和父亲并不是同一个世界里的生命。

他也是第一次感觉到：父亲为自己精心规划的那条道路，尽管满是令所有人艳羡的鲜花与掌声，却恐怕是自己永远也走不下来的。

父亲对自己的那些希望，有时，会让自己深深失望。

是的，正如明珠从来就不曾有过童年，容若永远都不曾长大。

[3]虎父：诗人仰望的政客

如果我们看过明珠的履历，就不得不承认容若的成长真的是一个奇迹。他有一位最精明的父亲，还有一位最强悍的母亲，但父母的这些性格一丁点也没有遗传到容若身上，这也许要归功于后天环境的不同，也许要感谢上天选择了容若做一名格外耀眼的传递火种的人。

传递的到底是谁的火种呢？明珠想起儿子，容若想起父亲，时不时地，都会生出一丝隐隐的慨叹。他们虽然深爱着彼此，但愈来愈感受到彼此的不同。性格的不同，爱好的不同，志向的不同……不，这一切都不重要，重要的是，他们根本就属于两个不同的世界。

自明珠懂事以来，叶赫那拉氏和爱新觉罗氏的血仇已经随着历史的浪潮而烟消云散了，他只知道自己隶属于满洲正黄旗，自己的利益和满洲的利益是紧紧捆绑在一起的。

作为家庭中的次子，明珠继承不了父亲的爵位和世职，他只是一个两手空空的人，叶赫那拉氏的血统除了机会什么也给不了他，不过他已经拥有了精明的头脑、干练的作风和沉稳的性格，所欠缺的只有一样东西，恰恰就是机会。

明珠天生就是一个政治动物，也许他应该庆幸自己没有成长在清军入关的那个靠军功博出身的战乱年代，在顺治朝里，他从一个平凡的大内侍卫的职务中找到了今后飞黄腾达的起点。

出身只会给你机会，但不能保证你一定成功。但对明珠这样的人来说，有了机会就等于有了一切。在短暂的顺治朝，明珠只是从大内侍卫升迁为銮仪治仪正，负责銮驾礼仪，时代一进入康熙朝，明珠终于像当初法𤩽大师所预言的那样，一步步地成长起来，那一颗耀目的明珠渐渐抖落了遮在身上的重重尘埃，散发的光芒让愈来愈多的人不敢直视。

一开始，明珠不过是做内务府郎中，这是一个既低微又很不好做的职位，处理的全是皇宫内务的工作，一不小心就会开罪人，给自己招来无穷无尽的麻烦。但明珠一旦开始闪光，就不是谁能轻易遮掩的，做到康熙三年就升迁为内务府总管，相当于皇宫里的大管家，大到典礼、警卫、财务，小到伙食、仓储、畜牧，要他操心的事情实在太多、太琐碎了。

就是在这些无比琐碎的大小事务中，明珠稳扎稳打地发挥着自己的才干。纳兰容若后来谈及父亲的这段经历时，将之与《史记》中汉高祖的名相陈平相比：青年时代的陈平只是里巷中的一名小小的社宰，负责为大家分配肉食，因为总能分得公平，所以大家都赞他是个好社宰。陈平说道："哪天要是让我宰制天下，也能做得一样好。"

的确，大道至简，陈平有能力在小小的里巷中做一名社宰，就有信心做全天下的宰相。后来他辅佐刘邦，功高盖世，确实应了年轻时候的"狂言"。明珠何尝不是如此呢？今天他可以游刃有余地总管大内，将来为什么就不可以游刃有余地总管天下呢？

是的，这就是明珠的世界。如果换作容若，绝对是做不来的。古今中外能够胜任这类工作的诗人，一共只有两个，一个是现实中的，一个是小说里的。现实中的是美国现代派的华莱士·史蒂文斯，只要你对美国现代派诗歌稍有了解，就一定知道他那首极负盛名也极具争议的《看黑鸟的十三种方式》。写出这种诡异诗歌的诗人居然是律师出身，后来还做到了一家保险公司的副总裁。小说里的人物则是加西亚·马尔克斯《霍乱时期的爱情》中的男主人公，他那颗不可遏制的诗人的心使他把公文写得像诗歌一样美丽而激情澎湃。但容若不会是第三个人，他属于古典，不属于现代；属于儒家文化，不属于自由世界。

容若就连想象一下也要为之崩溃的工作，被明珠做得有条不紊、光彩迭

出。这样的人如果得不到升迁，什么人才会呢？但是，局面似乎出人意料，明珠突然被降级使用了，而且岗位跨度很大，由内务府总管改任侍读学士。这绝对不是皇帝昏庸，恰恰相反，这一次调任使明珠从后台走到了前台，放弃的是皇室的后勤，参与的是国家的大政。

正如宰肉的陈平终于宰理天下，国家大事又何尝不是明珠在内务府时所面对的财务、仓储、警卫、伙食等事务呢？儒家讲“修齐治平”，所谓修身而后齐家，齐家而后治国，治国而后平天下，明珠既然齐得了皇帝的这样一个大家庭，也就足以治国、平天下了。这时候的明珠，历任中央各大部委的正职首长，对六部的人、六部的事，莫不心知肚明。有了这样的能力与资历，自然是宰辅之臣的第一人选。况且时逢三藩之乱和黄河水患这等大事，对于当时的万千平民百姓而言，这当然是天大的灾难，但对居于京城高位的明珠而言，这却是可以让自己尽展才华的难得机会，也是肃清政敌的天赐良机。所谓多难兴邦，只有明珠知道，这些国难究竟兴旺了谁。

明珠就是以这样的铁腕攀登上了那个一人之下、万人之上的高位，他很清楚下面有多少双眼睛在对自己虎视眈眈，那些眼睛的主人也很清楚，能够一步步靠能力爬到所有豺狼的头顶上的，绝对不会是一只绵羊。

明珠的夫人，也就是容若的母亲，是阿济格的女儿。他们是在顺治朝成的婚，那时的明珠不过是个小小的大内侍卫。

这桩婚姻并没有给明珠带来任何利益。岳丈阿济格虽然是努尔哈赤的第十二个儿子，虽然悍勇过人，战功彪炳，虽然有着多尔衮和多铎这两个权势极盛的同母兄弟，虽然被册封为英亲王，在最显赫的一字王之列，又授靖远大将军，平定过李自成，追降过左梦庚，但错在太过张扬又毫无城府，终于在权势斗争中落败，被收监赐死，革除宗籍，家产也尽被抄没。就是在这样的时候，卑微的明珠才有机会“高攀”上阿济格的女儿。

明珠是康熙朝的铁腕权相，他的夫人或许在铁腕上稍逊乃夫，却远远多了强悍与乖戾。时人在笔记里记载过明珠夫人的一些逸事，说她妒性之强，以至于严禁任何侍女与明珠交谈。尤其令人毛骨悚然的是，一次明珠偶然说起某个侍女的眼睛漂亮，第二天一早明珠就看到了一个盘子，盘子里盛的正是那名侍女的一双眼珠。

妒忌是人的天性，在古人看来，这尤其是女人的天性。汉人解决这个问题是用儒家的礼教，从汉代开始，《诗经》里那么多歌谣的主题都被刻意解为"后妃之德"，而这位明珠夫人虽然出身皇族，却完全没有受过这一套教育，而是从父母那里得到了另一种言传身教。

我们的容若，这个多愁多病的贵公子，这个交织着天真与忧伤的孩子，就是在这样的一个家庭里成长起来的。

长飘泊。多愁多病心情恶。心情恶。模糊一片，强分哀乐。

拟将欢笑排离索。镜中无奈颜非昨。颜非昨。才华尚浅，因何福薄？

——调寄《忆秦娥》

写这首《忆秦娥》的时候，容若已经屡经漂泊，在多愁多病之中，心头只一片懵懂，是哀是乐，全都纠缠在一处，无法分辨得清楚。古来才命两相妨，我既然没有那么高的才华，为什么命途还那么多舛呢？——容若这个自问，其实是一个反语，他的高才早已是世所公认，招来了多少人的羡慕和妒忌。只是，作为生花彩笔的拥有者，他可甘愿为了这支笔而承受命运的连番捉弄么，他可甘愿为了这支笔而纵容自己一直陷落在多愁多病的情绪里么？

如果换作你我，可愿付出这样的代价么？可愿做出这样的交换么？

但容若不是你我一样的凡夫，他是独一无二的，永远是独一无二的。在他

的身体里，融汇着叶赫那拉氏和爱新觉罗氏这两大最强悍姓氏的血脉，却在汉文化的伐毛洗髓之后，仅仅留下了唯一的一处蛮族痕迹：纯真。

“绵羊究竟吃掉了那朵玫瑰吗，或者没有？大人们永远都不会明白这件事有多重要。”而我们能够懂得那个小小星球上的小王子吗？能够懂得那个森严相府里的纳兰公子吗？如果真的懂得，也许未必是一件好事，因为，每个人都必须长大，而只有孩子才懂得孩子。

纪伯伦在对成人们谈起孩子时说过：“你们可以努力去模仿他们，却不能使他们来像你们，因为生命是不倒行的，也不与‘昨日’一同停留。你们是弓，你们的孩子是从弦上发出的生命的箭矢。”孩子像箭矢这个比喻，特别适合容若。他一生皆在疾速飞行，不论是对人或是对物始终热烈，与空气都能摩擦生热，恨不能燃烧成灰烬。

就像静止的弓不能想象箭矢如何飞行，成人也无法想象孩子是用怎样炽热的心情不知疲倦地爱下去。

【小考据】 旗人取名

许多人都有的一个疑惑是：容若一家人为什么名字如此不同——对父亲只称明珠，对儿子却称作纳兰性德、纳兰成德或纳兰容若？

因为旗人的名字，名与姓并不连称，通常只称名而不称姓，所以惯例不会称明珠作纳兰明珠，而只称明珠，正如溥仪也只称溥仪而不称爱新觉罗·溥仪。名与姓连称是后人以汉人的习惯所做的称呼。

其实在汉人的传统里，名与姓一般也不连称，不过汉人有字有号，姓常常配字或配号，或者配官职、配谥号，比如朱熹称朱晦庵，曾国藩称曾文正。而旗人的名字相对简单，一般没有字和号，所以只是直接称名罢了。

“成德”这个名字在当时的旗人中可谓独树一帜，特立独行。我们看看其他的一些旗人显贵，比如贝勒岳托，岳托是满语的音译，意思是傻子，取意于傻子好养活，相当于汉人的狗剩；再如贝子傅喇塔，意思是烂眼皮；明珠的岳父阿济格是努尔哈赤的第十二个儿子，名字的满语意思就是小儿子；他的同母弟弟多尔衮，名字的意思是獾。

后来随着汉化程度的加深，满人的名字和汉人越来越像了，乾隆皇帝为此还专门下旨禁止这种取名方式，怕的是满人汉化。“成德”这个名字如果放在乾隆朝，很可能会在被禁之列。

至于汉人的取名传统，并不像我们现在习见的那样算五行、配笔画，而是有一套专门的儒家传统，大体上分为信、义、象、假、类五种，从两周时代就已经定型。今天的人不但不取传统正宗，反而把五行、笔画甚至一些江湖骗子的一套把戏当作传统文化来“弘扬”了。

第二幕

初恋：

愿指魂兮识路，
教寻梦也回廊

到而今、独伴梨花影，冷冥冥、尽意凄凉。

愿指魂兮识路，教寻梦也回廊。……

——纳兰容若《青衫湿遍·悼亡》

小冬郎十岁那年就已经写得出《上元月蚀》和《上元即事》这样的诗了，寥寥几十字背后，我们看得出他简直就是个饱读诗书的小学究了。凡俗如我们实在无法置信，这样法度森严而又洋溢着天马行空般想象力的作品竟出自一个“小学三年级”的孩子之手。他是被严厉的父亲关在小教室里没日没夜地读书吗？

不，这完全不像小冬郎的生活。旗人入关之后，面对着令自己眼花缭乱的大汉文明，迅速生出了一种自卑中夹杂着恐惧的心理。自卑，因为他们很清楚自己是以刀剑统治着高贵的文明；恐惧，因为他们深切地感受到了这个文明强大的同化能力，他们害怕自己这寥寥的人丁终将被它的大潮湮没。所以，统治者一再强调旗人的“祖宗家法”：祖辈以骑射讨生活，父辈以骑射得天下，子子孙孙也必将保持这个骑射传统，不许有丝毫的懈怠。既然是以刀剑君临这个庞大的文明世界，最不可减弱的就是本民族的战斗力。

从多尔衮到顺治，从顺治到康熙，这样的政令一再发布，时刻提醒着旗人要居安思危。或许只有亲眼看到过一蛇吞象的人，才能感受到那条作为胜利者的蛇的刻骨胆怯。

[1]一块肥腻腻的祭肉

成年后的容若在第一次护卫康熙皇帝参加祭天大典之后，回来追忆起童年时候的第一次家祭。所有的细节全都模糊了，只记得分食祭肉的时候，自己突然觉得一阵恶心，一口便吐了出来。锦衣玉食的小冬郎从来就没有吃过这样难吃的东西，那只是一块粗糙割就的肉块，在白水里煮了一下，没有任何佐料。小冬郎大哭起来，但平日里那么关心自己的父亲却严厉起来，喝令自己把那个肥腻腻的肉块吃掉。小冬郎抽噎着，捡起那块祭肉，放进嘴里，不敢咀嚼一下，飞快地吞了下去。

祭礼完成之后，父亲恢复了往日的温和，对小冬郎讲起了祭肉的来历，说他们的祖先在遥远的白山黑水生活的时候就是这样吃肉的，今天的祭祀之所以还要这样，就是提醒八旗子弟，无论在多么富贵繁华的生活里也不能忘记祖先的辛勤和艰苦。

是的，那时候不但八旗人家每一家的家祭如此，由皇帝亲自主持的祭祀大典也是如此。到了容若成年的时候，自小在富贵环境里长大的贵族子弟们已经有很多人无法咽下这样粗劣的食物了，时人笔记里记载着，他们要么摆出一副吞咽祭肉的样子，实际上却把祭肉悄悄地藏进了袖筒，要么特意带上一张油纸托着祭肉，好像格外恭敬似的，实则那张油纸上早就浸过了调料，吃祭肉的时候可以偷偷地舔舐这张油纸来化解肥腻。这些偷奸耍滑的举动，往往就在皇帝的眼皮底下进行。如此多有身份的人物宁可犯欺君之罪也无法直接吞咽祭肉，可见难吃的程度了。

容若曾经以为这是旗人特有的传统，直到他的儒学老师告诉他，《史

记·礼书》里早有记载："大飨上玄尊，俎上腥鱼，先大羹，贵食饮之本也。大飨上玄尊而用薄酒，食先黍稷而饭稻粱，祭哜先大羹而饱庶羞，贵本而亲用也。"那位汉人老师深情地背诵着一千七百多年前的经典文字，隐隐地有了一些泪水。他说汉人的祭祀也是吃最原始的食物，饮最薄的酒，同样是为了提醒子孙后代：饮水思源，居安思危。他说中华大国是一个礼仪之邦，但这些古老而宝贵的礼仪渐渐都被不肖子孙抛诸脑后了。礼义亡了，中华也就亡了。

容若还记得老师那天情绪有些失控，后来他翻出了伟大的司马迁在一千七百年前写就的《史记》，翻到了老师背诵的那一章，读着汉人当年那么丰富而深刻的礼仪，油然想起曾经被自己吐掉又吞掉的那块肥腻腻的祭肉，竟然生出了一丝不可名状的苍凉。

[2]骑射：亦弓亦马亦多情

祭祀只是偶一为之，骑射却是时时都要练习的。明珠大人忠实地遵循着这套尚武的“祖宗家法”，尤其小冬郎从刚一降生就显得有些孱弱。不，不是孱弱，而是……

明珠越发狐疑起来：小小的冬郎似乎是个忧郁的孩子，可是为什么？他没有任何道理去忧郁，他是征服者的后代，他将是下一代中最显赫的新贵。明珠想起当年顺治帝对权臣的孩子们满怀豪情地说过这样的话：天下现在是我们的，但将来是你们的。

顺治帝已经过早地离去了，而在权力场上一步步打拼的明珠越来越明白他那番话的意思。是的，我们，我们的孩子们，孩子的孩子们，都将世世代代地享受先辈的战功，将学会统治，学会享受，学会惩罚，当然，也要适当地学一点宽容。唯一不需要学会的，就是善良和忧郁。

冬郎这个孩子，这个善良和忧郁的孩子，将来能和他的父亲一样成为一个当之无愧的强者么？明珠每每想到这里，连自己都会跟着忧郁起来。

怎么办呢？孩子一定要掌握最先进的汉文化，但对于他性格中善良和忧郁的部分，一定要用祖宗家法来矫正。要让他知道，他是狼。他将来要有文士的长衫、诗人的谈吐、贵族的傲慢，但也一定要有武士的体格和豺狼的意志。明珠深知，再文明的社会也无非是另一种形式的丛林，而丛林里只有一种法则，即强者生存。

于是，小冬郎在四五岁的年纪就开始接受骑射训练。这对他也许不算苛刻，因为这时候的八旗军仍然保持着旺盛的斗志，所有的八旗子弟都在父亲或教师的指导下舞刀弄棒，骑马射箭。冬郎和大家不同的，只是练得更加刻苦，并在练武之余还要拿出大把的时间来读书写字。贵族，不是那么容易养成的。

中华武术名目万千，所谓八卦掌、六合枪、外家少林、内家武当，林林总总，说起来哪一家都是源远流长，其实成型期基本都在明清两代。凡是把历史追溯到唐宋以至两周的，都不过是自抬身价的附会和传说，传说传得久了，也就弄假成真了。容若练武的时候，还没有这么多让人眼花缭乱的套路，腥风血雨的实战历练使得每一个八旗子弟都清楚，武术最重要的功夫只有两项：一是骑术，二是箭术。

其实这原本也是汉人的传统，只是称谓不同：不称骑射，而称弓马，若形容一个人武艺高超，就会说他“弓马娴熟”。宋朝留下了很多武举考试的记载，归根结底都是弓马，没有一丁点我们心目中那些“代表中华文化”的种种武术套路。

骑射练的是单兵战术能力，还要训练协同作战能力，这就要靠围猎，以围猎作为战争的演习。康熙十二年，明珠刚当上兵部尚书不久，就在京城正南二十里的晾鹰台组织过阅兵大典和围猎训练。已经成长为少年的冬郎此刻也列席在八旗战士雄赳赳的阵营里，认真捕捉着指挥官的旗鼓，冲锋、射击、砍杀，自幼的勤学苦练终于得到了一次全面的施展，他此刻忽然忘记了一切，只想争做所有武士中的魁首。就这样，他脸上那天生的一抹忧郁似乎消逝不见了，谁也没看到它到底飞去了哪里。

容若在多年之后回忆起那一幕来，依然觉得心荡神驰。他说他当时既兴奋又恐惧，被几千名八旗战士的杀气裹挟着，似乎变成了他们当中的一员，似乎和他们一起被熔铸为一个整体。但是在围猎之后，那抹致命的忧郁再次神不知鬼不觉地回到了自己的脸上，不知道为什么。容若仰望着晾鹰台上那个和自己同年出生的少年天子，看他那么激动，那么振奋，那是一张掩不住王霸之气的脸，好陌生。

那一天，康熙帝也发了诗兴，当场赋了一首七绝：

清晨漫上晾鹰台，八骏齐登万马催。

遥望九重云雾里，群臣就景献诗来。

帝王写诗，文采并不重要，重要的是要有帝王气象，要雍容大度，所以既不能炫耀才学，也不能施展奇思妙想，更不能愤懑，不能狂喜，不能忧愁。康熙帝的诗，无疑符合这些标准。容若这个清代最伟大的诗人在晾鹰台下静静地听着，也随众人一样发出振奋的“万岁”的喊声。

这时候容若早已经知道，骑射、围猎，本来也是汉人的传统。在已经读得烂熟的儒家典籍里，他不记得到底有多少次读到这样的记载。当年周公制礼，打猎就是中华礼仪中极要紧的一项，这不是游乐而是义务，只是要严格遵守一大堆规章制度罢了。《穀梁传·昭公八年》说靠打猎来练兵是“礼之大者”，《周礼》里边对此还有具体的设计——礼制不等于文治，打猎、打仗都是礼。

这样的礼，早在周代就是贵族子弟的必修课。六艺之中包含御与射，孔子就很拿手，而且也教授这些——孔子主要教授的内容并不是文化知识。

有战事就打仗，没战事就打猎，理论上说一年四季都该打猎，但实际情况可能是《国语》中讲的那样，“三时务农而一时讲武”，在冬天农闲的时候进行军事训练；《诗经》的经典注疏本里也说“习于田猎谓之贤”。但是文治渐渐压倒了武功，围猎也渐渐变质为帝王的游乐，到了后汉，儒生们力主文德、排斥武功，使国家废止了田猎之礼和战阵之法，结果盗贼越发横行，肆无忌惮。

大儒马融上奏《广成颂》，痛心疾首地建议恢复围猎之礼，但这样的声音在后来的一千多年里变得越来越弱了。如果再往前推，孔子教授的“六艺”不也有“射”“御”两项吗，为什么后来的儒家却单单退化成了“知识分子”呢？——想到这些，容若不由得嘴里又涌出了祭肉那肥腻腻的味道。

[3]父亲的书房

小冬郎很多年来都没有意识到，父亲在旗人当中是很特殊的一个。父亲并不经常读书，但对藏书有一种近乎偏执的兴趣。尤其在职位越做越高以后，藏书的势头也越发不可收了。如果你进了明珠的宅子，一定会以为这个家的主人是一位汉人宿儒。

小冬郎曾经以为所有的大人都是这样，很多年之后才发现父亲是特殊的。那一辈的旗人普遍没什么文化，也不大会说汉语，只有自己的父亲不但能把汉语说得像母语一样流畅，对汉文化也非常推崇，他是当时朝廷里很稀见的几位汉文化的支持者之一。他的文化程度本来并不太高，繁忙的公务也让他没有太多读书的时间，但他够聪明，非常聪明。

于是，明珠的书房里有着越来越多的藏书，而明珠自然没有太多的时间给儿子读书，这会对小冬郎产生什么样的影响呢？——有趣的是，这个问题本身正是当代美国学者的一个研究焦点，他们很惊讶地发现：家里有很多藏书的孩子，成绩往往较好，而父母经常给孩子读书却未必能够帮助孩子提高成绩。

关联性到底何在？因果关系到底是在哪些环节上发生的呢？结论是这样的：那些喜欢买书、藏书的家长往往比较聪明，也都受过良好的教育，他们不但把自己的聪明和勤奋传给了孩子，他们也非常关心孩子的教育。

对照一下明珠大人，他除了没有受过正规教育之外，其他条件全部符合，而这唯一的一条“不符合”也被他以勤奋而持久的自学弥补了。在这样的环境里成长起来的小冬郎，自然应该有着很好的学习成绩。是的，尤其比起其他的旗人孩子，小冬郎实在太优秀了。

文武之道，一张一弛。练完了武就去读书，读累了书就去练武，日子就这么一天一天地过着。而在小冬郎的心里，骑射训练越来越成为一项不得不尽的义务，而父亲的书房却越来越像一个五彩缤纷的糖果乐园。对比这父子二人，明珠的聪慧使他可以把汉语说得像母语一样流利，小冬郎却仿佛生来就是以汉语为母语的。

父亲的书房里，最早吸引住小冬郎的是汉人的史书，《史记》《汉书》《后汉书》……故事那么精彩，文笔那么优美，那是另外的一个世界，波澜壮阔，激动人心。小冬郎渐渐地知道，这个已被自己的民族征服了的文明，也曾经那么辉煌过，出过那么多经天纬地的英雄豪杰。诸葛亮、岳飞、常遇春……这一个个名字随着历史叙述的进展而愈发光辉起来，仿佛他们生来就是让人膜拜的。小冬郎不禁想起旗人的那些英雄传奇：努尔哈赤、皇太极、多铎……他们的英雄战绩和这些汉人比起来，孰高孰低呢？

这是一个“罪恶”的念头，但小冬郎禁不住这样去想：如果，如果他们在战场上相遇了，谁会是最后的胜利者呢？又为什么，在祖辈与父辈入关的时候，汉人当中再没有这样的英雄了呢？

历史总会带给人太多的思考，小冬郎就是在这样的阅读和思考当中不知不觉地长大了。汉人的古典诗歌素来有咏史的传统，冬郎便把自己的疑惑与见解写成了一首又一首的咏史诗。他已经成长为一个才华横溢的少年了，他的诗需要有人欣赏，他的快乐与悲伤也需要有人分享。

哪怕是飞得最高的鹰，也需要有一个不离不弃的影子。

[4]郎骑竹马来，绕床弄青梅

眼看着小冬郎已经成长为一个俊朗的少年，却一直没有弟弟，这真让明珠夫妇大大地焦灼。多子多孙才是福，尤其对于豪门来说，子女越多，政治本钱就越多，将来一门子女在各个领域里扎下根，家族才能稳健，不怕风雨。

病急乱投医，明珠为了这事甚至去请过算命先生，说他有三子之命。明珠当时高兴了一回，事后越想越不对劲：三子之命，只是说我命里有三个儿子，如果真生不出，又会说我是因为做了什么坏事折了福。呸，这帮算命先生，这不是和没说一样！

这件事很快就在亲朋好友当中成为笑柄，都说明珠这样的脑子竟也有一时反应不过来的时候。容若永远记得，表妹拿这件事开过自己的玩笑。

那是一个暮春三月、草长莺飞的季节，天空蓝澄澄的，院落里的紫藤开了，一串一串晶莹的紫色从碧绿的藤上垂下来，花瓣在蜜糖色的阳光下很有透明感。姑姑拉着母亲的手在屋里闲话些儿女家常，表妹则窜到紫藤树下来找自己玩。

表妹托着粉腮，偏着头一本正经地问："如果你家真有了三兄弟，该取什么名字呢？"紫藤花没兜住的阳光细细碎碎洒了她一脸，冬郎抬头，看花，看花将一整片天空裁剪成一颗一颗淡蓝的星。

见冬郎不答，她又自言自语道："那两个就叫成瑾、成亮好了。表哥，你这个'成德'的名字很难听，改成'成诞'吧，这多配！"说完便埋下头不看冬郎，但冬郎却清楚地看到笑意从她嘴角浅浅的梨涡慢慢铺张开来，笑到不可遏制处，头上乌黑的半月形髻也一颤一颤。

冬郎也笑了："你骂我是狗吗？"

表妹露出一脸夸张的沮丧："不会吧！表哥你不要太聪明哦！"

"诸葛瑾弟亮及从弟诞，并有盛名，各在一国。于时以为'蜀得其龙，吴得其虎，魏得其狗'。诞在魏，与夏侯玄齐名；瑾在吴，吴朝服其弘量。"少年冬郎摇头晃脑地背诵起来，这是《世说新语》里的一段，老师没有教，是他自己偷偷看、偷偷背的。这个时候的他已经深深地被魏晋风度吸引住了，《世说新语》里那些短小而耐人寻味的故事正合他的口味。

当然，也合表妹的口味。"白雪纷纷何所似？未若柳絮因风起。"表妹最喜欢书里的这个故事。这是才女谢道韫的故事，后来容若多少次把"谢娘""道韫"这样的字眼写进自己的词里。

此时此刻，促狭的表妹从《世说新语》里拈出诸葛家三兄弟的故事，本要好好地捉弄一下表哥，没想到表哥早已经把书背得那么熟了。

这段故事是说，三国时代的诸葛瑾和弟弟诸葛亮、堂弟诸葛诞都有很大名望，各为一国效力，当时人们都说这三兄弟就是龙、虎、狗，蜀国得的是龙（诸葛亮），吴国得的是虎（诸葛瑾），魏国得的是狗（诸葛诞）。

少年冬郎见表妹受了挫，想安慰却不知道从何说起，只嗫嚅道："我背得这么熟，只是凑巧对这段故事很有感触，也很有想不通的地方。前几天我还专门写了一首咏史诗，我这就背给你听！"

诸葛垂名各古今，三分鼎足势浸淫。
蜀龙吴虎真无愧，谁解公休事魏心。

——《咏史》之四

这是一首七绝，是诗。这时候的冬郎还没有开始填词，因为词是为爱情而

专设的文体，是特地留给他的将来的。

冬郎当时的小脸一定是通红的，他一边背诵着自己的新作，一边给表妹做着解释："在这三兄弟当中，诸葛亮是蜀国之龙，诸葛瑾是吴国之虎，都是当之无愧的，但要说诸葛诞是魏国之狗，这就大大地说错了！"

少年冬郎读书有得，说着说着便渐入佳境，踌躇满志地长篇大论起来："那些人贬低诸葛诞是狗，不过是因为诸葛诞以魏国元老、征东大将军的身份要去投降吴国做叛徒，没能坚守臣节。但我这些天细看这段历史，发现这里边有很深的内情。当时，司马氏准备篡魏，对忠于魏国的老臣接连下了毒手，还派出说客劝说诸葛诞投靠到司马氏的阵营。但诸葛诞怒斥说客，说自己身受魏恩，已经抱了决死之心，不容许有人篡权。结果司马氏反而以叛乱的罪名害死了诸葛诞。"

表妹应道："看来这个诸葛诞是忠于魏国的，他反的只是篡权的司马氏。"

"是的，"冬郎见表妹被自己说服，更是兴奋，"但诸葛诞这番节操却不为世人理解，还骂他做狗，所以我写这首诗就是要给这位被冤枉了一千多年的老英雄翻案。"

冬郎沉浸在自己独到的发现里，半晌才注意到表妹神色古怪，只见她把眼角轻轻一挑："表哥，你这是在安慰我么？！"

冬郎一下子窘住了，正待解释，谁知表妹一脸坏笑地突然说出了一番令他大吃一惊的话来："表哥，方才我借这个故事给你们三兄弟取名字，确实是拐着弯骂你，但魏晋时人们说诸葛诞是狗，却一点都没有骂他的意思。表哥，这都是多少人读烂的书，你以为翻案是那么容易的么！"小小的脸上全是恶作剧得逞后的志得意满。

冬郎一脸狐疑，只见表妹好整以暇，接着说道："我本来读这段书的时候就怀疑过，前边既然说了这诸葛三兄弟都有很大的名望，后边为什么把诸葛亮和诸葛瑾推作龙、虎，却把诸葛诞贬作狗呢？"

“对呀，确实讲不通！”冬郎连忙应道。

表妹说道：“后来我就去查了一些书，这才晓得那个时候的人并不把狗当作骂人话的。《尔雅》里说，熊和虎是势均力敌的猛兽，人们把熊和虎的幼崽叫狗。那时候的律法还规定，打到老虎可以卖三千钱，打到老虎的‘狗’可以卖一半的钱。所以，龙、虎、狗只是比喻诸葛三兄弟本领有别，并没有骂诸葛诞哦。”

少年冬郎只听得既佩且愧，本来是一个多好的机会，向表妹显摆自己的诗作，发表自己的见地，本以为能听到几句入耳的夸赞，或者看到表妹一脸倾慕的样子，没想到弄巧成拙，搞了一个灰头土脸。后来一直被别人惊才羡艳的这位贵公子私底下承认，在他所有交往的人当中，只有两个人的聪明是让自己感到无力招架的，一个是父亲，另一个就是表妹。

容若格外清楚地记得那个阳光明媚的午后，那么清楚，清楚到连回忆都觉得残忍。

容若躺在藤蔓下，头枕着两本古书，他侧转身的空当，其中一本被风吹开了两页，上面写着“繁枝容易纷纷落，嫩蕊商量细细开”这样和当日的天空一样晴朗明澈的句子。表妹一面和他有一搭没一搭地说着话，一面耐心地在绒毛般柔软的草丛里拾起紫藤蝴蝶形的花瓣，动作小心而慎重。待雪绡丝的手绢兜满了，她才去厨房拣了一只缠枝莲青花瓷碗来，用糖将花瓣给渍起来。容若好奇这是要做什么，她笑着，说要做藤萝饼，说紫藤花除了在藤蔓上还会在嘴里绽放。那天下午，饼终是没做成，但那股子甜香弥漫了整个三月。

在取名的话题后，容若胡乱地把话头扯开了，拉拉杂杂的，也不知都说了些什么，也许像英国人一样没头没脑地聊聊天气吧。

还记得最后的话题是：在最好的天气里都会做些什么？

做些什么呢？少年冬郎不假思索：“读书。”

“读累了呢？”表妹问。

冬郎答：“骑射。”

“骑累了、射累了呢？”表妹又问。

冬郎答：“读书。”

“又读累了呢？”表妹又问。

冬郎答：“骑射。”

…………

看到表妹一脸愠色，少年冬郎才小心翼翼地问道：“那你呢？”

成年后的容若恍惚记得，那时候在表妹的脸上仿佛掠过了一抹不易察觉的红晕，她迟疑了好半晌，忽然咬文嚼字地说：“清风朗月，辄思玄度。”

“清风朗月，辄思玄度？”冬郎低声地重复了一遍，似乎听懂了，又似乎没有听懂。他知道，这又是《世说新语》里的一则故事，说的是刘真长和许玄度的一段交往。许玄度是位隐士，喜欢清谈，不肯出仕担任官职。刘真长任丹阳尹的时候，许玄度到京都去，就住在他那里。刘为许准备了最奢华的卧室和最丰盛的酒宴，许玄度感叹说：“如果能一直这样生活，可比隐居东山强太多了。”刘真长回答说：“如果吉凶祸福真的掌握在人自己的手里，我怎么会不保全这个地方呢？”后来许玄度还是走了，刘真长到他曾经住过的地方怀念了一番，慨叹道“清风朗月，辄思玄度”，意思是说，每逢清风朗月的时节，我就不免想起许玄度来。

少年冬郎有些发怔，表妹也低头不语，气氛一下子尴尬起来。“清风朗月，辄思玄度”，到底是什么意思呢？表妹为什么忽然讲起这个典故？是在叹息命运无常、繁华易逝么？是在忧伤聚少离多、不能长相厮守么？

要到几年之后，成年的容若才能确定这句话背后的含义。是的，是在叹息命运无常、繁华易逝，也是在忧伤聚少离多、不能长相厮守。所有这些原本仅仅存在于揣测中的含义后来竟然一一应验了，但表妹当时说出这句话来，其实只是回答他方才问起的那个问题：在最好的天气里，你都会做些什么？

她常常思念，她说，在最好的天气里。

那么，清风朗月的时候，她思念的是谁？思念的那个人，是否有着清风朗月般的相貌堂堂……

这只是青梅竹马的一瞬，很快就随风飘散了。在此交代两句后话：冬郎后来真的添了两个弟弟：大弟弟叫揆叙，生于康熙十三年，比哥哥足足小了二十岁；小弟弟叫揆芳，生于康熙十九年，比大哥要小二十六岁。人们常说容若才高命薄，或许是才命相妨，或许是用情太过，无论这些理由是否真是导致这个天才诗人夭折的罪魁祸首，总之纳兰家族就像受到过诅咒一般，揆叙是在四十四岁那年去世的，揆芳更早，死时还不满三十岁；这三兄弟的下一代延续着要么绝嗣要么早夭的命运，甚至就连揆芳的妻子，一个外姓人，也只活到了二十六岁。只有那位强悍的明珠，经历了一次次白发人送黑发人，送走了儿子，又送走了孙子，这样的长寿比之早夭更是一种残忍无数倍的刑罚。

[5]侯门一入深如海，从此萧郎是路人

露湿晴花宫殿香，月明歌吹在昭阳。

似将海水添宫漏，共滴长门一夜长。

——李益《相和歌辞·宫怨》

树上的蝉叫得声嘶力竭，仿佛这个炎热的夏天永远不会过去了。容若独自锁在书房里，不声不响，只是写字。背过的诗句已经太多，他一遍遍地在纸上默写着，越写越快，走笔那样急切，像是迫不及待地要逃开什么。

那是李益的《相和歌辞·宫怨》，他已经写过三遍了。写过的诗句幻作了朦胧的画面，那是皇宫里面，帝王趁着月色再一次巡幸昭阳宫了，而长门里的那个女子仍在没日没夜地呆坐着，仿佛是全部的海水都注进了长门的铜壶滴漏，让寂寞的时间流得那么漫长。

妾家望江口，少年家财厚。临江起珠楼，不卖文君酒。

当年乐贞独，巢燕时为友。父兄未许人，畏妾事姑舅。

西墙邻宋玉，窥见妾眉宇。一旦及天聪，恩光生户牖。

谓言入汉宫，富贵可长久。君王纵有情，不奈陈皇后。

谁怜颊似桃，孰知腰胜柳。今日在长门，从来不如丑。

又是一首，题目还是《相和歌辞·宫怨》，只是作者换作了于濆。诗中在说一个家在望江口的少女和邻家的少年偷偷相爱，但少女的家人希望把她嫁入皇宫，说这样可以长久地享受富贵。但他们可曾想过，这样做的代价是什么

呢？少女纵然能得到君王一时的宠爱，但不知哪天就会被打入冷宫，任凭如花的红颜寂寞地凋谢。真到了这个地步，反倒不如生来就是个丑女。

唐诗里边有着太多的宫怨诗，就像咏史诗一样成为一大诗歌题材。这样的诗歌太多了，因为这样的悲剧太多了。一年年有多少青春少女被选入宫，其中又有多少人甚至一直到死都没有见到过皇帝一眼。的确，入宫也意味着机会，而且是大富大贵的机会，但屈指可数的富贵要在几千名同样美丽的女子当中拼得，要在这几千名同伴背后几何级数的人脉中拼得，更少不了的是神灵的保佑和天大的运气。那些“成功”的人不可能成为任何人的榜样，因为她们“成功”的经验只能被所有人艳羡，却根本无法被任何人复制。

容若终于迟疑着放下了笔。他忽然不知道自己为什么要涂抹这些诗句，是希望她获得那万中无一的快乐吗？木已成舟，无法挽回，无论她在里面快乐还是忧伤，都不是他想看到的。

对他而言，最痛的也许不是看到她在高墙那边快乐或忧伤，而是，从此不管她有多大的快乐或多小的忧伤，都与他无关。

他们还年轻，人生才刚刚开始，但他们的故事，再无续集。容若几番拿起笔来，又几番辍笔，他已经什么话都写不出了。无数的唐诗、宋词，乃至《诗经》《楚辞》，竟然没有一句可以宣泄自己的情思。设若容若晚生几十年，或许会拿来江南才子袁树伤悼妹妹袁机的句子，“若为男子真名士，使配参军信可人”，说的不正是表妹吗？她那聪慧和才情足以压倒世间须眉，只有鲍照那样的名士才配得上！但冬郎随即叹息，脑海里竟闪过了他始终不愿想起、最绝望的唐人句子：“侯门一入深如海，从此萧郎是路人”。

容若猛地抬起头来，天色已晚。窗外，赫然又是一个清风朗月的夜晚。是呀，又是一个清风朗月的夜晚，只是那个人，还在远远地牵挂着她的玄度吗？

这一个清风朗月的夜晚，思念就像此前每一个清风朗月的夜晚一样，是不会落空的。橘色的烛火在镜台上跳跃，映得她一张脸如醉酒一般酡红。她对着镜子默默摘下满头钗饰，动作很缓慢，时不时停顿。制作这面芙蓉镜的师傅实在用心，将镜面磨得光洁明亮，清晰地映出她浅浅的梨涡。屋里的每一样都因这镜子完美成双，连扑近烛火的蛾也显得不再孤零零，唯独她是例外。望着镜中人，入宫以来她从未似此刻这般落寞——在她最好的年纪，在她笑得最好看的时候，她爱的人却不在她身边。自己笑得越美，爱情的嘲笑声，就越是刺耳。

她知道，他们再也没有机会相见。她曾想，他们如同两条并不平行的线，不管所需的时间是长还是短，他们的相交几乎命定。如她所料，她与他终于相交；但出她所料，命运为相交安排了“厮守”以外的结局，那就是相交后两条线并未合而为一，两人沿着不同的命运线继续延展下去，朝着不同的方向，渐行渐远，剪刀差终会大到像是陌路人。

不容反抗的不仅是皇宫，更是命运。

她从怀里取出了一个小小的纸卷，展开它，上面的几行墨迹是褚遂良的楷体，她认识，她熟悉，她也曾和他一起练过。但如今只有他的字、他的诗了，以后再也不会得到更多的东西了。

这个纸卷是她刚刚在一函《乐府诗集》里偶然发现的。这书是他借给她的，很多很多天前借给她的，后来他总是找机会问起她对这部书的感觉，神色总是不大自然。可她竟然一直没有打开过它，也就一直把他的问题敷衍过去，直到进宫前的那天收拾随身用品，她带上了这部书。这是他的书，她曾想找机会还给他，但此时此刻，她再不想还回去了。

她的泪水终于忍不住了，她恨自己为什么直到今天才打开它，恨自己为什么直到今天才发现了这个纸卷，更恨的是，竟然再无机会让红墙外边的他知道自己读过之后的感受。

她小心地展开，展开她与他此生最后的交集，这廿八个字。

一枝春色又藏鸦，白石清溪望不赊。
自是多情便多絮，随风直到谢娘家。
——《柳枝词》

纸卷里边只藏了这一首《柳枝词》，她只用了一夜时间便读过了千遍万遍。诗里写的是一株春天的柳树，发芽了，吐叶了，茂密得可以藏起好大的一只乌鸦。不远处就是白石，就是清溪，这株柳树就生长在这个平易而孤高的环境里，悄悄地结出了柳絮。

为什么结出了如此多的柳絮呢？一定是因为柳树太多情了，只有多情才会多绪（絮）呀！这些多情的柳絮，这些多情的思绪，命定一般地被东风吹起，吹落到那个心爱的女子家里……

她哭了。她知道世界上恰好有一处东风永远无法吹过的地方，就是这高入天际的红墙，而自己恰好落进了这红墙的包围里，一辈子也出不去了。谁说少女情怀总是诗，早已如中年心事一般浓于酒了。

命运最残忍的，不在于使你与某个人分离、破灭某个幻想、淡漠某段感情，而在于它使你与某个人分离、破灭某个幻想、淡漠某段感情之后，却让你清晰地记得你曾有过那样的伴侣、幻想与感情。

每一个旗人女孩都会得到一次选秀的机会，这是她们的“福利”，更是她们的义务。正如每一个女孩都有过鸳鸯蝴蝶的梦想，每一对父母也都有着攀龙附凤的渴望。婚姻，从来不属于当事人自己，而属于一个家庭，甚至是一个家族。

以小表妹的条件，选秀得中是十拿九稳的事，这个悲剧一点悬念都没有。

这个时候，她有没有生出“从来不如丑”的叹息呢？

没有希望的日子是最漫长的日子。宫中的日子正是这样，时间总是如此相似，以至于连记时都失去了意义，只看到花开又花落，却不知道今夕是何夕，今年是何年。正如袁枚在《随园杂诗》里写的那样：“草色青青忽自怜，浮生如梦亦如烟。乌啼月落知多少，只记花开不记年。”

刻骨的思念可以使人狂热，但是可以使这一对互相思念的人冲破那巍峨耸立的红墙吗？

旧事浑如昨，伤心只问天。顺风顺水的人并不需要信仰，只有感到彻底的无能为力的时候，人才会屈下高贵的双膝。红墙外面的少年冬郎就是在这个时候开始接触佛教的。

那年夏天，广源寺外的池塘盛开着万朵荷花，吸引了京城里多少的香车宝马，只有少年冬郎神色落寞，被面前这无边的生机衬托出了无边的忧郁。他刚刚叩完头、烧完香，可心里片刻不曾宁静。那首凄婉的《荷》就是在这个时候从他心底深处流出来的：

华藏分千界，凭栏每独看。
不离明月鉴，常在水晶盘。
卷雾舒红幕，停风静绿纨。
应知香海窄，只似液池宽。

——《荷》

诗中所谓香海，是佛国的名字；所谓液池，代指皇家的池塘。前边一共六句的铺陈，只为了烘托出最后这两句：“应知香海窄，只似液池宽”。这荷花盛开的池塘仿佛就是佛国香海，对于那些放得下尘缘的人，它只是一道浅浅的小溪，跨一步就可以过去；而对于冬郎自己，它却像皇家的太液池一样，无法逾越。

是呀，如果越得过太液池，自然也就不需要越过佛国香海了。

他的心念随着视线游移不定，又想起了那个被他偷偷藏进书函的纸卷，想起了纸卷上那首专门写给她的《柳枝词》，她竟然一直没有发现呢。如果早知道这样，还不如当时鼓起勇气，直接递到她的手里呢。

岸边的垂柳仍在飘飞着淡淡的柳絮，时节已经过去了，柳絮应当飘尽了呀！他想起不久之前还是春天，“自是多情便多絮”，那柳絮从来也不会飘尽，思绪更不会飘尽，季节永远停留在那个柳絮漫天的春天。

苑外银塘乍泮冰，柳眠初起鬓鬅鬙。
谢娘微黛轻难学，楚女纤腰弱不胜。
袅雾萦烟枝濯濯，欹风困雨浪层层。
絮飞时节青春晚，绿锁长门半夜灯。

——《春柳》

“苑外银塘乍泮冰”，开头第一句就藏着一层隐喻。表面上是描写柳树生长的环境，其实“乍泮冰”三个字借用的是《诗经·邶风·匏有苦叶》里的“雍雍鸣雁，旭日始旦。士如归妻，迨冰未泮”，是一个女子呼唤恋人的心声，叮嘱大河那边的他，如果真的有心迎娶自己，就趁着冰还没有融化赶紧过来。而少年冬郎此刻的处境呢，水面的冰层正在融化着，自己没有把握住那个“迨冰未泮”的季节，只有徒唤奈何。

我们看到，汉文化已经融于这个旗人少年的血脉了。他用起《诗经》的语言来是那样地得心应手，浑然好似完全没有使用典故。并且他一定知道，这样的隐喻表妹一定看得懂的，因为《诗经》也是她的最爱，他们曾经一起背诵

过，互相考较、比赛过。只是——少年冬郎心头突然一凛：她看得懂这个隐喻又如何呢，这首诗根本无缘送到她的手里了。

“袅雾萦烟枝濯濯，欹风困雨浪层层”，她此刻在做着什么呢？是不是像那棵柳树一样，在袅雾萦烟里，在欹风困雨里，恹恹地无法逃出寂寞的包围？

但冬郎有时候也会恐惧：万一，只是万一，万一她得到了皇帝的宠爱……

南国素婵娟，春深别瘴烟。
镂冰含麝气，刻玉散龙涎。
最是黄昏后，偏宜绿鬓边。
上林声价重，不忆旧花田。

——《茉莉》

他在写下这首《茉莉》的时候，心里一定是忐忑的。那是一枝素颜的茉莉，在春深时节被采摘下来送进了皇家。它太香、太美了，好像是凝冰的麝香，又像是玉石刻就的龙涎香，尤其到了黄昏，会迷倒所有的看客。这样的茉莉，自然在皇家的苑囿里得到了最高的赞美，在这无边的宠爱当中，它还会记得曾经生于斯、长于斯的那一片遥远而朴素的花田么？

水亭无事对斜阳，宛地轻阴却过墙。
休折长条惹轻絮，春风何处不回肠？

——《柳枝词》

又是一首《柳枝词》，已经是第二个春天了，少年冬郎伫立在夕阳下的宛平水亭，在此吟咏起因多情而多絮（绪）的柳树。都说触景伤情，不触景竟也可以伤情，这长长的柳枝无论折与不折，无论惹不惹得起那轻盈而无依的柳絮，只要春风吹过，柳枝便总是一番百转千回。

落尽深红绿叶稠，旋看轻絮扑帘钩。

怜他借得东风力，飞去为萍入御沟。

——《咏絮》

少年冬郎隔着帘栊，望着漫天的飞絮：它们有的落入河湾，有的飞入树林，有的埋进泥土，也有的……竟然可以飞得那么高、那么远、那么无畏，一直飞到了红墙的那边！

是呀，“怜他借得东风力，飞去为萍入御沟”，我为什么不能去借我的东风呢，只要借着东风的力量，红墙总是可以飞越的！就在这个时候，少年冬郎做出一个大胆的决定，这个决定足以让任何头脑正常的人冷汗浸透了背心。

【小考据】 不得流传的才女诗

容若的表妹没有任何文字流传下来，所以我们只能从容若的诗词当中来捕捉这个旗人小才女的吉光片羽。对于那个时代，这也是无可奈何的事。

《红楼梦》里有一段文字，是说香菱想加入大观园姐妹们的诗社：

探春笑道：“明儿我补一个柬来，请你入社。”香菱笑道：“姑娘何苦打趣我，我不过是心里羡慕，才学着顽罢了。”探春、黛玉都笑道：“谁不是顽？难道我们是认真作诗呢！若说我

们认真成了诗，出了这园子，把人的牙还笑倒了呢！”宝玉道：“这也算自暴自弃了。前日我在外头和相公们商议画儿，他们听见咱们起诗社，求我把稿子给他们瞧瞧。我就写了几首给他们看看，谁不是真心叹服？他们都抄了刻去了。”探春、黛玉忙问道：“这是真话么？”宝玉笑道：“说谎的是那架上的鹦哥！”黛玉、探春听说，都道：“你真真胡闹！且别说那不成诗，便是成诗，我们的笔墨也不该传到外头去。”宝玉道：“这怕什么！古来闺阁中的笔墨不要传出去，如今也没有人知道了。”

在这一段对话里，我们可以很清晰地了解当时的一种观念。探春、黛玉都说写诗仅仅是玩，都不承认自己是在认真作诗，这并不是谦虚，而是因为女孩家作诗是“不正经”的。待听说宝玉把她们的诗抄刻给外人看，很是气恼，因为闺阁笔墨一旦流传在外，就好像女孩家在大庭广众之下露出了内衣一样。宝玉之所以一副不以为然的态度，是因为他本来就是一个最叛逆、最藐视礼法的角色。

如果她们的诗真的流传出去，情形大约会像时人笔记里讲的那样：女孩家即便作出好诗，流传出去，被选诗的人编撰成书，在编排的体例上，一定排在僧道诗的后边、娼妓诗的前边。与其丢这种脸，还是不要让诗作流传出去的好，最好根本连诗都不要写，连字都不要识。男人们担忧的是：如果识了字、学了诗，女人的心就会野了。

[6]重逢：花风如扇，柳烟成阵

…………

月出光在天，月高光在地。

何当同心人，两两不相弃。

——《高楼望月》

容若写下这首《高楼望月》的时候，表妹早已经读不到了，只有那一年惊心动魄的重逢仍然历历在目。那时竟然生出那么大的胆量，可知道稍有闪失便将身罹重罪，全家人都会受到牵连。多年之后回想起来，容若才觉得后怕，觉得冷汗湿透了背心。但在当年，那个少年冬郎，没有怕，只有爱无反顾。

那一年适逢国丧，皇宫里大办道场，就是在这个最严肃、最紧张的时刻，少年冬郎想出了一个最冒险的办法：混进去！

他买通了一名喇嘛，换上了一身僧服，混进了入宫操办法事的队伍。这是死罪，他知道，他害怕，但他还是做了。皇宫是这么大，妃嫔和宫女怕有几千人吧！要想见到表妹，岂不是大海捞针一样吗？承受这样大的风险，只为了一个最渺茫的希望。况且，即便见到了表妹，难道还能带她逃出这个金碧辉煌的牢笼吗？

冬郎并不糊涂，他的理智足以使他看清现实，那就是他与她之间曾经的种种和未完成的种种，此生休矣；但他的理智也只到此为止，不足以使他放弃再见一面的狂热念想，哪怕只是饮鸩止渴的片刻幸福。

他跟着僧人的队伍一路走着，一路偷偷地张望。身边来来回回巡逻的侍

卫令他精神紧张，他暗暗在心里祈祷，神，我所求并不多，一面即可，无须言语，无须单独的时间或空间，我只求看见。

这才发现，原来同一级别的女子都做相同的装束，梳着同一样式的发髻，穿着同一花纹的绣鞋。唯一可与他人区别开来，使别人知道她们并不是宫中一个不多不少的零件而是一个活生生的人的，是她们眼中的神色。那一点神色，也是她们今生有力量能控制的唯一一样吧，就这一样，也不敢随意。命运很虚伪，架空她们爱的自由和权利后，旋即给了她们世间最有权势的丈夫，貌似公平，但恶意欲盖弥彰。

她们，在穿过宫门的那一刻，便已向不知名的魔鬼交出灵魂，最好是忘记自己有过灵魂，这样才能更彻底地遵照他人的意志生存。难怪在筵席上除了男人，女人也会饮酒过度，男人是为了喝醉，女人是为了麻醉。醉生梦死是在宫中生存的第一技能，不醉，如何有力气胼手胝足、只身一人穿过人生的荒原，抵挡寂寞风化，击退往事侵袭？人生在世，比软弱更可怕的，是清醒。

冬郎望着重重宫门打开又关上，听陈旧而笨重的门轴发出沉郁的“吱嘎”声，就像这吞噬幸福的黑洞一声声低吼。她那样的个性，真能应付得来宫中事？

他的眼睛看花了，看酸了，风一吹，竟有流泪的冲动。此时已是深秋时节，即使是华丽的皇宫，也挡不住季节转换带来的索寞——呵，终究也有皇权无法摆布的东西。

猛然，他隐约瞧见隔着几道回廊的某个女子，那，到底是不是表妹呢？

那个女子似乎发觉了他张望的目光，似乎听到了他剧烈的心跳，竟也转过头来望向他。只是彼此无法对话，连眼色都不能打。

宫中的女人是不允许有大悲大喜的，笑时嘴角的弧度都训练有素，但那女子在望向他的一瞬间身体晃了一下，隔得那么远，他却清晰地看到她惨淡经营的端庄姿态刹那间分崩离析。她像是哭了，但眼泪很快淹没在人潮中，没有一点痕迹，当然也于史无载，唯一的记载，是在他的回忆里。她走了，随着人潮一起，步子拖得很慢，走得好像很不情愿的样子。转过那个回廊的时候，她又好像故意地叩了叩鬟上的玉钗，那是一个应答还是一声呼唤，或者只是毫无意义的一个动作？……但是，这么远呀，那究竟是不是她呢？这一次历尽了千难万险的重逢究竟是不是真的？

或许，那并不是表妹，而只是一个同样在命途中与所爱失之交臂的女子。真假并不很重要，容若想，那次重逢是一场梦也好，是一个幻觉也罢，至少幸福过。

这一场纠结在梦幻与现实之间的重逢，在多年之后被容若写进了一首词，词牌叫作《减字木兰花》，一个美丽的名字：

相逢不语。一朵芙蓉著秋雨。小晕红潮。斜溜鬟心只凤翘。

待将低唤。直为凝情恐人见。欲诉幽怀。转过回阑叩玉钗。

一定是过去好多年了，以至于所有的伤心都渐渐地褪去，只余下一抹淡淡的温存和浅浅的忧伤。如果她在，会留给他怎样的诗句呢？

不，不会是诗句，而是一些很普通、很朴素的话：

永远把你当小孩一般宠爱，即使你已老去。

永远觉得你帅气到无与伦比，即使你已老去。

永远爱你如年轻时一般，即使我们都已老去……

[7]艳歌：照水红蕖细细香

大约不会有人相信容若公子也写过艳诗，但在他的文集里确实收录着这样的作品。有人考证这些艳诗就是纪念他的表妹的，那或许真是一次尝过禁果的初恋，清初旗人的男女大防毕竟不像汉人那样壁垒森严。

诗的题目直接就叫《艳歌》：

红烛迎人翠袖垂，相逢长在二更时。
情深不向横陈尽，见面销魂去后思。

洛神风格丽娟肌，不见卢郎年少时。
无限深情为郎尽，一身才易数篇诗。

第一首是怀念曾经的幽会，总在二更时分“刬袜下香阶，手提金缕鞋”。所谓“横陈”本义仅是横躺，但它早已经成为一个诗歌套语，有着固定的隐义：冯淑妃（名叫小怜）第一次为北齐后主高纬侍寝，“花容自献，玉体横陈”，是一幅妩媚而诱人的图画。从李商隐《北齐》诗中“小怜玉体横陈夜，已报周师入晋阳”的句子开始，“横陈”一词便和男女欢爱永远关联在一起了。

而容若毕竟不是高纬，对他而言，自然是“情深不向横陈尽，见面销魂去后思”，云雨之欢并不能尽示深情，更有那见面时候的销魂和离别之后的相思让人不能承受。

第二首诗用到了一个典故。汉朝有一个名叫卢充的男子，在一次出猎途中歇脚在一座朱门宅邸旁边。大门开了，说是崔少府的宅邸，喜气洋洋地，卢充被请了进去，崔少府见他少年俊朗，很是喜爱，当即便把女儿许配了他。

这是一桩奇妙而美满的婚姻，如果不是过于短暂的话。弹指间烟消云散，卢充又是怅惘惘的孤身一人。别后四年，卢充忽然在水滨见到了妻子，她坐在一架犊车里，怀里还抱着一个小男孩。

她说这是他的儿子，三岁了，抱起来交到他的怀里，还有一首诗和一只金碗。犊车于是走了，绝尘而去，再也没有回来。

这个故事对容若来说别有一番伤心。和表妹的一段感情不也是这样如梦似幻么，才一个瞬间就飘过去了，好像不曾真正发生过一样。“无限深情为郎尽，一身才易数篇诗”，那个美丽而鲜活的生命可在人间留下了什么痕迹么？只是几篇让人不忍卒读的诗词而已。

独拥余香冷不胜，残更数尽思腾腾。
今宵便有随风梦，知在红楼第几层？

——《别意》

这首《别意》，就像为这个故事特意而作的永恒的终曲。思念太远了，太累了，就连梦也找不到方向。

【小考据】 写给表妹的悼亡词

关于这位宫中表妹，容若还留下了怎样的思念呢？在前辈精致的考证

中，认为有几首词是直接指向这里的，一直以来却都被人或是误读或是轻忽过去了。比如那首《青衫湿遍·悼亡》，因为“悼亡”这个题目而被认为是他怀念第一位妻子卢氏的，因为传统上，“悼亡”这个词只能用在亡妻身上。

但是，在这首词里，其中用到的典故从来都清晰地昭示着：这一番悼亡的对象只能是那个死在宫中的表妹。之所以词题写作“悼亡”，当是容若在心中早已把表妹当作自己的妻子；之所以我们看到的许多注本都把这首词的写作时间定在康熙十六年，也就是卢氏刚刚去世的时候，其实并不是因为存在确凿的记载，而是因为研究者先把这首词判定为悼亡卢氏之作，再从词中那句“半月前头扶病”推断出这个写作时间。

这首词读起来，是从哀婉走到悲恸，我们感受得到，公子的情绪只要稍稍打开一个缺口，就会一发而不可收：

青衫湿遍，凭伊慰我，忍便相忘。半月前头扶病，剪刀声、犹在银釭。忆生来、小胆怯空房。到而今、独伴梨花影，冷冥冥、尽意凄凉。愿指魂兮识路，教寻梦也回廊。

咫尺玉钩斜路，一般消受，蔓草残阳。判把长眠滴醒，和清泪、搅入椒浆。怕幽泉、还为我神伤。道书生、薄命宜将息，再休耽、怨粉愁香。料得重圆密誓，难禁寸裂柔肠。

疑惑是从下片的第一句开始的：“咫尺玉钩斜路，一般消受，蔓草残阳”。“玉钩斜路”，这四个字正是解读这首词的关键。

“玉钩斜”是一个美丽的地名，它位于扬州的蜀冈西峰。这原本是一处很著名的古迹，得到过很多诗人的吟咏，但使这里著名的并不是什么美丽的故事，而是地底下埋着的许许多多少女子的枯骨和冤魂。

据说，隋炀帝三下扬州，穷奢极侈到了变态的地步，甚至强征吴越的民间少女在运河两岸为龙舟拉纤。少女们不堪重负，以致死者枕藉。在船队到了扬州之后，少女们的尸体都葬在附近的一处坡地上。因为这里是一处斜坡，从此便被称为“宫人斜”，尽管严格来说她们还称不上宫人。

到了唐代，李夷简镇守扬州，在这里观赏如钩新月，便修了一座玉钩亭，大文豪皇甫湜为此还写了一篇《玉钩亭记》，此后宫人斜便改称“玉钩斜”，名声越来越大，为之吟咏的名家也越来越多。

容若自己也吟咏过玉钩斜，比如《浣溪沙·红桥怀古，和王阮亭韵》：

无恙年年汴水流，一声水调短亭秋。旧时明月照扬州。
曾是长堤牵锦缆，绿杨清瘦至今愁。玉钩斜路近迷楼。

这是一首很好的怀古词，词题里提到的王阮亭就是渔洋山人王士祯，曾在扬州做官，与当时名士游览扬州红桥，有过一些唱和。容若是在多年之后以大内侍卫的身份随同康熙皇帝南巡扬州，步韵和了王士祯的一首《浣溪沙》，词的下片讲的就是玉钩斜的隋朝往事。

了解过这则典故，我们再回到《青衫湿遍》这首词来，就会发觉容若这句“咫尺玉钩斜路，一般消受，蔓草残阳”作为悼亡词来说竟然毫无道理。所有注本都把“玉钩斜”解作对卢氏墓葬所在地的一个比喻，如果真是这样，容若的用典就太失水准了。

诗人的用典，乃至许多诗词套语，都有它们固定的含义，有特定的应用场合，就像我们的日常用语里，“音容笑貌”这个词虽然从字面上看可以对任何人说，但在文化背景里，它只能用在死者身上。所以，当容若用到“玉钩斜”这个典故，又感叹“一般消受，蔓草残阳”的时候，他所怀念、哀悼的这名女子，一定有着与那些葬身玉钩斜的女子相似的特点，也就是：被皇家强

夺，并不幸早逝。

再看“咫尺玉钩斜路”这“咫尺”两字，玉钩斜远在扬州，和容若绝非咫尺，而“咫尺”其实暗含着“咫尺天涯”的意思，能够在容若的生活中构成这个意思的，只有那位宫中表妹。只有皇宫的红墙，才能让容若生出咫尺天涯这样的感叹。

词的最后一句“料得重圆密誓，难禁寸裂柔肠”也能证实这个推论。“重圆”是用“破镜重圆”的典故：事情发生在隋朝统一中国之前，南方陈国的末代皇帝陈叔宝有个妹妹叫乐昌公主，嫁给了徐德言，两人非常恩爱。当时天下动荡，徐德言预料到过不了多久就会有国破家亡的大祸发生，那时候难免夫妻被拆散。于是他取来一面圆形的铜镜，一破为二，和妻子分别保管，并约定说：“如果夫妻被迫分离，你就在每年正月十五那天托人将这半面镜子拿到市场去卖。只要我还活着，就一定会去探听消息，以我的半面镜子为凭，与你团聚。”

后来，隋朝果然灭亡了陈国，徐德言逃亡，乐昌公主则被赏赐给功臣杨素为妾。徐德言打探到了消息，便赶到了隋都长安，打探妻子的下落，终于在正月十五那天在市场上看到一个老人高价出售半面铜镜，细看之下，果然就是妻子的那块。徐德言于是写了一首诗，托那位卖镜子的老人带回去。事情的结局是美好的：杨素知道这件事后，大为感动，把乐昌公主还给了徐德言，让他们夫妻重聚。

所以，“破镜重圆”这个词原本不是任何夫妻言归于好都能用的。它最适合于这样的情况：夫妻的分别是被迫的，妻子落到了权贵人物手里，而丈夫几乎无能为力。这就能够解释容若所谓“重圆密誓”的含义了：破镜重圆的誓言是秘密立下的，不为外人所知，这说明两人的关系很可能不是合法夫妻；她进了一处连容若这等背景的人都无能为力的地方，而终于没等到破镜重圆，就在那里黯然地死去了。

第三幕

寂寞的十七岁

一绺香烟花数朵，
正堪相伴病维摩。
——［明］王次回

和青梅竹马的表妹分开之后，少年冬郎怎样挨过那样漫长的距离和思念呢？

读书、骑射，文武之道，机械一般的日子。科举、卧病、拜师，另一种生活。一直走到婚姻和冠礼，由少年走到了青年。在这一年年的日子里，他的性格和趣味都有一些变化。儒家经典和传统史籍对他不再有那么大吸引力了，他被一部“不正经”的书吸引了去，在里面一醉就是很多年，一辈子都没有拔出来。他以后的所有创作，都打下了这部书的深深烙印。

这部书，现在即便在一些资深的古典文学爱好者，乃至在一些古典文学专业的读者眼中，都是模糊甚至完全陌生的。这是一部价值被本土文学史大大低估了的诗集——《疑雨集》，作者是晚明金坛人王次回。

[1]金坛王次回：在纳兰词里的无名隐士

王次回，名彦泓，以字行，出身于明代金坛王氏望族，一连三代都是先举进士，后任要职，晚年荣归故里，又有经史著作传世，可谓立德、立言、立功三者皆备，盛名赫赫一时。

但也恰恰应了“富不过三代”这句俗话，传到第四代上，王氏的仕宦家风就算彻底终结了，而且家境一道败落，再没有收拾起来。穷困潦倒的王次回常以“富不过三代”这句话来自嘲，说人不能和命斗，谁让自己就是第四代呢！

其实问题出在王次回的父亲身上。根据《王氏宗谱》的记载，王次回的父亲王楙锟在天启年间因为秉公执法，得罪了权贵，惨遭陷害，虽然到崇祯皇帝登基的时候得到了赦免，但一个三代簪缨的名门望族已经被毁了个彻底，元气再也不能恢复。

王次回亲身经历了这一场切身切骨的天翻地覆，亲身感受了这个社会是如何黑白颠倒，感受了正直与善良如何像纸刀纸剑一样禁不起明枪暗箭的任何一次打击，终生都为此而愤愤。

况且他也一直考不中进士，做不成官，改变不了自己的命运，唯一的解脱就是诗，唯一的梦乡就是爱，就这样似乎浑浑噩噩地度过了一生，直到崇祯十五年在家乡病逝，时年五十岁。仅仅两年之后，就是每一个汉人都无法忘记的“甲申之变”，明朝亡了。

王次回的诗，被友人编辑为《疑雨集》，后来还有人伪造了一部《疑云集》，假托是王次回的作品，着实骗过了不少人。这样的书之所以有人造假，

只能说明一个问题：《疑雨集》很受人们的欢迎。

《疑雨集》先后风靡过两次，第一次是在明末清初，第二次是在清末民初，我们现在还能在张恨水的《春明外史》里、冰心的柔情散文里，还有郁达夫的书信里、沈从文的小说里不断瞥见王次回的影子。《疑雨集》能在这两个时代里风靡一时，细想一下还是很有一些社会背景的：无论明末清初还是清末民初，都是所谓“王纲解纽”的时期，社会秩序乱了，旧观念的话语霸权没有那么牢固了，而权力阶层焦头烂额于许多更要紧的问题，以至于一时顾不上清理这类“伤风败俗、蛊惑人心”的作品了。在我们的本土传统里，社会的稳定程度向来是与思想的自由程度成反比的，所以东周礼坏乐崩才有百家争鸣，明末清初王纲解纽才有黄宗羲、顾炎武、王夫之。王次回虽然只是一朵小小的浪花，一样不能免于这个铜铸铁打的社会规律。

纲常松弛了，爱情就开始萌芽了。但松弛不等于消失，于是，王次回的诗就像简·奥斯汀和琼瑶的小说，正统派不屑一顾，有情人趋之若鹜，爱之者击节深爱，恨之者切齿痛恨。在明末清初那个鸳鸯蝴蝶派文学还没有来得及诞生的时代，王次回就是爱情教主，《疑雨集》就是爱情圣经。那些词句是如此旖旎，如此艳丽，如此冲破禁忌，以至于后来被日本作家永井荷风比作波德莱尔的《恶之花》而盛赞其“倦怠颓唐之美”，哈佛大学的韩南教授干脆直接把王次回称为“中国的波德莱尔”。

平心而论，这样的赞美或多或少有些感情用事了，至少从地位上说，波德莱尔毕竟是整个西方文学史上划分古典与现代的分水岭，而王次回只在本土闪现过两次流光，不要说在世界文学史上的地位，就连现在的中国文学史，即便没有完全忽略掉他，也只是用半句话的篇幅一带而过。这样的事情永远都在发生，正如我们现在都知道李商隐是一个大诗人，殊不知主流观念一直晚到清朝才做出这样的认同。

但永井荷风和韩南把王次回与波德莱尔并置，应该不是因为他们在文学史上的地位，而是因为他们的题材、手法、风格，还有各自对自己所处时代的世道人心的那种激荡。

波德莱尔不能为正统社会所容，王次回也是一样。在他去世之后甚至传出了这样的奇闻：王次回是在一次如厕的过程中失足跌进粪坑里淹死的。——传闻反映的不一定是真实的情形，却往往是真实的人心。在正人君子们的期待里，这个龌龊的诗人就应该是这种龌龊的死法。他只有这样死掉，才可以证明上天的公正，即便他不死，也应该在他胸前印上那个象征耻辱的红字，提醒世人远远避开这个貌似旖旎实则凶残的洪水猛兽。

少年冬郎的小书桌里就藏着这么一部《疑雨集》，要小心地藏着，可不能被旁人发现。于是他常常走神，常常在因怀念而憔悴的日子里反复吟哦着《疑雨集》里那句“一绺香烟花数朵，正堪相伴病维摩”。想象着自己就是装病的维摩诘，或者是心病中的王维，在一个堆满佛经的房间里，陷落在缭绕的香烟之中，看那氤氲的烟雾绽开成花儿朵朵，一时飞腾，一时破灭。有时候在某个少女的身上捕捉到一点熟悉的感觉，他又会想起《疑雨集》中“心期旧矣合欢新，蔗尾才尝味已珍”的诗句，他不知道这首诗后来被引入了《红楼梦》的脂批，而那座人间天上的大观园又何尝不是什刹海旁边明珠的府邸呢？

“飞燕风情疑远近，惊鸿神采乍阴阳。关心正此堪研赏，似较横陈味颇长。”诗里旖旎万端的典故是冬郎早就熟悉的，第一句脱自《飞燕外传》，第二句脱自《洛神赋》，是的，早就熟悉了。美丽的爱情就像风情万种的飞燕，乍远乍近，若即若离，又像惊鸿一瞥的洛水神女，似要逗留人间，却又转还仙界。似梦似幻，亦真亦假，尤其令人向往，尤其令人怀念，更尤其令人焦灼。美，常常需要足够的距离，但冬郎只想拥抱，紧紧地拥抱。

于是，《疑雨集》中那些令道学先生无比愤怒的香艳句子，“枕上不妨频转侧，柔腰偏解逐人弯”，也成为少年冬郎的造梦工厂，以至于让他在多年之

后怀念往事时写出“退粉收香情一种，栖傍玉钗偷共”这样“露骨”的词来，只是长久以来都没有解人罢了。

少年冬郎就这样在王次回的世界里找到了自己的世界，他甚至觉得王次回就是另一个自己，《疑雨集》里的许许多多诗篇就是出自自己的心、自己的手。而我们这些几百年之后的读者，会在名满天下的纳兰词里发现大量对《疑雨集》的套用和化用，用得那样自然，简直使我们相信，《疑雨集》就是纳兰容若的母语。

我们看纳兰词里的两首《浣溪沙》：

容易浓香近画屏。繁枝影著半窗横。风波狭路倍怜卿。
未接语言犹怅望，才通商略已瞢腾。只嫌今夜月偏明。

五字诗中目乍成。尽教残福折书生。手挼裙带那时情。
别后心期和梦杳，年来憔悴与愁并。夕阳依旧小窗明。

对照《疑雨集》：

风波狭路惊团扇，花月空庭泣浣衣。

——《代所思别后》

未接语言当面笑，暂同行坐夙生缘。

——《和端己韵》

今日眼波微动处，半通商略半矜持。

——《赋得别梦依依到谢家》

相对只消香共茗，半宵残福折书生。

——《梦游》

矜严时已逗风情，五字诗中目乍成。

——《有赠》

读纳兰词，遭遇最多的就是王次回，是这个早已被人忘记的晚明诗人。似乎他在世界上的出现，只是为了造就一个远远比他伟大的诗人。容若有着最好的家世，有着最好的老师，接受的是最好的教育，如果说这样一种近乎完美的教育还有什么缺环的话，这个缺环也已经由王次回——这个在前朝就已经过世的人——以自己的毕生心血做了弥补。那就是爱，就是爱的表达。

【小考据】 退粉收香：纳兰词中的隐语

青陵蝶梦，倒挂怜幺凤。退粉收香情一种，栖傍玉钗偷共。

愔愔镜阁飞蛾，谁传锦字秋河。莲子依然隐雾，菱花暗惜横波。

这是容若的一首《清平乐》，向来都被误注，关键就在“退粉收香情一

种”这句上，“收香”常被注释为收香鸟，是一种小鸟的名字。“退粉”是一个动宾结构，那么按照文言体例，“收香”就不可能是鸟名，也得是相应的一个动宾结构。考据过程有些烦琐，这里只说结论：“退粉”是蝴蝶交尾之后的动作，“收香”则是麝发情之后的动作，这两个意象的结合，暗示的就是床第之欢，这是一种含蓄得近乎隐秘的表达手法。至于词中这位女子的真实身份，我们恐怕永远也不得而知了。那又如何呢？

[2]北京国子监：石鼓秘语

儒家文化素来有政府办学的传统，据说这是从“周公制礼”就定下来的规矩。历朝历代，只要奉行儒家文化，就要力行政府办学，无一例外。

国家的最高学府，汉代称太学，唐代称国子监，校长称祭酒，教师称博士或助教。现在的北京，在安定门内大街路东有一条古老的街道，两端立有四座彩绘牌楼，街口用六种文字镌刻着同一句话：“官员人等，至此下马”。这里，就是元、明、清三代的最高学府：国子监。

清政府“师汉之长技以制汉”，对国子监做了一番耐人寻味的改造。在乾隆四十八年，按照儒家典籍的记载，开始在国子监的中心建造一个特殊形制的讲坛——辟雍。这并不是一个建筑问题，而是一个政治问题，因为在儒家的政治理想里，周代圣王的辟雍讲学正是太平盛世的一大标志。所以后世帝王为了证明自家统治的合法性，总是很热衷搞些这样的工程。汉武帝就是一个著名的例子，当时儒家知识分子对这个仅仅存在于典籍与传说的建筑众说纷纭，争得不亦乐乎，让汉武帝彻底领教了学者们的固执。

乾隆皇帝相比汉武帝的优势在于：又经历了如此多朝代，学者们不断积累起来的研究已经让辟雍的形制有些轮廓可循了，实际操作的可能性大大增强了。工程的最高负责人就是被民间呼为“刘罗锅”的刘墉，时任工部尚书（建设部部长），他还有一位居功甚伟的合作者，此人提供的建筑方案不但为工程节省了大量成本，而且建筑效果比原来的设计更好。这个人就是时任户部尚书（财政部部长）的和珅，他和刘墉不但没有上演民间流传的“君臣斗”的故事，反而是通力合作了一回。

辟雍完成之后，国子监就更加风光了。国子监本来紧邻孔庙，正是“左学右庙”的传统格局，皇帝先到孔庙祭祀，再进国子监，登上辟雍讲学，辟雍阶下跪满了国子监的太学生和各级官员，有数千人之多，果然是“太平盛世”的宏大场面。此后每一任皇帝都会履行这个“义务”，这至少在形式上符合汉文化的政治传统：政治领袖、宗教领袖和最高学术权威这三者必须集中在同一个人的身上，皇帝同时也是大祭司和人民导师，或者最伟大的思想家，他的“光辉思想”要以政令的形式强迫所有人“认真学习”。

在康熙年间，没有辟雍的国子监显得朴素多了，这里的学生们也不用把大量时间和精力投入到皇帝“临雍讲学”之前的备战工作中去。他们可以把更多的时间花在读书上面，毕竟学校不只是统治者的脸面，更是一些真正渴望知识的人得以求知的地方。

无论在多少同学之中，有一个人总可以被人一眼就注意到。其实他总是闷闷的，一点也不张扬，但他就是那么醒目。而且，如果稍稍多一些观察，就会发现他的举动有些怪异。他是一个偏内向的学生，一连很多天对着国子监里的十只石鼓发呆，样子是那么虔敬，似乎面前并不是散放的几块石头，而是皇宫大殿、佛像神龛之类的什么。

这是十块雕刻成鼓状的花岗岩，“鼓面”上还刻着文字，只是有些湮灭不清了。只看得出那字体古朴遒劲，但没有人认得出其中哪怕一个字。这是三代法物中硕果仅存的物件，静静地藏在国子监里，能够这样地接近它们、抚摩它们，是何等的幸事！

是的，对于儒家知识分子来说，所谓“三代”是一个真实存在过的理想世界，那时候有成汤、文王这样的圣王，又有伊尹、周公这样的辅弼，风调雨顺，国泰民安。儒家所有的理想都是要恢复这三代之治。而如今，三代唯一的遗存法物竟然就在自己面前，他为此激动得无法自抑。

今天我们可以在《通志堂集》里深深体会到公子当时的心情，这是一篇叫作《石鼓记》的文字：

予每过成均，徘徊石鼓间，辄竦然起敬曰："此三代法物之仅存者！"远方儒生或未多见。身在辇毂，时时摩挲其下，岂非至幸！惜其至唐始显，而遂致疑议之纷纷也。《元和志》云："石鼓在凤翔府天兴县南二十里，其数盈十，盖纪周宣王田于岐阳之事。而字用大篆，则史籀之所为作也。自贞观中，苏勉始志其事，而虞永兴、褚河南、欧阳率更、李嗣真、张怀瓘、韦苏州、韩昌黎诸公并称其古妙，无异议者。迨欧阳文忠，则疑自周宣至宋垂二千年，理难独存。夫岣嵝之字，岳麓之碑，年代更远，尚在人间，此不足疑一也。程大昌则疑为成王之物，因《左传》成有岐阳之蒐，而宣王未必远狩丰西。今蒐岐遗鼓既无经传明文，而帝王辙迹可西可东，此不足疑二也。至温彦威、马定国、刘仁本，皆疑为后周文帝所作，盖因史"大统十一年西狩岐阳"之语故尔。按古来能书如斯、冰、邕、瑗无不著名，岂有能书若此而不名乎？况其词尤非后周人口语。苏、李、虞、褚、欧阳近在唐初，亦不遽尔昧昧，此不足疑三也。至郑夹漈、王顺伯，皆疑五季之后鼓亡其一，虽经补入，未知真伪。然向传师早有跋云："数内第十鼓不类，访之民间，得一鼓，字半缺者，较验甚真，乃易置以足其数。"此不足疑四也。郑复疑靖康之变未知何在，王复疑世传北去，弃之济河。尝考虞伯生尝有记云："金人徙鼓而北，藏于王宣抚宅。迨集言于时宰，乃得移置国学。"此不足疑五也。予是以断然从《元和志》之说而并以幸其俱存无伪焉。尝叹三代文字，经秦火后至数千百年，虽尊彝鼎敦

之器出于山岩、屋壁、垅亩、墟墓之间，苟有款识文字，学者尚当宝惜而稽考之，况石鼓为帝王之文，列胶庠之内，岂仅如一器一物供耳目奇异之玩者哉！谨记其由来，以告夫世之嗜古者。（《石鼓文》，录《通志堂集》卷十三）

今天的读者往往只是从纳兰词里读到公子感性的一面，殊不知他还有如此理性的一面。这篇文章细细辨析着围绕这十只石鼓的真伪与断代而产生的种种争议，梳理着它们的历史，一路追踪这十只石鼓如何镌刻出来，如何散落在民间，如何在唐代初年重现人世，如何被褚遂良、欧阳询这样的书法名家和韩愈、韦庄这样的知名文士叹赏它们古雅的文字，又如何在"靖康之难"中被金兵掠去，如何被移置在北京的国子监里……自己与这三代古物的偶然相遇，竟需要多少的缘分、多少的巧合呢！

整篇《石鼓记》，充满了考据与辩难，但是，所有理性与逻辑的终点绝不是理性与逻辑本身，而是爱，是对汉文化由倾慕而至于会心的爱。

这是康熙十年，纳兰成德十七岁。

多年之后，徐乾学以沉痛的心情为自己早夭的学生纳兰成德撰写墓志铭。回忆起国子监的这一段岁月，他说那年成德十七岁，当时的国子监祭酒（校长）正是自己的三弟元文。自己那时候还不认识成德，只是常听三弟说起他来，那神色与语气里满是爱惜与器重。三弟认真地说：这个孩子绝对不是凡人。

徐乾学还讲起成德的居家生活，说他在家的时候，总是"闭门扫轨，萧然若寒素"，如果有客人来访，他总是避而不见，只是"拥书数千卷，弹琴咏诗，自娱悦而已"。显赫的家世和傲人的才学完全可以使他飞扬跋扈起来，至少他有着太值得自傲的本钱，可是，他却像一个隐逸的书生，过着一种自闭的生活，寂寞并享受着。就像在一个大大的客厅里，所有人都在交际，都在客套，都在你认识我、我认识你，只有一个孩子不为所动，在角落里一言不发地摆弄着自己的玩具。

但没人胆敢小看这个孩子，他在十七岁进入国子监之后，第二年就通过了顺天府乡试。徐乾学恰好就是这次乡试的主考，他在京兆府堂上接受一干举子拜谒的时候，独独注意着那个早在三弟那里闻名已久的纳兰成德。在徐乾学的回忆中，那一天的成德“举止闲雅”，正是翩翩浊世佳公子的风神气度。

三天之后，成德过府拜谒，与徐乾学谈论起了“经史源委及文体正变”，学问之深、见地之高，就连老师和宿儒也多有不及。徐乾学的心里怕已经暗暗萌生了这样的念头：如果能收得一个这样的弟子，该有多好！

[3]昆山三徐：在青涩的涯岸迷路寻路

徐乾学在给容若撰写墓志铭的时候已经垂垂老矣，他回顾自己毕生桃李满天下，说在这所有人中，若论天资之纯粹，识见之高明，学问之淹通，才力之强敏，再没有超过容若的。墓志铭里，徐乾学怀念容若的天资，说他“自幼聪敏，读书一再过即不忘”。巧合的是，在徐乾学家乡所修的县志上，几乎用了一模一样的话来描述徐乾学本人：“乾学幼颖悟绝人，读书一再过，终身不忘”。名师难求，天资过人的学生更难求，而在康熙年间的北京，一个天才的老师，一个天才的学生，就这样风云际会了。

江苏昆山，人杰地灵，在这里的玉峰山南麓曾经矗立着一所著名的藏书楼：传是楼。楼主徐乾学是当地名流，那时候可以在徐氏宗祠里看到这样一副对联：“教子有遗经，诗书易春秋礼记；传家无别业，解会状榜眼探花。”上联是说徐家以儒家经典教育子弟，读书是他们人生的第一要务；下联更进一层，说徐家的传家法宝就是读书，正是因为读书，徐家才有了一门的解元、会元、状元、榜眼、探花。

这个对联一点没有夸张。当时的徐家兄弟号称“一门三鼎甲”，先是三弟徐元文在顺治年间高中了状元，随后大哥徐乾学、二哥徐秉义均在康熙年间考中探花，三兄弟由读书而科举，由科举而同朝为官，位至极品，徐氏一门由此而名满天下，遂为昆山望族。

三兄弟仕途显达，于是连已故的父亲也得到了政府的追封，是为光宗耀祖。徐乾学为之撰文，说清朝定鼎之后，父亲便绝意于仕宦，只是全力督教子弟，这才有了三兄弟日后的成就。

这段话在今天的读者看来颇有几分蹊跷，原因是，在儒家的观念里，所谓“忠臣不事二主”并不意味着前朝的所有臣民都不得在新朝为官——这个限制仅仅针对那些在前朝做过官或是取了功名的人，徐家三兄弟自然不在此列，否则就会被打入“贰臣”的行列了。

他们的父亲坚守着这个传统，他们的舅舅也是这样。在当地的旧俗中，外甥上学读书，舅舅或送书包文具，或摆下酒席宴请亲朋邻里，对外甥的学业颇有几分义务。而徐氏三兄弟的舅舅不但是当时名满天下的大儒，更是在整个中国思想史上占有一席之地的显赫人物，即“明末三大家”之一的昆山顾炎武。史料记载，不但顾炎武本人对外甥们的学业多有助力，且时有一流学者登门造访，所以徐氏三兄弟的成长环境像极了我们所熟悉的《傅雷家书》所写的那个样子，不但父母师长严格教育，那“谈笑有鸿儒，往来无白丁”的社交圈更是让所有望子成龙的父母艳羡不已。

顾炎武比较喜欢老三徐元文，对老大徐乾学却有些刻意疏远，是觉得他的功名利禄之心太重，不是一个淳良的苗子。

也许徐乾学确实是一个心术不正的人，但至少是一个心术不正的爱书人。本来在徐氏宗祠的那副对联里，功利色彩就很鲜明：读书不是单纯为了求知，而是为了科举当官。简而言之：知识改变命运。但对于徐乾学来讲，读书也许一开始仅仅是一种手段，在科举当官这个目的达成之后，手段却变成了新的目的。他的官越做越高，财力越来越大，人脉也越来越广，所有这些都成为他搜罗天下图书珍本的本钱，传是楼因为楼主不遗余力的收藏成为名满天下的藏书楼。

说起藏书楼，人们首先想到的恐怕是宁波天一阁。天一阁戒律森严，不单对外人概不开放，对自家人也设置了重重限制。还有钱牧斋，他一生醉心藏书，概不外借，结果绛云楼遭了火灾，片纸无存。而传是楼完全取开放的态

度，和其他几家声气相通的藏书楼互相抄借，以利古书的保存和传播。

至于楼为何名为“传是”，根据汪琬的记载，徐乾学有一次带着子孙登上传是楼做了一番训话，说我们徐家先世以清白起家，该以什么来传给子孙后代呢？金银、田地、房产，都不是久能存续的。——说到这里，徐乾学一指楼上的藏书：“所传者，惟是矣。”

清代另一位学者邵长蘅写过一篇《传是楼记》，提出另一种解释：在韩愈的《原道》里，有一段话是“尧以是传之舜，舜以是传之禹，禹以是传之汤……”这些圣人之间传递的 “是”，代指道统，这应该就是“传是楼”之名的出处。

这两个解释都很令人感叹，但徐乾学的这个“是”毕竟没能传下去。子孙不肖，陆续把藏书楼的藏书变卖出去，加上管理不善，发生了多次火灾。徐家一位叫作徐衡的后人留下了一个让人伤感的记载：传是楼的藏书最后只剩下二十多种，还有两册书目。

这里之所以介绍这座传是楼，是因为它和我们的传主大有关系。传是楼的确毁了，但藏书并没有毁，因为徐乾学动用传是楼的珍藏协助纳兰容若编出了一部大型儒学丛书《通志堂经解》。古代的主流社会能够认可容若，不是因为他的词（那只是“艳科小道”，并非正途），而是因为这套书。如今我们搞思想史研究，这套书仍然是必备的。

然而另一方面，正是关于这套书的一些记载与传闻，使容若与徐乾学的品行遭到了人们的质疑。如果得不到合理的澄清，对于热爱公子的人来说，心里总会横亘一片阴影。这里边的故事，就留到后文再展开了。

[4]秋水轩唱和：玉人和月摘梅花

这一年，时任左都御史的明珠和国子监祭酒徐元文一同获得了一个兼职的新衔：经筵讲官，也就是做了康熙皇帝的儒学老师。徐元文担任这个职位是实至名归，明珠却有点充数的嫌疑——只是讲官行列里需要一个有分量的旗人大臣，而明珠在旗人里倒也算得上一代儒臣了。康熙皇帝和成德同龄，两位老师一个是成德的父亲，一个是成德的校长，无形中把成德与皇帝的关系拉近了。

同年，明珠又从左都御史调为兵部尚书，相当于从中央纪委负责人调任中央军委负责人。表面上看，左都御史和兵部尚书都是从一品，属于平级调动，实则大有深意：南方以吴三桂为首的“三藩”和中央政府的矛盾此时已经激化到一触即发的程度了，康熙皇帝有意备战，这时候把明珠调为兵部尚书自然是要在即将发生的战事当中倚仗于他了，这将是一个一人之下、万人之上的位子，是全天下瞩目的焦点。

久混官场的人，嗅觉格外灵敏，早在正式调令发布之前，明珠身边就涌出了大批的巴结者。这一来，十七岁纳兰成德也顿时身价百倍、炙手可热。所有的官宦人家都想把女儿嫁给成德，更要命的是，抛开家族利益不谈，就连这些单纯的女孩子本身，也早都把成德视作最理想的情郎、最渴望托付终身的归宿。全京城的贵公子里，没有第二个人像成德这样耀眼。

唯一对这件事兴味索然的就是成德自己。他的眼睛里总有一些落落寡合，似乎寂寞真的可以开花结果，在热带的心情里无边滋长。自己已经是所有官宦家庭茶余饭后的必备话题，他却什么也听不到。

他的心被另一件事攫住了，那是当年京城里唯一可以与他的婚事相抗衡的

话题事件。——正如所有的官宦人家都关注着成德的婚事，所有的文士也都关注着肇始于一处京官别墅、声势越来越大的事件：秋水轩唱和。

对于十七岁的成德来说，这个话题多少带些禁忌。

天色渐晚，广源寺里仍然挤满了香客。成德向来不愿待在人多的地方，回转身，偷偷踱到了大雄宝殿的背后。

暮色愈厚，从宝殿冰裂纹的窗格子斜斜射出一星半点跳跃的烛光，借着明明灭灭的光影，可以看见后庭的蔷薇娇滴滴地开了一天一地，密密匝匝，璀璨妍丽的胭脂色连厚实的暮色都快压不住，香味更是浓得化不开。

成德贴近身，想将这一架子深色花的香甜都偷进肺里，却蓦然停住，一阵玲玲的笑声从这胭脂色、蔷薇香的深处慢慢沁出来。

成德循着那笑声看过去，一群盛装打扮的旗人少女正切切地谈论着什么。六七个年纪相仿的女孩子头紧挨着头，谈到兴奋处，除了扬起清脆甜美的笑声，还杂着钗环摇晃和碰撞发出的玎玲声，煞是好听。

成德本想静悄悄地走开，但一下子又停住了，因为她们说的正是自己最想听的话题：秋水轩唱和。

秋水轩唱和不仅是当时的一大话题事件，更是中国词史上的一件盛事。就在这一年里，雅擅填词的周在浚来到京城，住在世交孙承泽的秋水轩别墅里，引来了许多名流造访。曹尔堪就是其中的一位访客，那是一个酷热的夏天，他想在别墅里找个地方纳凉，见到一处墙壁上题写了许多酬唱的诗词，云霞蒸蔚，于是技痒，填了一首《贺新凉》，题在墙壁的空处，从词牌上找来了一些纳凉的感觉。

这本来是一个很偶然的举动，但恰好秋水轩这时正是名士云集，大家的词兴都被调动起来了，于是周在浚、龚鼎孳等文坛巨擘纷纷唱和，全用《贺新凉》这个词牌，每处韵脚的用字也和曹尔堪一样。这叫“步韵”，是和诗里最难的一种，但对于高手来说，难度越大才越有趣，彼此之间暗暗起了较量的意思，于是词作越和越多，影响力越来越大，乃至于大江南北的文人骚客纷纷投书寄简，各展才学。

本来这些京城名流填词多学辛弃疾，称为“稼轩风”，结果这一次偶然的秋水轩唱和把“稼轩风”推向了全国，整个康熙初年的文坛风气为之一变。

填词和写诗不同。“鹅，鹅，鹅，曲项向天歌”，骆宾王在幼年就写出了这首著名的小诗，因此被誉为神童。但小孩子没有填词的，不要说小孩子，成德这年十七岁，也没到填词的年纪。诗言志，词言情，未成年人填词等于给家门蒙羞。但成德已经偷偷地读过不少词了，也大大喜爱那些言情的内容，对秋水轩唱和也暗暗地关注了很久，所以，当他忽然在一个满是陌生人的场合听到有人在议论这个话题，自然就不舍得离开了。

少女们本来只是低声议论（这对于她们更是一个不宜过分关注的话题），但越说声音越发高亢起来，看来是太兴奋了吧。禁忌的话题总会给花季雨季的少男少女带来一种夹杂着羞涩与恐惧的特殊快感。成德听得真切，他听着她们对秋水轩的那些名士一个个地品头论足，间或背诵几句他们的作品（他其实也都背得出）。

渐渐地，成德注意到，在背诵的声音中，有一个温软纤细的声音出现得最频繁。细听来，那声音低低的，调子极平缓，不急不赶，柔和得像月光下酣睡的湖。某个时刻，成德短暂地恍神，耳朵里只听得见那声音的声调是如何高低变化，声线是如何宛转起伏，却听不到那声音念的到底是些什么句子。

他终究没忍住，探头寻觅声音的主人。那是一个素净的女子，在一众盛装华服、姹紫嫣红的少女中，她那袭月白色绣百蝶长裙淡得几近透明。想来刚才那钗环碰撞的玎玎声也与她无关，因她头上并无半点珠翠，只斜簪着一朵半舒半卷、淡粉色的荷。她的面孔无甚特别，甚至在明艳娇俏的同伴们的映衬下，显得有些过于平凡，但她嘴角轻轻浅浅的笑意、眉眼间淡然自若的态度却在这

燥热的夏日傍晚有着让人安静的力量。

晚风一吹，蔷薇花架轻轻摇晃，少女们笑着争相跳开，独她娇憨地愣在原地，任花瓣将玫瑰紫泼了她一裙一身。裙边上绣的银蝴蝶随风轻轻飞扬，似要逐花瓣而去，成德竟不由自主地伸出手去，想挽留住那几只小巧的银蝶。

花架背后突然探出的手将少女们吓得不轻，稳重如她，也惊愕地抚着心口，瞪大了眼睛。成德为自己的失态而懊恼，但毕竟还是少年心性，定了定神便朗声道："在讲秋水轩唱和么，词牌是《贺新凉》，又名《金缕曲》，韵脚是卷、遣、泫、茧、浅、展、显、扁、犬、免、典、剪。对不对？"

竟一点都没错！少女们都期待地看着这个俊雅的少年，他还这么年轻，竟也要加入秋水轩唱和了，词牌和韵脚都说得不错，但他会写什么内容呢？其中容貌最出众的那个着明黄色绣白玉兰纱衣的女子笑吟吟地提醒了一句："要写眼前的内容哦！"

眼前的内容，是什么呢？是广源寺毫无诗意的后院，还是……还是我们自己？黯淡的月光和遥远的烛光遮掩着每一个少女忐忑的心事。

眼前的内容，是什么呢？成德也在想着这个问题。眼前，近在眼前的，不就是这几个如花似玉的少女么？此时，少女们都已不由自主地将身子倾向他这边，齐齐殷切地看向他，一双双亮晶晶的眼睛像是镶嵌在夜幕中的寒星。唯有她，竟不知何时已改了那超然淡定的态度，缩在同伴背后，将头深深地低下去，低下去，直贴到胸前素色的流苏装饰，发出"沙沙"的声响。她的脸蓦地红得不成样子，就像这细微的声响不知好歹地泄露了她企图隐藏的秘密。

十七岁的成德要到后来才懂得少女的心思。她知道自己相貌平平，在同玩的姐妹之中无过人之处，在成德这样一个"看杀卫玠"一般的少年看过来的时候，更恨不得背过身去。但她不知道，自己低眉颔首的含蓄态度如一支柔软雪白的羽毛，越过其他女子的明媚开朗，轻轻抚过某个隐秘的角落，引起一阵悸动。

每个人都不太自然，成德也是，但他迅速地定了定神，找到了一个“眼前的内容”，又迅速地在心里组织语言。这时的他还不熟练于填词，只是有时候偷偷地试过而已，但箭在弦上，这位未来的词坛盟主终于依着秋水轩唱和的体例吟出了一首《贺新凉》：

疏影临书卷。带霜华、高高下下，粉脂都遣。别是幽情嫌妩媚，红烛啼痕休泫。趁皓月、光浮冰茧。恰与花神供写照，任泼来、淡墨无深浅。持素障，夜中展。

残红掩过看逾显。相对处、芙蓉玉绽，鹤翎银扁。但得白衣时慰藉，一任浮云苍犬。尘土隔、软红偷免。帘幕西风人不寐，恁清光、肯惜鹴裘典。休便把，落英剪。

一片安静。成德紧张地不敢去看少女们的脸色，半晌才解释说：“这首词，咏的是……”他伸手一指：“咏的是那株白梅花。”

听了这个解释，少女们都怔了一下，她亦略略抬头。终于有人问道：“你，你不会就是明珠大人府上的成德公子吧？”

成德也是一怔，正待说些什么，看到家人从前院跑来招呼自己，这才如释重负一般，僵硬地施了施礼，低着头落荒而逃。尽管低着头，他的目光却隐约瞥见那个白衣胜雪的影子朝自己的方向侧了侧身，匆忙中他不确定她是否真有这样一个小动作，唯一可以确定的是，他心里期望这个小小的动作不是自己的错觉。

成德后来才知道，自己这首《贺新凉》在那一群少女中间惹出了多大的风波。她们猜出了成德的身份就已经暗暗地惊呼了一阵，随后又争论着那首《贺新凉》。花坛里确实有一株白梅花，常来广源寺的人都知道，但那时根本就不

是梅花开放的时节，白梅花只是一株毫不引人注目的枯树而已。

四周绿意盎然、花团锦簇，哪一样不比枯梅树更能引发诗情？但这公子的诗情偏偏只为一株枯梅而发，没有道理。是没道理，情这东西，汤显祖早几百年就说过，“情不知所起，一往而深”。成德身为当事人，却也不比旁观者更清楚自己当时到底是怎样的心情。彼时，他只是任凭心底的话如泉水般汩汩涌出。

用了那么美丽的文字，写了一株根本就没有开放的白梅花，写的还是它盛开的样子，这到底是为了什么呢？没有人知道，只是从这天开始，真的有人“帘幕西风人不寐”了。

当一件事情进入了爱的领域，就开始谢绝逻辑，谢绝理性。语言是兜兜转转的迷宫，爱是直指人心的禅。

在那天那样氤氲的月色下，笑、惊愕、盼望等诸般动作神情都显得夸张，唯有她低头的姿态刚刚好，真的，刚刚好。

[5]交臂之失：一分钟的代价是几年

如果成德离开得从容一些，也许就会留意到广源寺前院的西廊墙壁上的一首恐怕墨迹仍然未干的《风流子》：

十年才一觉，东华梦、依旧五云高。忆雉尾春移，催吟芍药；螭头晚直，待赐樱桃。天颜近、帐前分玉弝，鞍侧委珠袍。罢猎归来，远山当镜，承恩捧出，叠雪挥毫。

宋家墙东畔，窥闲丽、枉自暮暮朝朝。身逐宫沟片叶，已怯波涛。况爱闲多病，乡心易遂；阻风中酒，浪迹难招。判共美人香草，零落江皋。

这首词，一看就是某个失意人的愤懑之作。这样的好文采却不见容于京城，也不知是因为什么。这个人在词的最后发牢骚说，既然京城待不下去，那就回乡好了，不如去学屈原，美人香草零落江皋。

如果成德可以看到的话，也许会惊叹一个巧合吧。方才自己那首《贺新凉》不是也写有“但得白衣时慰藉，一任浮云苍犬”么？当年陶渊明在九九重阳没有酒喝，便守在篱边怅怅不已，直到盼来送酒的白衣人，这才“即使就酌，醉而后归”。俗世红尘总是惹人烦恼，只要时有白衣人送酒以慰藉，不妨远遁江湖，找一处清净所在吧。

成德要到五年之后才有机会结识这位词人。他叫顾贞观，无锡人，早年就是江南“慎交社”的栋梁，著名的才子，当年他在京城受了龚鼎孳案的牵连，

那首《风流子》便是愤懑之下写就的，后来还寄给过大学者阎若璩。

无锡顾贞观，他将是成德一生中最亲密的朋友，也是清初词坛唯一可以和成德齐名的人。

【小考据】 樱桃宴与红叶诗

顾贞观的这首《风流子》恰好可以为纳兰词里一首难解的《临江仙·谢饷樱桃》作注。

绿叶成阴春尽也，守宫偏护星星。留将颜色慰多情。分明千点泪，贮作玉壶冰。

独卧文园方病渴，强拈红豆酬卿。感卿珍重报流莺。惜花须自爱，休只为花疼。

——《临江仙·谢饷樱桃》

这首词常被注作爱情主题，从字面上看确实也像。“绿叶成阴春尽也”是杜牧在湖州的一段绯闻，“守宫偏护星星”指守宫槐的浓密枝叶护住了星星点点的樱桃，“强拈红豆酬卿”是在相思……但是，这首词并非写给情侣，而是写给老师徐乾学的。诗题“谢饷樱桃”就已经交代清楚，只是今天的人对这个风俗很不熟悉。

从唐朝起，新科进士发榜的时候正是樱桃成熟的季节，进士们便形成了一种以樱桃宴客的风俗，是为樱桃宴。直到明清，风俗犹存，而且是由皇帝赏赐下来。顾贞观说的“忆雉尾春移，催吟芍药；螭头晚直，待赐樱桃”就是回忆自己科举与仕宦生涯中那些光辉的点点滴滴。

纳兰词里还有一首用秋水轩旧韵的《贺新凉》，是写给顾贞观的，其中有一句“多少殷勤红叶句，御沟深、不似天河浅”，用的是唐代《云溪友议》的一则典故：舍人卢渥进京赶考，偶然从皇宫向外排水的御沟里拾到一片红叶，叶子上是宫女题的一首绝句。后来唐宣宗放一些宫女出宫嫁人，卢渥娶到的恰好就是当年红叶题诗之人。——因为这则典故，有人便把容若的这句词和那位宫中表妹或其他宫中女子联系上了，说他感叹宫禁森严，就连天河都比御沟更容易涉过。

这是一个误解，容若这首词是写给顾贞观的，这句话所针对的正是顾贞观这首《风流子》里的“身逐宫沟片叶，已怯波涛”，那是隐喻自己被放逐出宫，和情爱毫无关系。只是容若的《贺新凉》和顾贞观的《风流子》不是彼此唱和的，所以很容易就被注家忽略。

第四幕

科举：万春园里误春期

须知名士倾城，一般易到伤心处。

柯亭响绝，四弦才断，恶风吹去……

——纳兰容若《水龙吟·题文姬图》

时光荏苒，走过了寂寞的十七岁，便义无反顾地走向成年了。

成年有成年的事情，十八岁的成德开始准备科举考试了。居然没有人太操心成德的科举备战，原因大概只有一个：所有人都相信考中进士对成德来讲实在是一件唾手可得的事情，至于能不能中得状元、榜眼、探花，那就全看运气了。明珠夫妇就是这么想的，他们的心思还是全放在成德的婚事上。现在为叶赫那拉氏挑一个合适的媳妇，比什么都重要。

当然，朝廷要和吴三桂开战了，已经做了兵部尚书的明珠自然没少为此花费心思。想到那些主和派竟然提出杀掉自己来向吴三桂求和，明珠心里就气鼓鼓的。

不知不觉，科举的季节到了，年仅十八岁的成德已经得到了太多，他已经拥有了显赫的家世、出众的外貌、过目不忘的天分、从小练就的文韬武略、渐渐鹊起的诗名，还有最难能可贵的温柔真挚的性情……他得到的实在太多了，上天还会给他吗？

[1]朱彝尊：壮年听雨客舟中

纳兰成德的婚事和秋水轩唱和，这两大新闻点自康熙十年以来长久地吸引着人们的注意。没有人注意到，就在康熙十一年，成德十八岁这年，一个四十多岁的落魄的江南文士携两袖黯淡风雨，步履艰难地迈进了京城。他把自己历年的词作汇编成集，题名为《江湖载酒集》，取意于杜牧“落拓江湖载酒行”，以写照自己十余年来混迹底层社会的沧桑经历。

> 十年磨剑，五陵结客，把平生、涕泪都飘尽。老去填词，一半是、空中传恨。几曾围、燕钗蝉鬓？
>
> 不师秦七，不师黄九，倚新声、玉田差近。落拓江湖，且分付、歌筵红粉。料封侯、白头无分。

这首词叫作《解佩令·自题词集》，是朱彝尊写来为整部《江湖载酒集》做纲领的。这部词集一开始只在小范围里慢慢流传，后来越传越广，大家对这首作为词集纲领的《解佩令》议论纷纷起来，丁绍仪就摘出“老去填词，一半是、空中传恨。几曾围、燕钗蝉鬓”两句，如释重负地说：朱彝尊以前那些绯闻看来只是“空中传恨”，不可当真。

事情的起因是几年之前，即康熙六年，朱彝尊编成了他的第一部词集，题为《静志居琴趣》。这实在破了中国词史上的一大通例——以往文人填词，凡有关男女情事，女主角基本都是歌伎一类的人物，很少有写给良家妇女的，而朱彝尊这部词集，题目所谓的静志居，“静志”二字就是妻妹的字，内容自

然全是写给妻妹的。所以，这不但破了前述的通例，还招摇出一段不伦之恋，自然很难为社会接受。但朱彝尊很执拗，爱就爱了，写就写了，不隐瞒，不遮掩，这样美丽的爱情就是值得认真纪念的。

当初在嘉兴碧漪坊，朱氏的祖宅附近，搬来了一户冯姓人家，家长叫冯镇鼎，本是归安县教谕。所谓教谕，是县一级负责儒学教育的小官，不入品级，要从乾隆皇帝开始才提升为正八品。冯镇鼎有两个女儿，长女那年十五岁，幼女只有十岁。在媒人的撮合下，朱彝尊和冯镇鼎订下了婚事，因为朱家过于贫寒，朱彝尊便入赘到了冯家，这对于当时的男人来说实在是一件很没面子的事。

日子静悄悄地过着，当年那年仅十岁的妻妹不知不觉地长大了，和姐夫之间渐渐产生了朦胧的好感。这本来是件自然的事，按照当时社会的风俗，朱彝尊要把妻妹一并娶过来也不会引起任何非议。但是，成婚之后的朱彝尊一直在当地设馆课徒，收入勉强只能糊口，不靠岳家的接济连生活都成问题，哪还敢做这等非分之想。很快地，妻妹出嫁了，但嫁得并不如意。

朱彝尊一介落拓文士，在这个凡俗的世界里艰难糊口，恐怕一辈子也就这样过去了。世人只会冷眼看他，连家人也对他失去了起码的关心和尊重，只有妻妹一个人钦佩他的才华，用一双与众不同的眼睛欣赏着他身上那些与众不同的东西。这不仅是爱，更是心灵唯一的避风港。

妻妹也喜欢诗词，更写得一手漂亮的书法。她临过王献之的《洛神赋》十三行残帖，这里边藏着两个人共同的秘密：在这残帖的中央，是一句“收和颜而静志兮，申礼防以自持”，这是指曹植见到洛水神女的时候，虽然目眩于她的美丽，却终于宁静心志，以礼自防。朱彝尊在一首《两同心》里写道：“洛神赋，小字中央，只有侬知”，正是暗指这一句话，正是他和妻妹曾经以曹植与洛神自比，叮咛自己要和颜静志、以礼自防。于是妻妹取字静志，朱彝尊也以静志二字题名自己的居所。

但是，礼可以使他们不去逾越世俗的防线，可以使他们强自以姐夫与妻妹的身份交往，却不可以结束他们的爱情。爱，从来都是越阻隔便越炽热。这一场不伦之恋使他形销骨立，使他孱弱得没有了生机，也缩减了视野，只剩下浓浓的思念。不是他，而是这些化不开的思念写出了太多的诗词，寂寞而枯槁，美丽而哀愁。

是的，就是那一部《静志居琴趣》，其中有一首《桂殿秋》流传最广，传到了京城，传到了成德这里，后来又被况周颐《蕙风词话》赞叹为有清一代的压卷之作：

思往事，渡江干，青蛾低映越山看。共眠一舸听秋雨，小簟轻衾各自寒。

这首词是回忆一家人渡江远迁时的一个场景。那时候，船舱外边是清丽的吴越山水，四下里弥漫着绵绵的秋雨。夜静了，大家都在船上睡了，妻妹也在，但什么话都没有说，什么话也不能说，只是各自睡在小小的竹席上，裹着薄薄的被子，抵受着这夜晚的寒意。一起听着船舱外绵绵的秋雨，仿佛那秋雨的声音就是彼此呢喃的低语，是永远也倾诉不尽的千言万语。咫尺天涯，在所有入睡的人中间，有两颗忐忑而炽热的心在紧紧地、无声地拥抱。

不管经过多少年，彼时就算老眼昏花、皮肤松弛，也能在这一场细雨里重新获取活力，抚平时间的褶皱：她依然是顾盼生辉的红颜，他依然是白衣翩翩的少年，永不老去。

成德早已经被《静志居琴趣》深深地迷住了。他第一次惊奇地发现，这个世上竟然还有和自己一样至情至性的男子；他也看到了，词，不再只是歌筵酒席上的片刻欢娱，还可以是多少岁月积淀下来的刻骨的爱念，无休无止。

康熙十一年，成德十八岁，朱彝尊携两袖黯淡风雨，步履艰难地迈进了京城，再以一部《江湖载酒集》艰难地发出自己的声音。

这部词集渐渐地传播开了，成德就是在这一年读到了其中那首极著名的《高阳台》，一连几日都在为之落泪。这首词有一篇很长的序言，讲的是一段不可思议的爱情：吴江有一位叫叶元礼的美少年，常常会从流虹桥上经过。桥边的一座小楼上，一名少女常常守在窗边，日日期待着他的经过。她爱慕他，思念他，为他病倒，为他死去，只是不肯瞑目。恰好叶元礼又从这里经过，少女的母亲拦住他，把少女临终的遗言告诉了他，他抢进了屋里，忍不住哭泣，少女的眼睛才终于合上。

桥影流虹，湖光映雪，翠帘不卷春深。一寸横波，断肠人在楼阴。游丝不系羊车住，倩何人、传语青禽？最难禁，倚遍雕阑，梦遍罗衾。

重来已是朝云散，怅明珠佩冷，紫玉烟沉。前度桃花，依然开满江浔。钟情怕到相思路，盼长堤、草尽红心。动愁吟，碧落黄泉，两处谁寻。

这首词，成德初读的那几天里只是感动落泪，后来情绪渐渐平复，少了几分伤感，多了几分思考。词，为什么会让人们以为不过是艳科小道，因为那些情情爱爱的篇章本来就是歌筵酒席上的产物，再真挚的感情也无非是一时一晌。而这《静志居琴趣》，这《江湖载酒集》，却完全不是那样了，这是毕生的爱，所以如同泰山磐石一般不可动摇，即便是最细微的情感波澜也如梵文经呗那样圣洁，让人生不出一丁点的邪念。这样的词，又如何还是艳科小道呢？这位朱彝尊，到底是个怎样的多情人物呢？

不，不只是人变了，时代也变了。“自琢新词韵最娇，小红低唱我吹箫。

曲终过尽松陵路，回首烟波十四桥。”这是南宋词人姜夔的逍遥日子，也是词的前代生涯。词，诞生在隋唐燕乐里，传唱在秦楼楚馆和王公贵族的府邸，原先的词集只是歌本而已。南宋以后，南戏和北曲突然兴起了，词便竞争不过它们了。渐渐地，歌女们忘记了词牌的唱法，古老的词谱也相继失传了。填一首词，填得出来，却唱不出来，音乐没有了，词终于变成了诗，退回文人的书斋里去了。词不再借着歌女们妙曼的歌喉流传人间，而是刻成版、印成书，在纸面上无声地传递。

那么，词，可不可以像诗一样来写呢？或者言志，或者全力以赴地抒写这一生，不再轻盈，不再奢华，不再逢场作戏。一首词，可以是一件足堪传世的立言之作吗？立言，又立什么言呢？是道德文章吗？不，立的应该是真性情之言。除此之外，别无其他。

这一天夜里，已经落脚在潞河漕总龚佳育幕府的朱彝尊彻夜难眠，想自己流寓半生，迄今已经四十余年，只怀着文章小技，南南北北四处谋生，名刺上的字迹都在怀中磨尽了。想想孔子的话：“四十、五十而无闻焉，斯亦不足畏也已。”自己转眼间已经耗到了这个年纪，依然寂寂无闻，这辈子怕是再无希望了。只求一个栖息糊口的地方，竟然这么难呀！这次进了京城，总算做上了一个小小的幕僚，但自己早年的理想可曾彻底地磨灭了么！四十余年，今天只刻下这一部《江湖载酒集》，滔滔天下，不知道可有知己？

不知从什么时候开始，窗外飘荡起了隐约的笛声，在昏黄的月色里压抑着整座城市的呼吸。不知是谁也没有入睡呢？朱彝尊披衣而起，在那笛声里听得痴了，想起了自己悲凉而卑贱的一生，想起了曾经爱与被爱的往事，想起了自己落拓江湖无人识，颓唐潦倒，再看到镜中的自己白头乱发垂在耳际，不禁悲从中来，不可断绝。《江湖载酒集》里，那一首《百字令·自题画像》不自觉苍凉地吟了出来：

菰芦深处，叹斯人枯槁，岂非穷士？剩有虚名身后策，小技文章而已。四十无闻，一丘欲卧，漂泊今如此。田园何在，白头乱发垂耳。

空自南走羊城，西穷雁塞，更东浮淄水。一刺怀中磨灭尽，回首风尘燕市。草屩捞虾，短衣射虎，足了平生事。滔滔天下，不知知己谁是。

“滔滔天下，不知知己是谁”，穷途末路、潦倒一生的朱彝尊在这般处境下仍然奢望着知己，这恐怕是传统文人最纯真的渴望了。他已经“四十无闻”了，已经“白头乱发垂耳”了，已经“空自南走羊城，西穷雁塞，更东浮淄水”了，此番进京，也会是他这惨淡人生中一个无足轻重的过场么？

这一天的夜里，成德辗转难眠。窗外飘荡着隐约的笛声，在昏黄的月色里压抑着整座城市的呼吸。不知是谁也没有入睡呢？成德披衣而起，在那笛声里听得痴了，想尽了自己还远远不值得怀恋的一生，想起了那位素未谋面的朱彝尊，想起了很多很多。他不记得自己什么时候拿起了笔，研好了墨，只记得那一阕《浣溪沙》的词句不知从哪里忽然就涌了出来，不容许自己略加阻拦：

残雪凝辉冷画屏。落梅横笛已三更。更无人处月胧明。

我是人间惆怅客，知君何事泪纵横。断肠声里忆平生。

“我是人间惆怅客，知君何事泪纵横”，一个惆怅的少年，就这样轻易地把一个不知身在何地的落拓汉子引为知己了。

这一年，成德爱上了李贺的诗，在读罢李贺诗集之后写了一篇短文《书昌谷集后》：

> 尝读吕汲公《杜诗年谱》，少陵诗首见于《冬日洛城谒老子庙》，时为开元辛巳，杜年已三十，盖晚成者也。李长吉未及三十，已应玉楼之召。若比少陵，则毕生无一诗矣。然破锦囊中石破天惊，卒与少陵同寿，千百年大名之垂，彭殇一也。优昙之花，刹那一现；灵椿之树，八千岁为春秋，岂计修短哉！

文章说，自己曾读吕汲公《杜诗年谱》，才知道杜甫最早的诗写于开元辛巳年，杜甫当时已经三十岁了，真是大器晚成呀。而李贺呢，没到三十岁就死去了，如果比起杜甫，怕要算毕生都没到写诗的时候吧。但是李贺的诗雄奇瑰丽之笔石破天惊，足以与杜诗相颉颃。千百年盛名之下，一晚成，一早殇，又有什么不同呢？就像昙花只在半夜开放一刹，而《庄子》中的椿树以八千年为一春，以八千年为一秋，寿命的长短又有什么重要呢？

这篇小文就像一个谶语，恰恰应在了成德自己和朱彝尊的身上。朱彝尊直到晚年终于出人头地，入值南书房，康熙帝准其在紫禁城骑马，赐宅景山之东；在经学上蔚为一代儒宗，一部《经义考》到现在仍是我们做思想史研究的案头必备之物；在文学上更是文坛宗主，单在词坛便开创了浙派宗风，浩浩然影响波及全国。而成德早岁成名，一生未离锦衣玉食，却和李贺一样早殇。任谁人念此，能不感叹命运之奇？

[2]勿欺之忠：一颗默默生长的南瓜

然后知所谓勿欺者，随地可以自尽。

——纳兰容若《上座主徐健庵先生书》

这时候的成德已经被词这种文学形式深深迷住了，但他毕竟不是离经叛道的贾宝玉，他还有“正途”要走，那就是每个读书人都要经历的足以影响终身的关卡：科举。

科举，几乎就是贫寒士子鲤鱼跳龙门的唯一机会，不过对于成德，不走这条道路也一样可以步入仕途，甚至可以更容易地步入仕途。毕竟清政府对科举的态度很有几分复杂：旗人子弟可不可以参加科举，这是一个屡经反复的政策问题。

统治者担忧的是：科举会使旗人汉化，这对维护本民族的优越感可没有什么好处。作为明珠大人之子，成德自然深知这里面的玄机，也知道族内许多顽固分子对参加科举的旗人如何嗤之以鼻，但是，他早已被汉文化迷住了，他渴望能像一名普通的汉人士子那样，经过乡试、会试、殿试，一步步过关斩将，在这个没有硝烟的竞技场上证明自己的实力。他更加知道，只有这样，自己才能真正赢得那些汉人士大夫的尊重和认同，而这对他来讲是最值得珍视的。

康熙十一年八月，十八岁的成德参加了顺天乡试，毫无悬念地过了关，以实力为自己赢得了举人的身份。在这次乡试中，同榜及第的还有韩菼，这是他极要好的朋友，将来成德的神道碑铭就出自韩菼之手；还有一位也是成德的知交，就是大名鼎鼎的曹寅——红学里有一个说法，说《红楼梦》里贾宝玉的原型就是纳兰成德，这虽然缺乏铁证，但旁证是极多的，曹家和成德的关系就是其中一证。

对于成德来说，这次顺天乡试里最重要的就是结识了徐乾学，这位闻名已久的大学者恰恰就是乡试的主考官之一，成德因此和徐座主有了一层师生的名分。

那是考试结束之后，按照惯例，主考官举办宴会，招待这次中举的举子们。一种风俗的背后总会有很功利的意义，这样的宴会也不例外：举子们将来还要通过会试和殿试，不知道其中哪些人会成为朝廷大员，一同中举的考生们，还有主考官，都将是同一个舞台上的演员，趁着举子们还没有发迹之时互相联络感情，以后也好互相声援、互相照应。对于一名新中举的举子，宴会上的这些人，就是自己今后最重要的人脉，所谓官官相护，其实从没做官的时候就开始了。

往往越是贫寒出身的人，功利心就越强，对这些世俗的智慧就越发看重。成德却不同，他早已经习惯了高门显贵的生活，他不需要维系人脉，他不需要谨小慎微地在这种场合看人眼色。他就是他，就是他自己，纯真地为汉人的学问陶醉着，纯真地向往着更高明的学问、崇拜着更渊深的学者。

这次宴会，成德给徐乾学留下了极深刻的印象。三天之后，成德单独上徐府拜访，更使十八岁的他久久心旌荡漾，终于给徐乾学写了这样一封长信，字里行间满是掩饰不住的激动：

某以诠才末学，年未弱冠，出应科举之试，不意获受知于钜公大人，厕名贤书。榜发之日，随诸生后端拜堂下，仰瞻风采，心神肃然。既而屡赐延接，引之函丈之侧，温温乎其貌，谆谆乎其训词，又如日坐春风，令人神驰。由是入而告于亲曰：吾幸得师矣！出而告于友曰：吾幸得师矣！即梦寐之间，欣欣私喜曰：吾真得师矣！

夫师，岂易言哉！古人重在三之谊，并之于君亲。言亲生之，师成之，君用而行之，其恩义一也。然某窃谓师道至今日亦稍杂矣。古之患，患人不知有师；今之患，患人知有师而究不知有师。夫师者，以学术为吾师也，以道德为吾师也。今之人谩曰：师耳，师耳，于塾则有师，于郡县长吏则有师，于乡试之举主则有师，于省试之举主则有师，甚而权势禄位之所在则亦有师。进而问所谓学术也，文章也，道德也，弟子固不以是求之师，师亦不以是求之弟子。然则师之为师，将谨谨在奉羔、贽雁、纳履、执杖之文也哉！

洙泗以上无论矣。唐必有昌黎，而后李翱、皇甫湜辈肯事之为师。宋必有程朱，而后杨时、游酢、黄榦辈肯事之为师。夫学术、文章、道德，罕有能兼之者，得其一已可以为师。今先生不止得其一也。文章不逊于昌黎，学术、道德必本于洛闽，固兼举其三矣，而又为某乡试之举主，是为师生之道无乎不备，而某能不沾沾自喜乎？

先生每进诸弟子于庭，示之以《六经》之微旨，润之以诸子百家之芬芳，且勉之以立身行己之谊。一日，进诲某曰：为臣贵有勿欺之忠。某退而自思，以为少年新进，未有官守，勿欺在心，何裨于用？先生何乃以责某也？及退而读《宋史》，寇准年十九等第，时崇尚老成，罢遣年少者。或教之增年。准不肯，曰：吾初进取，何敢欺君。又晏殊童年召试，见试题，曰：臣曾有作，乞别命题，虽易构文，不敢欺君。然后知所谓勿欺者，随地可以自尽。先生固因某之少年新进而亲切诲之也，某即愚不肖，敢不厚自砥砺奋发，以庶几无负君子之教育哉！承示宋元诸家经解，俱时师所未见，某当晓夜穷研，以副明训。其余诸书，尚望次第以授，俾得卒业焉。

——《上座主徐健庵先生书》

看得出来，成德已经为徐乾学的大儒之风彻底迷醉了。他忙不迭地告诉父母："吾幸得师矣！"同样的话，又忙不迭地告诉所有的朋友，甚至在梦寐之间也常常为"吾幸得师矣"而欣然笑醒。

有了老师，这是什么很要紧的事吗？——成德在信里说，师之道，今天和古代有了太大的不同。今天提起老师，私塾里的教书先生是老师，考试的主考官是老师，学生们向老师学习，要么是学习科举考试的技能，要么是搭建人脉以图日后的关照，老师自然也就不那么崇高了。但古人把君、亲、师三者并列，认为这是一个人最重要的人伦，父母有养育之恩，老师有成人之恩，君主有使人才得以施展之恩。

遥想古人，唐朝先有了大儒韩愈，之后才有李翱、皇甫湜这样的大贤甘心做他的学生；宋朝先有程颐、朱熹，之后才有杨时、游酢这样的人才愿意以师事之。古代的师道，道德、文章、学术，三者并重，今天已经很难见到那样的古风了。只有这几天在徐先生身上，才真正感受到了古代的师道，真是令人心驰神往。

成德回忆这几天里徐乾学对自己的提点，徐乾学叮嘱他"为臣贵有勿欺之忠"，成德一开始并不明白这话的意思。是呀，这话应当是对朝廷大臣说的，自己虽然中了举人，却还不过是一介布衣，何来臣道可言呢？

是徐先生说错了吗？成德后来阅读《宋史》，才体会到徐乾学的良苦用心。《宋史》里记载了寇准参加科举的故事：那时候皇帝用人爱用老成持重的人，对年纪太小的考生一律罢遣。寇准当时虽然才学过人，却只有十九岁，眼见得要耽误了功名。好心人劝他改一下自己的履历，把年岁虚写几年，寇准却严肃地说："我刚刚踏上进取之道，哪敢欺君！"还有晏殊的一则故事。神童

晏殊被皇帝召来考试，发现试题恰好是自己曾经练习过的，赶紧交代了缘由，请皇帝换一道题再考。寇准和晏殊在还没有踏入仕途的时候就以“勿欺”自许，哪怕事情对自己不利，也不违背自己的原则。

是的，尤其是晏殊，如果他自己不讲，任何人都不会知道，况且就算大家都知道了，也只能说他运气好，说他试前准备的功夫做得足、押题押得准，哪会有一丁点的批评呢？真诚，不仅是一条用以待人处事的原则，更是一面用来面对自己的镜子。

“勿欺”二字后来被成德镌刻成一方闲章，用一生来践履。他的真诚足以感动任何一个哪怕铁石心肠的人，无论对情侣还是对朋友，无论对人还是对事，他都像一个孩子一样真诚，当然不可避免地，也会像一个孩子一样受伤。

因纯真而受的伤，在神那里，也许是值得炫耀的勋章；但在尘世，很多时候，不是灰头土脸地变成闲人茶余饭后的笑话，就是沦为习惯以最大恶意进行揣度的绝大多数眼中的谎话。纯真是需要一点固执的，否则难以为继。

就如于尔克·舒比格的一首小诗：

洋葱，萝卜和西红柿
不相信世界上有南瓜这种东西。
它们认为那是一种空想。
南瓜不说话，默默地生长着。

容若就是一颗默默生长的南瓜，以纯真，以诚恳。

和徐乾学的这几日交往，还有一件事情让成德大开眼界。徐乾学因为极器重成德，特意把他历年搜罗的一些珍本图书拿了出来，都是相当罕见的宋元经学著作。研究儒家经典的学问，古人称之为经学，从五经到九经，再到十三经，历朝历代都有许多学者为之作注作疏，各自阐发，使得儒学成为一个开放的学术系统，不断吸纳着崭新的思想。

如果成德只是一个安分守己、一心只想通过科举求取功名的年轻人，只要念好科举要求的功课也就是了，不必旁骛，那么，汗牛充栋的儒学著作对他来讲便完全都是闲书。

事实上，历朝历代的读书人大多都是这种心态，读书不是为了求知、求道，而是为了功名利禄。所以，太多学者苦心孤诣的作品根本就没有几个读者，不是一出世便被束之高阁，就是在世事变迁中渐渐散落，他们的思想、见解仿佛从来不曾出现在这个世上。

大众需要的书永远只有两种：速效的实用书和庸俗的闲书，阳春白雪永远是曲高和寡的。时至今日，亦是如此，君不见教参和言情类书籍销量居高不下，所向披靡。商品经济社会，利字当头，它们有市场，当然无限繁殖，哪怕已经糜烂。

《娱乐至死》的作者波兹曼曾忧心忡忡地提醒众人，有两种方法可以使文化精神彻底枯萎，一种是让文化成为一座监狱，另一种是把文化变成一场滑稽戏。这场文化瘟疫并不只在美国蔓延，从我们的畅销书排行榜便可窥见端倪，甚至已不仅是端倪。

奥尔德斯·赫胥黎那貌似危言耸听的预言或许正逐渐被我们践行，即人们会在庸俗文化的麻醉下丧失健康、独立的文化精神，被无聊烦琐的世事麻木了对真理的渴望，在不知不觉中爱上文化压迫，主动移交思考能力，自觉压缩精神的延展空间，最终被简单的娱乐和欲望囚禁，剥夺灵魂自由终身。庸俗文化同大麻一样，人们轻易就能从中获取快感，轻易产生依赖，而服用过量将导致骇人听闻的病变，不过一个发生在精神上，一个发生在身体上。

那些披着文化外衣的梅菲斯托，有着千变万化的诱人面孔，但我们没有浮士德的幸运，不会有天使来与魔鬼争夺我们的灵魂。

徐乾学是一个爱书的人，用毕生精力搜罗了大量的儒学著作，当容若看到这些著作的时候，简直要惊呆了，仿佛进入了另一个世界，那是一个自己从来不曾知晓的世界，是一个被主流社会彻底抛弃的世界。在这个世界里，竟然跃动着那么多精辟的见解，那么多广博的学问，那么多不见容于俗流的真知灼见。十八岁的成德第一次大开眼界：书的海洋里原来还有这样一座座傲岸的孤岛。

这些著作，不仅成德前所未见，连当时的儒学老师们也不曾读过。成德再一次拜服于汉文化的博大精深，他朦胧地意识到：汉文化之所以时有衰微，并不是没有新的人才、新的思想，而是没有使这些人才与思想得以萌芽、成长与共生的土壤。而当今清王朝的文化政策，又何尝不是这样，甚至是变本加厉呢?

成德在康熙十一年考中了顺天乡试的举人，这就取得了第二年参加京城会试的资格。康熙十二年二月，会试开始，主考官有杜立德、龚鼎孳、姚文然和熊赐履。成德念着这些主考大人的名姓，突然想到秋水轩唱和的那段风云岁月里，龚鼎孳不就是其中词写得最好的一位吗?

会试，依旧毫无悬念，成德再次考中，而他的乡试同年韩菼也参加了这次会试，还考了第一名，称为会元，这真让成德羡慕不已。

会试之后，是科举的最后一关：殿试。康熙皇帝亲自在保和殿测试考生，这次考中的才能获得进士的头衔。行百里者半九十，这是所有考生科举生涯的最后一步。这一步，对于成德来说，本来也应该是没有悬念的。

但是，就连成德这样一个最受上天眷顾的孩子，也深深体会到了何谓造化弄人：眼看着殿试的日期临近了，一场高烧突如其来，彻底地击垮了他。这正是春光明媚的时节，本来该是特别属于成德的春天，但这个春天却冷冷地对他关闭了门扉。他知道，下一次殿试，还要等上三年。

韩菼按部就班，准备参加殿试去了。他的心情也是忐忑的，不知为什么想起了汉代的飞将军李广，想起他武功盖世，功勋卓著，却因为命运的捉弄而终生未被封侯。他写下了一组咏史诗，寄给了好友成德，其中就有这样的句子：

李广负才气，勇敢莫不闻。
弯弓挟大黄，射雕安足云。
奈何遭数奇，望气亦虚言。
生不逢沛公，不得策高勋。
禁中却拊髀，上有圣明君。
试问谁颇牧，何似飞将军。

成德读到这首诗的时候，已经过了三月二十三日，那天传来了殿试发榜的消息，他的好友兼同年韩菼，和他一起参加过乡试和会试、又在会试中考了头名的韩菼，在这次殿试高中了一甲第一名，状元及第。成德叹息着，那位“奈何遭数奇”的飞将军李广，岂不正是自己么！

这一年里，成德寂寂地写下了这样一首七律：

晓榻茶烟揽鬓丝，万春园里误春期。
谁知江上题名日，虚拟兰成射策时。
紫陌无游非隔面，玉阶有梦镇愁眉。
漳滨强对新红杏，一夜东风感旧知。

——《幸举礼闱以病未与廷试》

病榻上的成德听到了新科进士发榜的消息，既为好友高兴，也为自己忧伤。“漳滨强对新红杏，一夜东风感旧知”，再见韩菼的时候，真有些强颜欢笑、百感交集的滋味。

年轻永远是最好的资本。错过了这年进士科的成德不过十九岁而已，即便再过三年，也只是二十二岁。正在这个时候，仆人带来了一只小筐，筐子里尽是鲜艳欲滴的樱桃，说这是徐大人派人专门送给公子的。

徐大人，自然就是那位曾经做过成德乡试主考官的大学者徐乾学，他在这个时候送来一筐樱桃，用意何在呢？成德知道，新科进士发榜的时候正是樱桃成熟的季节，而自唐朝起，新科进士们便形成了一种以樱桃宴客的风俗，是为樱桃宴，直到明清，风俗犹存。徐乾学派人在这个时候送来樱桃，正是一种勉励，一种认可。

老师果然是知心人啊！成德的心里顿时温暖了几分。可是，既然收下了礼物，总要有些回赠，送老师些什么才好呢？就送一首词作为答谢吧：

绿叶成阴春尽也，守宫偏护星星。留将颜色慰多情。分明千点泪，贮作玉壶冰。

独卧文园方病渴，强拈红豆酬卿。感卿珍重报流莺。惜花须自爱，休只为花疼。

——《临江仙·谢饷樱桃》

这首词因为充满了情爱意象，以前常被人误以为是和情感有关的。词题“谢饷樱桃”，只一个“饷”字便让徐乾学赞不绝口。这里边藏着一则典故：唐太宗要赐樱桃给隽公，却突然发现一个难题：不知道该怎样措辞，送樱桃的这个“送”的意思不知道该怎么表达才好——如果说“奉”，把对方抬得太高；如果说“赐”，又显得自己过于高高在上。这时候，有人出了个主意：“当初梁帝给齐巴陵王送东西，用的是一个‘饷’字。”于是，唐太宗的樱桃就“饷”给隽公了。

成德的词题用到这个“饷”字，极懂礼，极谦逊，同时还大见汉文化的功底，也难怪连徐乾学这样的大儒都对他青眼有加了。

又过了一段，成德的身体终于康复了，他最想见的就是徐乾学。是的，病好了，继续用功读书就是，他知道，但是在几个月前他就已经动摇了心思，不愿意再只为科举而读书了，他要读更多的书，学习更多的汉人著作。这一切，都需要一位名师，这位名师自然非徐乾学莫属！

风云际会，成德正式拜师徐乾学，每逢三、六、九日都会登门徐府，从不间断，学问自此而突飞猛进。其间与韩菼书信往来，讨论明代文章，成德历数宋濂、方孝孺、王阳明等大儒的文章风骨，如数家珍，更有一番指点江山、激扬文字的气魄。这样的文字哪里还像是出自一位旗人青年之手！韩菼此刻虽然贵为状元郎，却也不得不在这样的文字之下真心宾服。

十九岁的成德，开始脱胎换骨了。

【小考据】 万春园

“晓榻茶烟揽鬓丝，万春园里误春期”，在成德的这句诗里，“万春园”是个罕见的典故，翻检注本，只说这句是比喻诗人失去了殿试的机会。的确，既然名为万春园，无论如何也不该错过春期才对，但偏偏就错过了，自然无限惋惜。

查成德自己的文集，《渌水亭杂识》里有专门的一篇考据，说在元代的京城里，海子旁边有一个地方叫作万春国（疑是“园”字之讹），新科进士在登第的宴会之后会到这里集会。宋显夫在诗里写的“临水亭台似曲江”说的就是这个地方，如今已经湮灭无闻了。

[3]通志堂疑案

这是山雨欲来风满楼的一年，中国大地的每一个角落都酝酿着不安的空气。

殿试的时候，为什么韩菼能够拔得头筹、状元及第，并不是因为他的才学真就明显超过其他考生，而是因为他的考卷正合康熙皇帝的心意，点他为状元正是向全国发出了一个明确的政治信号。

殿试的试题是讨论迫在眉睫的“三藩”问题，这是一个极度敏感的问题，以吴三桂为首的“三藩”在南方的势力越来越大，也越来越形成清政府难以负荷的财政负担，是削藩还是安抚，牵动一发就会影响整个中国的未来命运。老成持重的大臣们既不愿也不敢招惹“三藩”，舆论的突破口便只能从那些年轻气盛、百无禁忌的新科士子那里寻找，而韩菼恰恰在考卷里详细论述了“三藩”坐大之害，提出了铁腕削藩的建议。康熙帝等待的就是这样的一份试卷，他要公之于全国的就是这样的声音。

这年七月，吴三桂等人上疏自请撤藩，这是投石问路之计。康熙帝召集会议，会上主抚的声音竟然占了多数，只有明珠等三位大臣力主削藩，认为“三藩”反势已成，削藩亦反，不削藩亦反。康熙帝乾纲独断，决意削藩。十一月二十一日，平西王吴三桂终于扯旗造反，天下由是而陷入金戈铁马的征战之局。

成德从来就不是一个对政治敏感的人，他甚至没有注意到父亲由于坚定的主战立场而成为皇帝身边少数几个足堪倚重的大臣之一，没有注意到明珠府越发地炙手可热了。在这个“三藩”战事一触即发的当口，他正在家中营建自己

的书斋。

十九岁的成德终于拥有自己的书斋了，他给书斋取了一个很大气的名字：通志堂。他还写了一首诗来纪念这件事，诗写得只有书卷气，没有一丁点的人间烟火气：

茂先也住浑河北，车载图书事最佳。
薄有缥缃添邺架，更依衡泌建萧斋。
何时散帙容闲坐，假日消忧未放怀。
有客但能来问字，清尊宁惜酒如淮。

——《通志堂成》

诗中所谓“邺架”是一个一直让成德别有会心的典故：唐代白衣宰相李泌的父亲李承休被封为邺侯，他只喜欢藏书，收藏多达两三万卷，于是戒令子孙不许出门，只许在家读书，如果有人登门求读，就安排一个单独的院子供他读书，还会奉上饮食，从此“邺架”便做了藏书的代称。成德诗中说“薄有缥缃添邺架”，是惋惜自己虽然拥有了一座书斋，却没有太多的藏书，什么时候才能达到邺侯李承休那般境界呢？

成德的身边其实就有这样一位邺侯。他，就是拥有一座传是楼的徐乾学。

这时候的成德，依然沉浸在徐乾学那浩瀚的儒家典籍里，不断地借书、还书。别人只看到他在没日没夜地读书，只有他自己知道，只要踏进书房的小门，就踏进了一个不为外人所知的奇异空间。

他渐渐地形成了一个想法：这样珍贵的典籍，要不要把它们汇编成一部丛书呢？

但这样做，老师一定不愿意，毕竟他这些珍贵的藏品需要被拿出来抄录、誊写、校对、雕版、印刷，这样大的工程，只怕稍不小心就会造成损坏。没想到，某一天成德终于把这个想法讲出来之后，徐乾学竟然很兴奋，说他自己也曾这样想过，只是因为这样大的工程实在耗不起，才迟迟没有着手。如果成德公子愿意做这件事，才学足以当之，财力也足以当之，年轻人的精力更足以当之，实在是不二的人选呀。

徐乾学是豁达的，这是一个真正的读书人才会有的豁达。书，不是用来藏的，而是用来读的。一个真正的爱书人不可能深藏起所谓珍本秘不示人，而是会迫不及待地把自己喜爱的书籍和所有的人分享。快乐，不在于独占，而在于分享。

成德有些欣喜若狂了，主编这样一套经典丛书是多少读书人梦寐以求的事情！对他来讲，这绝不是一个为自己赢得学术资历的捷径——不，他从来都不曾这样想过，他唯一想到的是，终于可以把自己陶醉其中许久的那个精彩的奇异世界，拿出来和所有的同好分享。

每个人都有他自己独立的、私人的世界，这些小世界永远是平行于现实世界之外的，只是偶尔会有交集。有些小世界被涂抹成同样的颜色，所以会互相吸引、互相靠近，直到融为一体。对它们的主人来讲，交融的过程就是快乐形成的过程，如同盛夏的雨林里一株株不断向着同一个方向延展着树冠的榕树。

这部丛书，就是今天搞思想史研究的人莫不熟悉的《通志堂经解》，是成德一生中极要紧的一件大事。他在传统知识界的声誉并不是靠诗词奠定的，而是靠这部丛书。在丛书的卷首有成德撰写的一篇总序，记述事情的缘起：

> 经之有解，自汉儒始，故《戴礼》著《经解》之篇，于时分门讲授。曰：《易》有某家，《诗》、《书》、三《礼》有某家，《春秋》有某家者，某宗师大儒也。传其说者，谓之受某氏学，则终身守其说，不敢变。党同抵异，更废迭兴，虽其持论互

有得失，要其渊源皆自圣门。诸弟子流分派别，各尊所闻，无敢私创一说者，盖其慎也。

东汉之初，颇杂谶纬，然明、章之世，天子留意经学，宣阐大义，诸儒林立，仍各专一家。今谱系之列于《儒林传》者，可考而知也。

自唐太宗命诸儒删取诸说为《正义》，由是专家之学渐废，而其书亦鲜有存矣。至宋二程、朱子出，始刊落群言，覃心阐发，皆圣人之微言奥旨。当时如临川、眉山、象山、龙川、东莱、永嘉、夹漈诸公，其说虽微有不同，然无有各名一家如汉氏者。

逮宋末元初，学者尤知尊朱子，理义愈明，讲贯愈熟，其终身研求于是者，各随所得以立言，要其归趋，无非发明先儒之精蕴，以羽卫圣经，斯固后世学者之所宜取衷也。惜乎其书流传日久，十不存一二。

余向嘱友人秦对岩、朱竹垞购诸藏书之家，间有所得，雕版既漫涣断阙，不可卒读，钞本讹谬尤多，其间完善无讹者又十不得一二。间以启于座主徐先生，先生乃尽出其藏本示余小子，曰："是吾三十年心力所择取而校订者。"余且喜且愕，求之先生，抄得一百四十种，自《子夏易传》外，唐人之书仅二三种，其余皆宋元诸儒所撰述，而明人所著间存一二。请捐资经始，与同志雕版行世。先生喜曰："是吾志也。"遂略叙作者大意于各卷之首，而复述其雕刻之意如此。

这篇序文的大意是：解释经典的工作从汉代就开始了，《易经》《诗经》《春秋》以及三《礼》等各有专家研究，弟子们严守师传，小心谨慎，不敢有所改变或者兼并诸说。到了东汉，虽然谶纬流行，但正统儒学仍然被认真地传承了下来。直到唐太宗下令统一经义，为群经编撰《正义》，汉代的专家之学便渐渐废止了，书也没有保存下来多少。到了宋代，二程和朱熹领袖儒学，阐发圣人的微言大义，当时虽然还有苏轼、王安石、陆九渊等人形成的另外的学派，但学派之间的差异并不很大，再不复见汉代的风气。及至宋末元初，学者们尤其推崇朱熹的理学，经义研究日渐精深，出现了很多精辟的见解。可惜他们的著作流传下来的还不足十分之一二。我曾经嘱托友人秦松龄（号对岩）、朱彝尊（号竹垞）搜购各地的藏书，不时有所发现，但其中好的版本又不足十分之一二。一次我和老师徐先生谈到了这件事，徐先生便把他所有的藏书都拿给我看，说这是他老人家三十年辛苦搜罗所得，而且做过严格的校订。我又是高兴又是惊愕，于是恳求先生，从中抄录了一百四十多种，自《子夏易传》而外，唐人之书仅有二三种，其余的都是宋元学者的著作，明代著作也略有一些。接下来便是筹备资金，与志同道合的友人开始把这些书籍雕版印刷。徐先生喜形于色，说这正是他的愿望。

成德的这一篇总序，就是一篇极精简的中国经学史概要，写得很见功力，但细心的读者一定会发现一些问题：序言题署的时间是康熙十二年夏五月，但其中提到自己嘱托友人秦松龄和朱彝尊搜购各地的藏书，可是，本书前文刚刚讲到朱彝尊，他和成德至今应当只是互相闻名却不曾谋面，这又从何解释呢?

从书冠名“通志堂”，用的是成德的名义，足以使成德步入知名学者之林了。但这件事毕竟有些可疑的地方，以至于在当事人相继故去之后，乾隆皇帝大显了一番考据功夫，他在一次上谕中详细说道：“朕看到成德为《通志堂经解》所作的总序，落款在康熙十二年，但推算时间，成德那时候不过是个孩子，如何能够有如此磅礴的经学修为呢？朕早就听说过一则传闻，说这部书是徐乾学代成德刊刻的，于是朕就安排军机大臣详查成德的出身本末，这才知道成德是在康熙十一年中的举人，十二年中的进士，年仅十六岁，而徐乾学恰是康熙十一年顺天乡试的副考官，成德就是由他取中的。朕知道，明珠在康熙年

间擅权多年，气焰熏天，很会招揽名流，和徐乾学这样的人互相交结，植党营私，所以他的儿子成德还没到二十岁就取得了功名。为了显示成德的功名完全来自本身的实力，就刊刻了洋洋大观的《通志堂经解》，告诉世人他有多高的学问。但是，古人都说皓首穷经，就算是一代通儒，如果不是义理精熟、毕生讲授贯通的内容，尚且不能随心阐扬以明先贤之精蕴，以成德那小小的年纪，却能广收博采，集经学之大成，天下哪有这般道理！”（《纂修四库全书档案》）

乾隆皇帝是很欣赏《通志堂经解》的，但越是欣赏，就越是觉得这样一部书只能出自饱学鸿儒之手，不可能是由一个少年人编订出来的。后来《通志堂经解》刊行补刻本，乾隆帝亲自撰写了序言，批评徐乾学攀附权贵，成德欺世盗名，说两人的品行都不足取，只是考虑到不该以人废言，这才把这部书补刊齐全，订正讹谬，再次出版刊行。

被乾隆帝批评为品行不端、欺世盗名，这对当事人来说确实是一件大事。尽管乾隆帝也犯了一个错误，军机大臣并没有尽职尽责，成德在康熙十二年并没有考中进士，而是因病未曾参加殿试，这一年成德也不是十六岁，而是十九岁，距离举行冠礼的成年（二十岁）就只有一步之遥了。

乾隆帝有这样的上谕，当时有这样的传闻，空穴来风，事出有因。明珠是一代铁腕权臣，权臣必然弄权，要在朝廷立足也必然需要结党；徐乾学是一代儒臣，学术宗师，但早年即被舅父顾炎武不喜，觉得他的功名利禄之心太重，不是一个淳良的苗子。但是，成德呢?

[4]徐乾学勒索案

这年秋天，徐乾学被降职了，放还家乡，和他同样遭遇的还有一位蔡启僔，两人都是康熙十一年顺天乡试的主考官，自然也都和成德有着座主与门生的这层师生关系。

科举考试，即便在最公平的时代，也不完全凭借才学，因为政策上有个要求，要在各个地区取得平衡。也就是说，即便最差的江南考生考得要比最好的塞北考生更好，根据名额的分配比例，塞北考生也一定要考中几个才行。蔡启僔和徐乾学就触犯了这个规矩，被人弹劾，一起回乡去了。

为二位老师送别，成德怀有一种不可遏制的情绪，接连发之于诗词，《秋日送徐健庵座主归江南》组诗和《即日又赋》都是写给徐乾学的，写给蔡启僔的是一首词，很快便比他的诗流传得更广。成德后来回忆起这件事情，觉得就是从那时候起，他认可了词比诗更适合自己的气质。他也许成不了一个好的诗人，却是一个天生的词人。

那首写给蔡启僔的词是这样的：

问人生、头白京国，算来何事消得。不如罨画清溪上，蓑笠扁舟一只。人不识。且笑煮、鲈鱼趁着莼丝碧。无端酸鼻。向岐路消魂，征轮驿骑，断雁西风急。

英雄辈。事业东西南北。临风因甚成泣。酬知有愿频挥手，零雨凄其此日。休太息。须信道、诸公衮衮皆虚掷。年来踪迹。有多少雄心，几翻恶梦，泪点霜华织。

——《摸鱼儿·送座主德清蔡先生》

送别之词，毫无小儿女临歧之态，倒有几分像是辛弃疾的长调。当初名噪一时的秋水轩唱和早已把稼轩风吹遍大江南北，自然也没有漏掉近在咫尺的京华，而十九岁的成德也正是广纳博收的年纪。

蔡启僔回到了老家浙江德清，在成德的生涯里，他就是这样一个过场人物，以后也不会出现在我们的叙述里了；徐乾学回到了老家昆山，一个获罪被贬的官在家乡还能掀起多大的风浪呢？但获罪被贬从来不能瓦解一位官场精英的能量，徐乾学这一番回到昆山，不但掀起了一番风雨，甚至还逼死了一位身负朝廷品级的同僚。徐乾学的品行向来便饱受讥议，这件事便是种种讥议的一大由来。

在紧邻昆山的地方，正八品官太仓州学正张希哲迎来了仕途之人最期盼的一天：升迁。他被升为了山西平阳府稷山县的知县，从八品变为七品了。但是，本该欣喜若狂的张希哲却忧虑起来，因为他正卧病在床，没法如期赴任。要想延期，就需要向本省督抚直至朝廷吏部打报告等待认可，中间有一大套复杂的官场规程，若不如此而延了期，就会受到极严厉的处分。

张希哲惴惴不安，苦熬多年才等来一个升迁的机会，稍有差池就会前功尽弃，再想翻身就不晓得何年何月了。怎样才能迅速地把那些官场规程打通，这真是一个很伤脑筋的问题。

在今天的我们看来，这好像不是什么大事，而当时升迁或调任在期限上之所以很严格，是为了防止一些人挑肥拣瘦，打通关节上瞒下骗不去贫瘠地区赴任。就张希哲这种情况看，一不小心就会触到这个霉头。

另一方面，康熙帝为了筹备平“三藩”之乱的军费，开了捐官的口子，政府官职向社会公开销售，很快就造成了官多职少的局面，补缺越来越难。张希哲也在担心这个问题，生怕自己稍一耽搁，这个七品知县的缺就会被旁人补去。就在这个时候，“贵人”来了。

徐乾学伸出了援手，说自己能帮张希哲摆平一切。这事乍看上去颇有几分蹊跷：张希哲好歹是个七品知县，一县之长，而这时候的徐乾学无官无职，如何能摆平连知县大人都无法摆平的事情呢？

在官场混，可以靠能力，可以靠资历，可以靠溜须拍马的功夫，可以靠欺上瞒下的伎俩，但还有一个东西是重要到每位大人都离不开的，那就是人脉。只要人脉过硬，就算是犯了罪、丢了官，一样可以东山再起，也一样可以呼风唤雨。柳永曾经自诩“才子词人，自是白衣卿相”，那只是诗人的自我安慰而已，真正的“白衣卿相”是这些人才对。

此时的徐乾学就是这样一位白衣卿相，他告诉张希哲，自己的两个弟弟都还在朝廷做官，位高权重，自己这些年在官场打拼，也积累下了极广的人脉，要办好这件事实在轻而易举，花一点钱就可以办到。

张希哲此时已经向顶头上司打了报告，但这报告还要递交京城，在吏部的繁文缛节中苦熬手续，迟迟没批下来。没批下来，到底是因为什么？是因为手续烦琐，耽误了时间，还是因为被吏部的官员们看出了什么不妥，要抓自己的什么痛脚？张希哲越想越是忧心，病急乱投医，也就只好依靠徐乾学了。

打点关节自然需要用钱，大量的钱，张希哲原本只是一名八品学正，在教育还不曾产业化的当时属于清水衙门里的小官，拿不出那么多钱来，徐乾学正好把高利贷的业务一并做了下来。

私人之间的借贷本来也是人之常情，法律禁止的只是高利贷而已。利息多高才算高利贷呢？当时法律上有个标准：超过三分利的就是高利贷。

所谓三分利，就是每借银一两，每月要计利息三分，累积到三十三个月的时候，利钱便和本钱相当了，这是法律规定的极限；三十三个月以后无论多久，都不许再累计利息了，只按一本一利来算。而徐乾学借给张希哲的钱，是“加五取利”，比三分利高出将近一半，不仅如此，还有其他种种说辞，把张

希哲的债务窟窿越捅越大。

等张希哲好容易就任稷山县知县，徐乾学派出家奴，到稷山县衙堵门讨债，又勾结山西当地的官员向张希哲施压。可怜张希哲，一任七品县太爷，竟被逼得祖业卖尽，孑身南归，抱恨而终。后来张希哲的儿子张恂如愤恨难消，拿起了法律武器状告徐乾学，诉状中称呼徐乾学为“光棍权宦”，希望以“光棍设骗”的罪名惩治之。这些名号安在传是楼主人的头上，真是有太大的反差，再想想徐乾学为藏书每每甘斥重金，而这些重金又是从何而来呢?

事情毕竟还有另一方面，“光棍权宦”徐乾学的确触犯了法律，但在专制社会里，法律只是权术当中的一个手段而已。就像贪污犯法，当时的官场就是一个贪污场，惩治贪污的法律只在派与派斗、人与人斗的时候才会“当真”被拿来作为一个名目；卖淫嫖娼违法，但只有在权力人士想创收的时候才会拿出这个法律武器，他们不但不想根除它，反而会好好地养着这个市场。

正是这个道理，就徐乾学这件事而言，违法借贷在当时的社会原本是再正常不过的现象，所谓旗债、京债、皇债，林林总总的名目，在清人笔记里比比皆是。徐乾学成了被告，似乎只能说明他欺人太甚了，或者运气太背了，或者势力还不够大，以至于没能把张恂如摆平。

千里之外的京城，成德一直在思念着老师。他时时抚摩着那枚刻有“勿欺”二字的闲章，也没有忘记《通志堂经解》这项浩大的工程。这工程太大了，太磨人了，这套卷帙浩繁的丛书直到他去世之后才终于雕版印刷。我们看到的丛书总序，还有其他的一些序言，只是在成德生前的草稿上由他的好友们做了续写，或完全由徐乾学代笔。这是一种缅怀，令人千古。成德已经死去了，他已经无法从这套丛书的主编身份获得任何好处，即使他还活着，也不会在意这样的名分——他从一降生就是天之骄子，从来不曾有过这样凡俗的念头。

[5]渌水亭：为了告别的聚会

和通志堂书斋同年落成的还有一座庭园，成德为它取名为渌水亭。他还不知道，这将是他一生中最具标志性的建筑。

为什么取名渌水亭，这里边寄托着一层深意。《南史》记载，庾景行是一位世家子弟，自幼就以孝行著称，做官之后一向以清贫自守，是所有江汉人士的期望，终于被王俭委以重任。安陆侯萧缅知道了消息，马上给王俭写了一封贺信，信里说："盛府元僚，实难其选。庾景行泛渌水、依芙蓉，何其丽也。"当时人们把王俭的幕府比作莲花池，所以萧缅才用"泛渌水、依芙蓉"来赞美庾景行。这段佳话，就是成德为新建的亭子取名渌水亭的出处。

在成德的眼里，庾景行仿佛就是自己的前身。他事亲至孝，清贫自守，而且清秀俊逸，风采照人，一生以正道自约，故而死后谥为贞子（"贞"是"正"的意思）。《南史》所载的庾景行，在成德看来是如此亲近。

渌水亭就建在明珠府的西花园里，现在那里是宋庆龄纪念馆，紧邻后海，触目便是柳荫湖光，虽然被城市的繁华包围着，却很有几分江村野趣。

野色湖光两不分，碧天万顷变黄云。
分明一幅江村画，着个闲庭挂夕曛。

——《渌水亭》

这是成德专门为渌水亭的建成而作的一首七绝，能在这皇城左近、天子脚下营造出这样一份散淡，除了成德还有第二个人么？就连那位庾景行也做不到。

严绳孙、姜宸英，这些汉人名士在这一年里相继成为渌水亭的座上客，谈诗论画，优游自得。这一刻的成德简直忘记了还有三年之后的科举。是的，贵公子出身的他并不需要靠科举来改变命运，他并不缺少什么，也不需要争取什么，他没有必要去做官、去赚钱，没有必要和许多人在那个钩心斗角的名利场上争抢，所以，他做任何事情都只会由着自己的性情，没有一丁点的功利性。他只是一个纯粹的诗人，是一个永远也长不大的孩子。

这一年，拥有了一座渌水亭的成德开始撰写一部叫作《渌水亭杂识》的笔记，他在序言里说：癸丑年病起，批阅经史，偶有心得便记录下来，或者有朋友来访，聊到一些奇闻逸事，也会在朋友走后记录在案。我们在这些零零碎碎的记载中，常常能够读到公子别样的性情。

翻看《渌水亭杂识》，有一则关于娑罗树的记载：五台山的僧人夸口说，他们那里有一种娑罗树，非常灵异，于是画图雕版，大加宣传。但是巴陵、淮阴、安西、伊洛、临安、白下、峨眉，到处都有这种树，实在不是五台山的独有之珍。又听说广州南海神庙有四株特别高大，现今京城卧佛寺里也有极高的两株。同样的树，有的声名大噪，有的默默无闻，看来草木的命运也有幸运或不幸的呀。

还有一则，说京城遗老讲述前朝万历年间西山戒坛的盛况，四月间游女如云，车马络绎不绝，一路上到处都是茶棚酒肆，甚至有带着妓女入寺游玩的人。一位无名诗人写诗嘲讽道：“高下山头起佛龛，往来米汁杂鱼篮。不因说法坚持戒，那得观音处处参。”

此时看佛，全是一副旁观者的口吻，成德不会知道，他将来会迷恋佛法，还给自己取了一个“楞伽山人”的别号，常常伴着青灯古佛倾诉伤心。一个永远在顺境中行走的人不会信佛，只等他真的遭受打击了，遭受了那种非人力可以挽回的打击，才会倾心向佛，再无二志。

成德还记下了许多读史的感悟，虽然简短，却颇有见地，他的咏史词写得好，从这部《渌水亭杂识》就可以猜得出来。譬如他在读唐史之后留下了这样一则笔记，说唐肃宗撤回了西北边防军以平定内部的叛乱，从此边防无人，京城就成了边疆。明朝放弃三卫，便是重蹈了唐肃宗的覆辙。

还有一些记载显示着成德的渊博，比如这一则：王勃《滕王阁序》的名句“落霞与孤鹜齐飞，秋水共长天一色”，当时的人都以为奇绝，但这两句并非完全是王勃的原创。庾信《马射赋》有“落花与翠盖齐飞，杨柳共青旗一色”，隋《长寿寺碑》有“浮云共岭松张盖，明月与岩桂分丛”，只能说王勃的句子青出于蓝。

西学也是《渌水亭杂识》中着墨颇多的内容。那还是一个西学东渐的时代，但主流社会始终无法接受西学，夷狄之邦的学问怎么可能超过中原大国呢，这不是学术问题，而是上千年积淀下来的优越感与自尊心的问题。只有天真如成德，既然已经以旗人之身投入汉文化的汪洋大海，那颗充满求知欲而并无杂念的心又怎么不会受到西学的吸引呢？

成德以新奇的口气记载着：中国的天官家都说天河是积气，天主教的教士在前朝万历年间到了中国，却说气没有千古不动的道理。用他们的望远镜观测天河，发现那果然不是积气，而是一颗颗的小星星，历历分明。

西洋人的学问里，也有他理解不了的：西洋人说，用望远镜观测金星，发现金星也和月亮一样会有阴晴圆缺。这岂不是很没道理？月亮之所以有阴晴圆缺，是因为它自身不会发光，靠反射日光来发光，而金星是自身会发光的，怎么也会像月亮一样有阴晴圆缺呢？

但他还是直面西学的优点，直言不讳地说：“西人历法实出郭守敬之上，中国未曾有也。”他在兼收并蓄之后也会评点中学与西学的特点：西人长于象术而短于义理，他们有一部叫作《七克》的书，也是教人为善的，把天主尊为至高，批判佛教，却完全不了解佛法。

《渌水亭杂识》里边最珍贵的，自然就是成德对诗词的见解：

宋人歌词，而唐人歌诗之法废。元曲起而词废。南曲起而北曲又废。今世之歌《鹿鸣》，尘饭涂羹也。（宋人以词入乐，于是唐代以诗入乐的方法便废止了。元曲兴起，词便废止了。南曲兴起，北曲便废止了。如今的歌曲，只是扮家家酒罢了。）

诗乃心声，性情中事也。发乎情，止乎礼义，故谓之性。亦须有才，乃能挥拓；有学，乃不虚薄杜撰。才学之用于诗者，如是而已。昌黎逞才，子瞻逞学，便与性情隔绝。（诗歌是心声的流露，是性情之事，因为诗歌的写作是发乎情而止乎礼义。作诗不仅要靠性情，也要有才，才能挥洒自如；还要有学问，才不至流于浅薄杜撰。但才与学只要达到这样的标准也就足够了。韩愈作诗逞才，苏轼作诗炫学，他们的诗歌便不再直抒性情了。）

自五代兵革，中原文献凋落，诗道失传而小词大盛。宋人专意于词，实为精绝；诗其尘饭涂羹，故远不及唐人。（自从五代乱世之后，中原文化便凋落了，诗歌之道失传了，人们热衷于填词。宋人专心于填词，所以成就极高，他们对于作诗并不认真，故而诗歌的水平远远不及唐人。）

人情好新，今日忽尚宋诗。举业欲干禄，人操其柄，不得不随人转步。诗取自适，何以随人？（人总是喜新厌旧的，如今忽然流行起了宋诗。为科举而读书不得不随着别人订下规矩走，但诗是写给自己的，何必也要随人俯仰呢？）

诗之学古，如孩提不能无乳母也。必自立而后成诗，犹之能自立而后成人也。明之学老杜、学盛唐者，皆一生在乳母胸前过日。（作诗需要学习古人，就像小孩子不能没有乳母，先要由乳母抚养，才能终于长大自立。而明朝人学习杜诗，学习盛唐之诗，却从来不曾自立，好比一辈子都要依赖乳母一般。）

唐人有寄托，故使事灵；后人无寄托，故使事版。（唐人写诗饱含寄托，所以用起典故来灵动自如；后人写诗没有了寄托，所以用起典故来刻板乏味。）

曲起而词废，词起而诗废，唐体起而古诗废。作诗欲以言情耳。生乎今之世，近体足以言情矣。好古之士本无其情，而强效其体以作古乐府，殊觉无谓。（曲子兴起，词便废止了；词兴起了，诗便废止了；唐诗之体兴起了，古诗之体便废止了。作诗只是为了抒发性情，所以我们既然生活在今世，用唐代的近体诗就足以抒发性情了，而那些好古之人本来就没有什么性情，却勉强效仿古体去作乐府，实在无谓。）

年轻的成德对写诗填词已经很有自己的一番见解，文学创作不是仿制古董，只要用切近一些的体裁，适度地辅以才学，直抒胸臆也就是了。文体兴废，自有它的规律，完全不必厚古薄今。王国维《人间词话》第五十四条说：“四言敝而有楚辞，楚辞敝而有五言，五言敝而有七言，古诗敝而有律绝，律绝敝而有词。盖文体通行既久，染指遂多，自成习套。豪杰之士，亦难于其中自出新意，故遁而作他体，以自解脱。一切文体所以始盛终衰者，皆由于此。

故谓文学后不如前，余未敢信。但就一体论，则此说固无以易也。”这番卓见，成德在《渌水亭杂识》里已经轻轻点出了。

渌水亭中，成德每每与新近结识的汉人名流严绳孙、姜宸英吟诗对酒，纵论天下文章。他们最多谈到的是两个人：一个是龚鼎孳，曾做过康熙十二年会试的主考官，算来也是成德的座主，他曾与钱谦益、吴伟业齐名为“江左三大家”，如今在三人之中硕果仅存，是秋水轩唱和的主角，天下文章宗主；另一个是名不见经传的浙江秀水人朱彝尊，听说他从去年流寓京城，做一名幕府小吏，刻出一部《江湖载酒集》，此书和他之前的一部词集《静志居琴趣》一起悄然在京城流传，人虽籍籍无名，词却写得风华绝代，简直令人不敢逼视。

就在这一年，忽然传来龚鼎孳过世的消息，一代文坛宗主轰然陨落，每个人都在猜测：未来将由谁主盟天下呢？——“应该就是《江湖载酒集》的作者吧！”成德和严绳孙、姜宸英交换着意见，两人却笑而不答，不置可否。成德写了一封信，派人送到朱彝尊的寓所，是的，他迫切地想要结识这位落拓半生、不世出的才子，惺惺相惜之情溢于言表。

想到了词，就想到当初秋水轩唱和的盛况，就想到了广源寺里的那次遭遇。不知为什么，那一天的场景屡屡在眼前晃动，尤其是夜合花开的时候，尤其是栀子花谢的时候。他叫不出任何人的名字，也梳理不清任何一瞬间的心事。他填了两首《采桑子》，但自己都说不清表达的到底是什么意思：

冷香萦遍红桥梦，梦觉城笳。月上桃花。雨歇春寒燕子家。

箜篌别后谁能鼓，肠断天涯。暗损韶华。一缕茶烟透碧纱。

——《采桑子》

桃花羞作无情死，感激东风。吹落娇红。飞入闲窗伴懊侬。

谁怜辛苦东阳瘦，也为春慵。不及芙蓉。一片幽情冷处浓。

——《采桑子》

他像古代的美男子沈约（东阳）一般地消瘦了，腰带渐渐地扣得紧了，是因为前一段的寒疾吗？是因为没能赶上殿试的郁闷吗？还是因为别的什么？

填罢了词，他就开始等待朱彝尊的回信。他等待的也许不只是朱彝尊的回信，他说不清。

第五幕

成人礼

一生一代一双人，争教两处销魂。
相思相望不相亲。天为谁春。
浆向蓝桥易乞，药成碧海难奔。
若容相访饮牛津。相对忘贫。

——纳兰容若《画堂春》

焰火为什么美丽，因为那是多样的粉末交汇在一起，燃烧、困顿，而终于爆发于一刹那；辞章为什么绚烂，因为那是词人的万千心事纠结于眉、郁结于心，而终于脱口而出于一瞬间。

我手写我心，便是此番道理。

由暗火而郁结，由郁结而困顿，由困顿而渴望解脱，由渴望解脱而终于爆发。

康熙十三年，国家发生了大事，成德的家里也发生了大事，一个是以悲剧开始，以喜剧收场；另一个却是以喜剧开始，以悲剧收场。造化弄人，为什么偏偏这样!

[1]一个远方知县的死

不意狡虏遂再逆天背盟，乘我内虚，雄踞燕都，窃我先朝神器，变我中国冠裳，方知拒虎进狼之非，莫挽抱薪救火之误。本镇刺心呕血，追悔无及，将欲反戈北逐，扫荡腥气，适值周、田二皇亲，密会太监王奉抱先皇三太子，年甫三岁，刺股为记，寄命托孤，宗社是赖。姑饮泣隐忍，未敢轻举，以故避居穷壤，养晦待时，选将练兵，密图恢复，枕戈听漏，束马瞻星，磨砺竞惕者，盖三十年矣！

——吴三桂《讨清檄文》

康熙十三年，天下板荡，吴三桂彻底和清廷决裂，发布檄文，声称自己当年接受托孤，忍辱偷生，终于秘密地把崇祯皇帝的三太子抚养成人，如今恭奉三太子为主，意欲推翻满清蛮夷，夺回汉人天下，恢复大汉衣冠。这篇檄文，飞速地传遍了大江南北，人心一时动荡。

京城，占据优势的主和派甚至提出了这样的建议：杀掉主战最力的明珠，重新与“三藩”议和。这情形，仿佛是汉代“七王之乱”的重演，明珠不正扮演了晁错的角色么？就算康熙帝作战决意不改，会不会当真杀掉明珠以为权宜之计呢？

谁也说不清。天威难测，明珠府里顿时笼上了一片阴霾。就连一向只陶醉在经史子集、琴棋书画里的成德，也开始为父亲的命运，为家族的命运而惴惴不安了。他第一次感受到了政治是什么样子，第一次感受到了政治的冷酷无情。

这一天的渌水亭里，成德展开一张宣纸，在看上面的两首诗。这是父亲刚刚默写给他的：

城社丘墟不自由，孤灯囚室泪双流。
已拼一死完臣节，肠断江南亲白头。

反复南疆远，辜恩逆丑狂。
微臣犹有舌，不肯让睢阳。

诗写得并不见得多好，却让成德震撼了许久。父亲讲了，这两首诗名作《绝命诗》《殉难诗》，作者是广西富川知县刘钦邻。刘钦邻本是顺治十八年进士，被派到富川去做知县，就在吴三桂叛乱的时候，县城陷落，刘钦邻只带着四十多名家丁与叛军展开了巷战，但众寡悬殊，无奈被擒。叛军正在收买人心之际，重新刻了官印，交在刘钦邻的手里，希望他能归顺，但他当即把官印掷在地上，痛斥叛军无君无父。随后，刘钦邻在牢房里写下了这两首绝命诗，自缢而死。

成德低声吟诵着："微臣犹有舌，不肯让睢阳"，这是以唐朝的睢阳城守张巡为榜样呀。成德熟知这段历史，那是"安史之乱"的时候，多少州官县守都在叛军来临之前闻风而逃，只有张巡和许远坚守睢阳，牢牢地拖住了叛军的脚步。那是一场骇人听闻的守城战，城中的粮食吃光了，军士们就吃树皮草根；树皮草根吃光了，张巡就亲手杀死自己的小妾，煮人肉以飨军士；小妾的肉吃光了，就接着吃城里的老弱妇孺，总共吃掉了三万人之多。但城池还是被攻破了，被俘的张巡面无惧色，痛斥叛军，终遭残杀。后来韩愈写过一篇名文——《张中丞传后序》表彰英雄，说在当时那种内无粮草、外无救兵的情况下，吃人也要坚守，为什么？——"所欲忠者，国与主耳"。

这一天，成德再次想起了这段历史，想起了韩愈的那篇名文，不知为什么，他的心里突然隐隐地生出了一个问题，一个怕是有几分禁忌的问题：睢阳城里被守军吃掉的那些老弱妇孺，不正是最该受到保护的人吗？那个叫作刘钦邻的汉人知县，他所甘心捍卫的究竟又是什么呢？无论是正义的战争还是不正义的战争，百姓的生命都是可以被任意挥霍的吗？“所欲忠者，国与主耳”，可国是谁之国，主是谁之主呢？

父亲把刘钦邻的事情讲给自己听，把刘钦邻的两首绝命诗默写给自己看，是要自己写出一首诗来，是要借用自己在文人士大夫当中的小小声望来传达一种态度。成德知道，在这样关键的时刻，他一定要全力支持父亲。他也突然在这一刻意识到，饱受汉文化影响的自己终归是一名旗人。

渌水亭里，成德提起笔来，一挥而就。这是一首五言长诗，是写给刘钦邻的挽歌，更是代父亲发给所有人的一个响亮的政治信号：

人生非金石，胡为年岁忧。
有如我早死，谁复为沉浮。
我生二十年，四海息戈矛。
逆节忽萌生，斩木起炎州。
穷荒苦焚掠，野哭声啾啾。
墟落断炊烟，津梁绝行舟。
片纸入西粤，连营倏相投。
长吏或奔窜，城郭等废丘。
背恩宁有忌，降贼竟无羞。
余闻空太息，嗟彼巾帼俦。
黯澹金台望，苍茫桂林愁。
卓哉刘先生，浩气凌斗牛。
投躯赴清川，喷薄万古流。
谁过汨罗水，作赋从君游。

白云如君心，苍梧远悠悠。

——《挽刘富川》

很快，从朝廷传来了消息：刘钦邻被追赠为太仆寺少卿，赐谥“忠节”，封妻荫子。对于刘家，这是信念和命运，是悲泣和怀念；对于朝廷，这是一个强有力的政治信号——精明如明珠，从来就没有为自己会重蹈晁错的覆辙而担心过，他清楚地知道，自己押对了宝，如同坐在一列驰入隧道的快车里，只要稍稍忍耐，就会见到前途的一片光明。于是在国事之余，明珠安然地操持着家事。儿子今年已满二十岁了，是一个真正的成年人了，所以，有很多事情需要操心。

成德对此浑然不觉，他仍然沉浸在战乱的消息里，反复琢磨着“所欲忠者，国与主耳”这句似乎掷地有声的名言。唐代睢阳城里人吃人的惨剧渐渐与当前的战事交叠在了一起，不说国家，不说君主，只想想这场举国大战中的小人物：普通的士兵、士兵的妻子、离乱的家人……他们都是怎样的，向往着什么，悲泣着什么？成德仍在写诗，这一回却是写给自己的，一写就是十三首，题为《记征人语》，这就是他最著名的一部组诗：

列幕平沙夜寂寥，楚云燕月两迢迢。
征人自是无归梦，却枕兜鍪卧听潮。

横江烽火未曾收，何处危樯系客舟？
一片潮声飞石燕，斜风细雨岳阳楼。

楼船昨过洞庭湖，芦笛萧萧宿雁呼。
一夜寒砧霜外急，书来知有寄衣无？

旌旗历历射波明，洲渚宵来画角声。
啼遍鹧鸪春草绿，一时南北望乡情。

青磷点点欲黄昏，折铁难消战血痕。
犀甲玉枪看绣涩，九歌原自近招魂。

战垒临江少落花，空城白日尽饥鸦。
最怜陌上青青草，一种春风直到家。

阵云黯黯接江云，江上都无雁鹜群。
正是不堪回首夜，谁吹玉笛吊湘君。

边月无端照别离，故园何处寄相思？
西风不解征人苦，一夕萧萧满大旗。

移军日夜近南天，蓟北云山益渺然。
不是啼乌衔纸过，那知寒食又今年。

鬓影萧萧夜枕戈，隔江清泪断猿多。
霜寒画角吹无力，归梦秦川奈尔何。

一曲金笳客泪垂，铁衣闲却卧斜晖。
衡阳十月南来雁，不待征人尽北归。

才歇征鞍夜泊舟，荻花枫叶共飕飕。
醉中不解双鞬卧，梦过红桥访旧游。

去年亲串此从军，挥手城南日未曛。
我亦无端双袖湿，西风原上看离群。

意犹未尽，成德又填了一首词，听着千万户女子捣衣的声音，想到有多少远征在外的将士期待着和家人团聚：

鸳瓦已新霜。欲寄寒衣转自伤。见说征夫容易瘦，端相。梦里回时仔细量。

支枕怯空房。且拭清砧就月光。已是深秋兼独夜，凄凉。月到西南更断肠。

——《南乡子·捣衣》

一场举国战争，帝王想的是家业，明珠想的是功名，只有成德，天然就和他们不同。“月到西南更断肠”，那西南方向，正是鏖兵之地，多少征人思妇能挨得过这一场劫难呢？“我亦无端双袖湿，西风原上看离群”，不管是谁家的悲剧，都会让他感同身受地落泪。这就是成德，这就是我们爱他的理由。

[2]西郊冯氏园的海棠花

子曰："衣敝缊袍，与衣狐貉者立，而不耻者，其由也与？'不忮不求，何用不臧？'"子路终身诵之。子曰："是道也，何足以臧？"

——《论语·子罕》

孔子曾经称赞自己的学生子路，说穿着破衣烂衫站在那些穿狐皮大衣的人中间而泰然自若，这样的人恐怕只有子路了。《诗经》里说：不嫉妒，不贪求，就会无往而不利。

这在孔子时代是个很高的标准，只有子路可以做到，其实无论在哪个时代，这永远是个太高的标准。

朱彝尊不但回信了，而且亲自登门拜访了。

对于成德来说，给朱彝尊写信，完全是因为自己倾倒于他的《江湖载酒集》和《静志居琴趣》，普天之下能够把词写得如此真挚感人的，再难找到第二个人。这是惺惺相惜之情，成德渴望结识他，渴望和他一起谈诗论词。

而对于朱彝尊来说，落拓江湖载酒行，说来潇洒，其实大多数时候都在喝粥，哪来的钱买酒喝呢。恓恓惶惶，已经这么过了大半辈子。当初做了上门女婿，已经很抬不起头来了，自己又一直窘迫，生计无着，不要说被旁人看不起，就连岳父、岳母，乃至自己的妻子都懒得给自己好脸色看。如果家里过得好，谁又愿意江湖载酒呢！只有妻妹，只有她一个人懂得欣赏自己，她完全看不到现实世界中的那个自己，看到的只是另一个世界里的自己，那个世界本来只是属于自己一个人的，却终于有了另一个人自自由由地走进来和自己分享。

但妻妹终于嫁了人，这一段感情终于是一场不为世俗所容的不伦之恋。茫茫天下之大，哪里是这个落魄书生的容身之处呢？这些年来，他的脑海里不时出现孔子的那句话，越来越频繁了："四十、五十而无闻焉，斯亦不足畏也已。"都说"莫欺少年穷"，因为少年有的是希望，可自己呢，转眼就要步入老龄了。

是的，"不忮不求"的只能是成德这样的贵公子，对于朱彝尊来说，有的却是嫉恨，也是贪求，而最迫切的，不过是求一个糊口的差使，有了这个糊口的差使之后，再求那一点点可以让自己看得到台阶入口的光亮。才子不都是潇洒不羁、视名利如粪土的，只有生在显贵家庭的才子才是。

"用九，见群龙无首，吉。"渌水亭中，朱彝尊用一副玛瑙做的精致的围棋子排演着周易，算得了乾卦用九，熟读《周易》的成德脱口念出了这一爻的爻辞，两人相视而笑。

自从"江左三大家"的最后一人龚鼎孳去年辞世之后，华夏词坛恰恰就是群龙无首之局，谁可以领袖群伦，再开一派风气？这成了一些文士词客茶余饭后的一份谈资。会是谁呢？是无锡顾贞观，是秀水朱彝尊，还是京城明珠府里的贵介公子纳兰成德？

朱彝尊按年纪来说已经足够做成德的父亲了，加之半生沧桑，看上去真比明珠还老。正是春寒时节，朱彝尊恰恰穿着一身敝缊袍，成德则病体初愈，恰恰还披着一身狐貉。成德倒没有在意什么，敏感的朱彝尊却不由得想起孔子的那句话来："衣敝缊袍，与衣狐貉者立，而不耻者，其由也与？"现在的自己，不正是子路的这般局面么？只是，耻或不耻，自己也说不清楚。

谈诗论词，这是最好的话题，一下子就把两个人悬殊的身份给拉平了。他们越聊越投机，朱彝尊渐渐地放开了，像一个真正的才子一样，指点文章，臧否人物。友谊就这样开始了。

从此，朱彝尊成了明珠府上的常客，有时也约成德同游京城。广安门外，有一户精于园艺的冯姓人家，侍弄出了一座闻名京城的花园。眼看着花季将尽了，成德和朱彝尊才施施然地来了。

到了这里，不约而同地，两个人都想起了龚鼎孳。这座冯氏花园向来是京城里文人雅士的聚集之地，龚鼎孳更是没少来。他很喜欢这里的海棠花，见花开而题咏，词作一出便迅速传遍京城。今天的海棠花却见飘零了，龚鼎孳也不在人间了。

“锡鬯兄，”成德对朱彝尊以字相称，“你可记得这首词：春花春月年年客。伤春又怕春离别。只为晓风愁。催花扑玉钩。”

“不错，这是香岩（龚鼎孳）的《菩萨蛮·上巳前一日西郊冯氏园看海棠》，当时风靡京城呀。”朱彝尊应道，缓缓地吟出下阕，“娟娟双蛱蝶。宛转飞花侧。花底一声歌。疼花花奈何。”

成德笑道：“还有一首‘年年岁岁花间坐，今来却向花间卧。卧倚璧人肩。人花并可怜。’”

朱彝尊仍是吟出下阕：“轻阴风日好。蕊吐红珠小。醉插帽檐斜。更怜人胜花。这是香岩的《菩萨蛮·同韶九西郊冯氏园看海棠》，共有两首，这是第一首。第二首是：‘锦香阵阵催春急。旧花又是新相识。纨扇一声歌。流莺争不多。’”

这回轮到成德吟出下阕：“紫丝围黄屧。小立朱楼侧。帘外斗腰肢。垂杨软学人。”

“好记性！”朱彝尊赞道。两人仿佛在暗中较技一般。

成德又道：“小弟记得还有一首《罗敷媚》。”说罢便狡黠地望向一脸敦厚朴实的朱彝尊，好像在玩一个惊险有趣的游戏。

“不错，”朱彝尊点头道，“那是《罗敷媚·朱右军司马招集西郊冯氏园看海棠》，当年也极有名的：‘今年又向花间醉，薄病深春。火齐才匀。恰是

盈盈十五身。青苔过雨风帘定，天判芳辰。莺燕休嗔。白首看花更几人。’”

“没有了？”

“没有了。”

四目相对，同时莞尔。

龚鼎孳这几首词，咏的都是这冯氏花园里的海棠，虽然传唱一时，其实也不过是太平官僚的口吻。说什么“卧倚璧人肩。人花并可怜”，故意做出一派贵族的风度。“璧人”本是对美男子卫玠的形容，魏晋名士有一种做派，走路一定得有几个帮闲搀扶着，如此使奴唤婢才是最高境界的雅趣。

这位龚鼎孳，寓所有香岩斋，词集题为《香岩词》，所以人们以“香岩”称之。明清之际，文坛有所谓“江左三大家”，即钱谦益、吴伟业、龚鼎孳，都是一代文宗。龚鼎孳有一段著名的爱情故事，就是“秦淮八艳”之中的顾眉嫁给他做了妾室，后来龚鼎孳在崇祯朝陷入诏狱，两人便从才子佳人转为患难夫妻，感情弥笃。后来王纲解纽，明朝灭亡，“江左三大家”全都投降了清政府，龚鼎孳为自己开解，说当时本拟自杀殉国，奈何小妾不让。一代文宗，就这样把节操有亏的责任推给了妓女出身的顾眉。

龚鼎孳先降过李自成，后降过清，及至晚年，他和顾眉的爱情生活早已成为一段传奇。当年恋爱中的龚鼎孳写过不少旖旎温柔的诗词，随着汉人对亡国之痛渐渐淡忘，这些诗词也就渐渐流传开了，早就感动过少年的成德了。

这次和朱彝尊同游西郊冯氏花园，忆及香岩的海棠词，海棠依旧真切，旧事却越发迷离。看那海棠花飘落了，人人都喜欢盛开之美，可这飘落的样子不也是可爱的么？“谁道飘零不可怜”，成德的脑海里突然生出了这样没头没脑的一句，他知道，上天又成就了一首词，要经自己之口倾吐出来：

谁道飘零不可怜。旧游时节好花天。断肠人去自今年。

一片晕红才著雨，几丝柔绿乍和烟。倩魂销尽夕阳前。

——《浣溪沙·西郊冯氏园看海棠，因忆香岩词有感》

归途中，朱彝尊反复念叨这些清丽的句子：“谁道飘零不可怜。旧游时节好花天。断肠人去自今年。”是呀，长在富贵根芽上是一种幸福，纵然飘零不也可以飞舞起漫天红雨么，难道不也是一种美丽？这首词，分明是写给我的呀！想着想着，突然又失声笑道：“这么好的词，真恨不得这是我写的呀！”

成德放松了马缰，悠悠然应道：“锡鬯兄就没有诗兴么？”

朱彝尊苦笑一声：“花园都游过了，当时没写，现在就没什么可写的了。”

成德将马鞭一指道：“这一路上，荷塘、远山，甚或是锡鬯兄故乡的山水，只要有了诗情，天下何物不能成诗呢？”

“说得好！”朱彝尊低声赞道，竟也起了一些豪情，打马扬鞭，把成德甩在了身后。成德只听得他的声音忽然变得爽朗了，吟着一首《鹧鸪天》，恍惚间这真是那个落拓江湖载酒行的狂生呀：

莫问天涯路几重。轻衫侧帽且从容。几回宿酒添新酒，长是晨钟待晚钟。

情转薄，意还浓。倩谁指点看芙蓉。行人尽说江南好，君在巫山第几峰。

“好词！”成德由衷地赞了一句，突然间又若有所思：“莫问天涯路几重。轻衫侧帽且从容”，这个“侧帽”的典故，哪里是在说他自己！莫非……是在说我么？

“侧帽”，是北朝青年贵族独孤信的一则典故：独孤信姿容绝代，是所有

人仰慕的焦点。一天他出城打猎，回来的时候不小心被风吹歪了帽子，但他着急赶在宵禁之前进城，并没有留心这个细节。到了第二天，城里却突然出现了一件怪事：满城的男子尽是歪戴帽子的造型。

“莫问天涯路几重。轻衫侧帽且从容”，成德反复品味这两句词，脸上渐渐浮现会心的笑意。他喜欢这两句词，喜欢“侧帽”这个典故。四年之后，他刊刻了自己的第一部词集，就取名作《侧帽词》。到了那时，不仅成德翩翩浊世佳公子的风神仪表像侧帽而归的独孤信一样成为所有人目光的焦点，他的词作也随着侧帽风流不胫而走，传唱京城，传唱全国。

[3]冠礼：从此，我们可以称他“容若”了

凡人之所以为人者，礼义也。礼义之始，在于正容体、齐颜色、顺辞令。容体正、颜色齐、辞令顺，而后礼义备。以正君臣、亲父子、和长幼。君臣正、父子亲、长幼和，而后礼义立。故冠而后服备，服备而后容体正、颜色齐、辞令顺。故曰：“冠者，礼之始也。”是故古者圣王重冠。

——《礼记·冠义》

北京，北海幼儿园。

三百年前，这里曾是叶赫那拉氏的家庙。在康熙十三年的一个良辰吉日，这里格外肃穆。明珠夫妻像木偶一般被儿子和儿子的汉人朋友们搀扶到指定的位子上（为什么这样指定？两口子完全是一头雾水），不明所以地看着人们忙上忙下地张罗。

面前正被搬动的这个东西叫作“洗”，明珠皱了皱鼻子，这不就是个洗脸盆么！可儿子告诉过自己，这不是洗脸用的，恰恰相反，它的作用是承接盥洗时流下来的弃水。下人们按照吩咐，把洗摆在了屋檐东端的地上。明珠问过儿子为什么要把这个洗脸盆摆在屋檐那边，他只记得儿子纠正自己：首先，那不是洗脸盆，是洗；再有，那也不叫屋檐，看，屋檐两端向上翘起，这个叫作“荣”。

让明珠困惑的远远不止这些。就说自己这天穿的衣服吧，是儿子特地定制的，头上戴着一顶奇怪的黑帽子，儿子说那叫玄冠，上身穿的记得叫作缁衣，最可笑的是下身，居然穿着一条裙子，儿子说那叫裳。好吧，裳就裳吧，可为什么前边是黑色，后边是黄色，配上自己保养得很好的白色皮肤，岂不像一只

三色花猫？

儿子大笑，说这个裳叫作杂裳，正是因为这件杂裳，整套打扮才和朝服不同，这叫玄端服。

可为什么还有这条赤色而有些发黑的皮带，宽宽的，垂到膝盖上？

嗯，这叫爵铧。

可为什么只有我穿这个，你就不穿？

因为“不爵铧者，降于主人也”，您是主人才能这么穿，这是地位的标志。

必须要穿的？

是的，必须要穿的。

为什么必须要穿？

因为这是礼。

成德自己穿得更怪，一点都不像大人。那衣服是丝织的，染成黑色，镶着朱锦边，这叫采衣。还用朱锦束着发髻，恭恭敬敬地在东房里面朝南站着。此刻，他的脑子里全是《礼记》当中早已读得烂熟的那些段落：“故冠于阼，以著代也……”每一个举动、每一个位置，都有极深刻的意义，一点不能轻忽。

这是儒家的冠礼，严格地按照《仪礼·士冠礼》举行的仪式。按照汉人的传统，贵族男子到了二十岁就要进行冠礼，加冠就标志着成年了。明珠大人这一天被折腾得焦头烂额，这才领教了什么是“礼仪之邦”。

明珠事后问过儿子，不过是一次成人礼，为什么要搞得这么复杂？成德答道：《礼记》里边有一篇《冠义》，专门阐述冠礼的意义。说人之所以成为人，之所以和禽兽不同，就是因为人有礼义。而礼义之始，其实不过是言谈举止得当而已，一切复杂的仪式，都是约束人的言谈举止，这点做到了，才能讲求礼义更深的内容，君臣父子、尊卑长幼才能有秩序，才能融洽和睦。古人说“冠者，礼之始也”，古代帝王都是很看重冠礼的。正因为重视，所以要在家庙举行。

二十岁的成德，对汉文化已经熟稔得像母语一样了，仿佛自己完全不是出身北方的旗人家庭，而是成长在江南的书香门第。

“已冠而字之，成人之道也”，加冠之后，还要为冠者取字，从此人们便以字相称，不再称呼他的名了。我们所谓“名字”，原本是“名”和“字”两种。取字是一件慎重的事，要在冠礼上三次加冠之后由嘉宾来取。当下这位嘉宾，就是满腹经纶的金风亭长朱彝尊。

《荀子·不苟》有一段话定义君子的品行：“君子宽而不僈，廉而不刿，辩而不争，察而不激，寡立而不胜，坚强而不暴，柔从而不流，恭敬谨慎而容”，能够做到这些，就是一位真正的君子了。成德一直很喜欢这段话，也曾抄录来作为自己的座右铭。这些，锡鬯兄应当知道的。成德惴惴地想。

“礼仪既备，令月吉日。昭告尔字，爰字孔嘉。髦士攸宜……”朱彝尊按部就班地念诵着取字时的祝词，这些古奥的文字大意是说：三次加冠的礼仪已经完备了，正值良辰吉日，现在就把你的字告诉你知道。这个字非常美好，正与俊雅的士人相宜。字取得适宜就是一种福分，你要永远地受用保持……

朱彝尊顿了一顿，终于说道：“你的字就叫‘容若’。‘容’取自《荀子·不苟》‘恭敬谨慎而容’，你的‘成德’之名取自《易经》，所以就用《易经》里的惯用文法加上一个‘若’字。”

朱彝尊随即笑道：“从今以后，我可以叫你容若兄弟了。”

在汉文化里，取字不但要取得漂亮，还一定要和名相配。比如赵云字子龙，云从龙，风从虎，“云”与“龙”正好相配，“子”则是男子的美称；张飞字翼德，“飞”与“翼”也是一样的道理。“成德”与“容若”，一个出自《易经》的“君子以成德为行”，一个出自《荀子》的“君子……恭敬谨慎而

容”，都是君子的最高品质。名如其人，字如其人，容若这一生也确乎担得起“君子”二字。

只有容若的母亲，直到冠礼彻底结束也没弄清大家都做了些什么，直到丈夫用最通俗的语言解释了一遍：“这就是汉人的成人礼，说明咱们的儿子长大成人了！”

“他不是早就长大成人了么，”容若的母亲有些愕然，“不过也好，这是不是说，咱们得赶紧给儿子张罗婚事了？”

[4]新婚：金风玉露一相逢

偏是玉人怜雪藕，为他心里一丝丝。

——纳兰容若《四时无题诗》之八

冠礼之后不久，真正意义上“成年”的容若就要举行婚礼了。就像《礼记》这部书，《冠义》之后就是《昏义》了，“夫礼始于冠，本于昏，重于丧、祭，尊于朝、聘，和于射、乡，此礼之大体也”，冠礼和婚礼，一个是礼之始，一个是礼之本，意义重大自不必说，也都不是容易做下来的。

结婚从来就不是个人的事，而是家族的事。明珠的这位亲家叫作卢兴祖，汉军镶白旗人，任两广总督。这是官员之间结亲的一种最理想的模式：京官与地方官结亲，一个是中央要员，一个是封疆大吏，朝中有人好做官，地方有人好办事，互惠互利互补。

现代人常有一种误解，认为清代的政策是满汉不通婚，其实卢家就是汉人，和明珠家通婚并没有什么问题。因为不能通婚的并非满人与汉人，而是旗人与非旗人，也就是说，这个政策与其说是对民族身份的限制，不如说是对政治身份的限制。

这样的一桩婚事，婚礼一定办得很热闹才对，但事实恰恰相反。我们习惯于以今度古，今天办婚礼，吹拉弹唱、大操大办、热闹喜庆，但这种婚礼习俗其实并不是汉文化的本来面目，婚礼本来并不鸣钟奏乐，而是以安静为特色的，是在黄昏时分静悄悄地举行的——“婚”字原本作“昏”，“成婚”原作“成昏”，就是由此而来的。

汉文化在形式上的核心，就是节制、内敛。当然，贵族的婚礼也很能大操大办，比如现在流行的迎亲车队的风俗早在周代就已经有了——《诗经》里有一篇《韩奕》，描绘韩侯娶妻的场面。韩侯亲自到岳父家里去接妻子，这就是周礼中的“亲迎礼”，行亲迎礼的韩侯以上百辆的彩车组成了一个浩浩荡荡的豪华车队，直奔岳家而去，而这样的车队规模，在当时足够打一场中型战争了。

但是，无论车队多么豪华、多么浩大，按规矩，这个亲迎礼总是要在黄昏时分举行，新郎还要把亲迎的用车漆成黑色——因为按照周礼，士的用车标准是栈车，大夫才能乘坐墨车，这在平时是不能僭越的，但婚礼的情况特殊，允许士把自己的车漆成黑色，当作大夫一级才能享受的墨车去迎接新娘，让自己更有面子一些。

新郎坐上了伪装版的高级轿车，一行人还要带上火把，因为已经是黄昏了，天很快就要黑了。天黑，车也黑，人更黑——新郎的下裳要镶黑边，随从穿的都是黑衣，等到了岳家，看到的也是一众身穿黑衣的女眷，如果我们现代人穿越过去，或许会以为这是西洋人在举行葬礼。

亲迎之后，天自然已经黑了，于是，一群黑衣人乘着黑车、举着火把，月黑风高地回家去了。到了自己家，天已大黑，新郎和新娘要吃上一顿饭来补充能量，用一种专门的合卺杯喝酒，这就是饮合卺酒，也就是现代婚礼的交杯酒，只不过这种特殊形制的杯子在清代以后就失传了，现代人只能用普通酒杯搞简化的合卺礼了。合卺酒喝完之后，新婚夫妇就该入洞房了。到了第二天清晨，新娘沐浴梳妆之后，这才第一次拜见公婆。

整个婚礼的过程是以静为主的。新郎家里一连几天都不能奏乐，为的是照顾新娘的情绪——人家毕竟刚刚离开了父母，年纪又那么小（古人成婚早）。所以说，婚礼虽然是件喜事，但是喜中有悲，低调一些才更符合人之常情。

婚礼不但不可以吹拉弹唱，甚至也不需要别人祝贺，因为按照儒家的观点，结婚意味着传宗接代，传宗接代意味着新陈代谢，做人子的自然不能无所感伤，所以没有心情接受亲朋好友的祝贺。

沉迷于汉文化的容若执意要以儒家古礼来操办婚礼。我们可以想见：无论是乐队的锣鼓还是宾客的喧哗，都会让他头痛欲裂。这样喧闹的气氛只属于凡世中的芸芸众生，无法和容若搭上任何关系。

黄昏终于挨到了夜晚，夜晚终于挨到了睡着，直到第二天清晨，容若才看清了新婚妻子的相貌。而她，早已经认识他了。

没过几个月，明珠府里就添了一个可爱的婴儿。

他叫揆叙。容若终于有了一个弟弟。

[5]从此沧海水，从此巫山云

十八年来堕世间。吹花嚼蕊弄冰弦。多情情寄阿谁边。

紫玉钗斜灯影背，红绵粉冷枕函偏。相看好处却无言。

——纳兰容若《浣溪沙》

婚礼之后的那个清晨，容若醒来时天色尚暗，但妻子已不在被窝了。被褥上的一对交颈相依的鸳鸯绣得极细致，不知是由哪个绣工完成的，绣制时是否怀揣着对爱情的那种苦心经营？要不是，针脚怎能那么细密整齐？妻子细心，起床后还将自己的被角小心掖紧，现在虽已是初夏时节，但清晨雾气重，伤身。回想昨晚，两个人在房中，静得可以听见他与她紧张的心跳声——容若不禁觉得好笑，心跳声都已熟悉到可以相互辨认，但彼此却未细细打量过对方的脸孔。

他起身，推开雕着蝴蝶和百合的桃心木窗，雾还未散去，将远山浓重的黛色一一晕染开，这景象使得空气闻起来都有股墨香。

真像一幅水墨画，容若想。

“真像一幅水墨画”，一个温软纤细的声音从楼下院子里传来，容若吓了一跳。声音的主人，着一身大红金线绲边旗装，站在一丛灿若明星的栀子花旁，望向他刚才望着的方向，那正是容若的新嫁娘。

容若永远忘不了她回头的一瞬。许是听见了楼上的声音，她急急地回过头来确认，两人的眼神相遇，她并没有避开。她看向自己的样子，像在读一首古老且不朽的诗，一个字一个字，读得认真而坚定。那张脸并无惊人的美艳，但柔和的五官让人可以轻易想见她拥有亲和、温厚的个性。

相看无言，时间在两人之间默默地流淌，沉淀着世界上所有的声音。

她忽然一笑，面如桃花。她说，原来是你。

这四个字被风拉得很细很长，曲曲折折地钻进容若的耳朵里，就像被粗粝的沙尘和同样粗粝的岁月掩埋的小小边城千百年来响起了第一串敲门声，整个城突然苏醒。

容若也笑了，说，是，是我。

她牵着裙角跑开，一会儿房门被推开，容若闻到一股沁人心脾的栀子花香……

容若很快发现，卢氏有着和他相似的个性：温柔、纯真、孩子气。

一日大雨，雨势颇有些骇人，雷声轰隆隆不断。一家人坐在厅堂里闲聊，饮盏新茶、用些点心，以打发无聊的时光，但独独不见卢氏。容若放心不下，在几间房里遍寻不见，正要遣下人出去找时，忽然瞥见后院的角落里卢氏一人撑着两把伞。

仔细一看，一把伞遮着她自己，一把伞遮着一缸刚开好的荷花。油纸伞单薄，对这样的狂风骤雨全无抵抗力，她已一身是水。容若扬声要她进屋来，她拖拖拉拉好半天才行动。

此后的几天，她毫无悬念地着凉生病了。容若忍不住责备，她总是怯怯地解释：荷花柔柔弱弱的身子骨哪经得起那天狂暴的雨势，若是被雨打坏了，来年不开花了该多可惜。待容若的责备声稍弱，她又得意起来，笑道：你见过暴雨都无法浇灭的蜡烛吗？那天的荷花，就像是燃烧的红焰，而褐色的水缸，就是烛台。

容若握着她的手轻轻地摇动，她的手心凉丝丝的，一种奇异的感觉从指尖蔓延开来，直到爬满整个心房。

闲来无事时卢氏喜欢陪容若读书。

她总是提前进书房替他收拾干净桌子，摆上两样容若喜欢的瓜果。她说这样既能让容若饱口福，又能用瓜果特有的清芬撵走屋子里的浊气，比什么香料都好。

容若看书，她也看书，或是做点绣活；容若累了，她就一边切开瓜果，一边和容若闲聊两句替他解解乏。

有次她问，你说，你识得的这许多字里，最悲伤的字是哪个？

容若一愣，这问题真是很怪。他想了想，问道：是“情”吗？

她摇头，这个字还是你名字中的一个字呢。

容若仍是不解。

她轻声道：是“若”。

容若怔住。

她解释，世人常道，这件事若能这般这般，这次意外若能如何如何，该多好；将来若能怎样怎样，我必将如何如何。凡“若”字出现，皆是因为已对某人某事无能为力。这个字，是失意者的自欺欺人，不是将幸福寄托在老朽腐烂、灰飞烟灭的过去，就是期望于渺不可测、形迹可疑的未来。当现实无可挽回，任何行动均属浪费，只能在语言中实现憧憬，但无论你的话在语言逻辑上如何天衣无缝，现实总是用超越逻辑的方式证明给你看它有多残酷。

人生若只如初见。

若没有遗憾，一生不必说“若”；而说再多的“若”，却无法不遗憾。她当时断没想到，几年后他将为她说尽“若”字。

相处的日子久了，容若便开始将自己填的词交与卢氏看，有些关于她，有些与她无关。

有一次卢氏兴起，说要将容若填的词每一首都用一种颜色来形容。细细地翻看容若的每首词，她一一评点："暗损韶华，一缕茶烟透碧纱"是淡青色，又苦又香；"桃花羞作无情死，感激东风"是深红色，触目惊心；"絮飞时节青春晚，绿锁长门半夜灯"是翡翠色，如同翡翠凝固了大自然的血液，这字句也保留着时间的泪痕；而"便是有情当落日，只应无伴送斜晖"是月白色，毫不掩饰的悲伤，令人胸口冰凉。

容若静静地听她说完，笑着递过一笺词，是一首《贺新凉》。

疏影临书卷。带霜华、高高下下，粉脂都遣。别是幽情嫌妩媚，红烛啼痕休泫。趁皓月、光浮冰茧。恰与花神供写照，任泼来、淡墨无深浅。持素障，夜中展。

残钉掩过看逾显。相对处、芙蓉玉绽，鹤翎银扁。但得白衣时慰藉，一任浮云苍犬。尘土隔、软红偷免。帘幕西风人不寐，恁清光、肯惜鹴裘典。休便把，落英剪。

她抬头，笃定地说，没有颜色，是一种香。香气再烈，亦是透明，而这首词隐藏着馥郁的情感，尽管用了最朴素的字眼。言毕，她沉默良久，然后一字一顿地说，这首我似曾相识。

一阵微燠的风吹过，容若突然感觉疲倦。就像在乱世中仓皇辗转经年、已熟稔命运的花样百出、洞悉生活的穷形尽相的旅人回到家乡，发现溪水依旧甘甜，酒香依旧弥漫，村口年代久远、字迹模糊的石碑依旧被下棋的老人围满，终于可以脱去仆仆风尘的那种疲倦。

爱情像蝉，一早诞生，却埋在地下，不声不响，暗中生长，没有人察觉。待到某天破土而出，声嘶力竭，让人猝不及防，所以也来不及抵抗。

某个寻常得不能再寻常的清晨，容若醒来，发现卢氏已起床梳妆去了。天

色还暗，容若点起灯，剔亮灯，灯影下横着她掉落的一支玉钗。她睡过的枕头还歪斜着，却摸不到一点温度。他忽然感觉到一种宿命，也忽然涌上来一种幸福。“相看好处却无言”，那样好、那样美，却无法言表。回想种种，她就像堕入人世的精灵，吹花嚼蕊，婚后的生活因为她越发没有一点烟火气了。

她不美，也无盖世才华，于世人，她不过是无关紧要的路人甲；于容若，她是他幸福的海角天涯。

然而，沉睡十七年的蝉，只能喧哗一个夏天。对于他与她来说，爱情格外像蝉。

容若的情感生活里有一个常常被人遗忘的插曲。新婚不多时，明珠夫妇便忙不迭地为儿子娶了一个庶妻，说是为了赶紧传宗接代，光大门楣。庶妻颜氏，我们已经考证不出她的家世背景了，只有一点是肯定的：容若不得不接受她，因为这是作为长子的义务。

颜氏也是明珠夫妇千挑万选的女子，美丽、温柔、聪慧、贤淑，每一个男人都会被她吸引，只除了容若。在容若眼里，她不是不美，不是不贤惠，容若对她，也始终是爱护和尊重的，但也仅限于此。

爱情故事中常出现这样的情节：女二号一遍又一遍地问男主角“我有什么不好，为什么偏偏爱她不爱我”，姿态强势，招人反感。但不管在剧中她显得多么恶形恶状，身为同类，我看到的是一个女人在爱情上一败涂地后深深的沉痛与无力。女二号的伤心没有人注意，因她不是主角，人们甚至因为她的颓败而欢喜，仿佛伸张了正义。可是她并没有错，她只是恰巧爱上了一个不爱她的人，若被爱，她也是骄傲的女主角。她唯一的错，就是上天安排的阴差阳错。

整理容若的故事时，我一直在想，也许，在这两个女人中，其中一个听到了多少句“我爱你”，另一个就听到了多少句“对不起”。

不过，以卢氏温厚的个性，她并未因容若的偏爱而变得有恃无恐，待长辈依然顺从恭谦；待颜氏始终温柔亲厚；待容若，更是倾己所有，毫无保留。

翻看历代文人骚客为女人写的诗词，他们并不吝啬对女人的称赞，不惜大费精神与笔墨赞扬女子眉眼俊俏、娉娉袅袅，也秉着"平生不解藏人善"的优良品德交口称赞某女琴弹得好，抑或诗艺高超，但绝大多数却语气轻佻，当女人是件精致的玩意儿，作为一等公民的优越感呼之欲出。在漫长的男权社会里，是否诞生过真正的爱情，惹人怀疑。

容若显然是个异类。

卢氏心里很明白，他和他们不一样，所以她格外珍惜，为他，一切一切，心甘情愿。他年轻健康、相貌堂堂、出身高贵、文武双全，这是每个人爱他的理由；他从未将付出爱情视为降尊纡贵，这是她爱他的理由。

在他们的世界里，她是万古不竭的沧海水，他是温柔缱绻的巫山云。

湿云全压数峰低。影凄迷，望中疑。非雾非烟，神女欲来时。若问生涯原是梦，除梦里，没人知。

——《江城子》

这首词，有的版本误题为"咏史"，其实哪里有一点咏史的意思呢？"若问生涯原是梦，除梦里，没人知"，那一种说不清、道不明的幸福与喜悦，不还是"相看好处却无言"么？

那时候容若最爱读的诗就是唐代元稹的《杂忆》五首，那是作者回忆当年和一位叫作双文的女子相好相恋，许多甜蜜蜜的生活琐事：

今年寒食月无光，夜色才侵已上床。

忆得双文通内里，玉栊深处暗闻香。

花笼微月竹笼烟，百尺丝绳拂地悬。
忆得双文人静后，潜教桃叶送秋千。

寒轻夜浅绕回廊，不辨花丛暗辨香。
忆得双文胧月下，小楼前后捉迷藏。

山榴似火叶相兼，亚拂砖阶半拂檐。
忆得双文独披掩，满头花草倚新帘。

春冰消尽碧波湖，漾影残霞似有无。
忆得双文衫子薄，钿头云映褪红酥。

容若把这些诗抄给卢氏来看。最美好的东西，总要与最爱的人分享。“忆得双文胧月下，小楼前后捉迷藏”，这不也是我们的样子么？“忆得双文独披掩，满头花草倚新帘”，这不正是你那天的样子么？但容若忘记了，元稹与双文的故事，正是《西厢记》的故事原型，那昔日回忆的美好正是为了衬托现实的悲凉，不消几年，容若便会陷入同样的回忆了。

那个时候，他又会想起元稹的这一组《杂忆》诗，会远远地追和，回忆点点滴滴：

卸头才罢晚风回，茉莉吹香过曲阶。
忆得水晶帘畔立，泥人花底拾金钗。

春葱背痒不禁爬，十指掺掺剥嫩芽。
忆得染将红爪甲，夜深偷捣凤仙花。

花灯小盏聚流萤，光走琉璃贮不成。
忆得纱幮和影睡，暂回身处妒分明。

妻子卢氏在花底捡拾金钗、为自己搔背、用凤仙花染红了指甲、用花灯小盏捕捉萤火虫。幸福的生活永远是由幸福的细节组成的，时隔越久，细节就越清晰。当这些细节时时涌上心头，提醒着你它们只属于回忆，再也无法找回，有谁能够承受得了呢！

最忧伤的日子是怎样的？就是你清清楚楚、明明白白地看到，所有幸福的点点滴滴都已经属于遥远的回忆了。

第二年，“三藩”战事更紧，明珠府上却还是一片喜庆——颜氏为容若生了一个儿子，取名富格。容若却不得不改名了，因为皇子保成被立为太子，“成”字成了避讳，成德从此改为性德。

这个改动，也是很有汉学渊源的。《中庸》：“成己，仁也；成物，知也，性之德也……”

皇家取名，天下人都要避讳，地名要重拟，旧书要改版，劳民伤财得很，所以皇家会选一些生僻字取名。保成却不同，两个字都是常用字，必然引起很大的麻烦，于是他在第二年改名为胤礽，容若便也可以恢复旧名了。那是康熙十五年，容若考中了二甲第七名进士，在《进士题名录》上写着“成德”的名字，功名终于得中，名字也不用再避讳了。

容若考中进士之后，并没有立即获得委任。这最好，他本来就不是那种要靠科举改变命运、求官心切的人。他有了卢氏，从此不再想去任何地方。

一天的雨后，湖心飘摇着一只孤舟，热恋的人看不得孤独的景象。如果我们也会分手，也会孤独，那会是怎样的一番情景呢？

烟暖雨初收。落尽繁花小院幽。摘得一双红豆子，低头。说着分携泪暗流。

人去似春休。卮酒曾将酹石尤。别自有人桃叶渡，扁舟。一种烟波各自愁。

——《南乡子·孤舟》

容若摘来一双红豆，他们黯然地想到，如果有一天分别……

第六幕

双璧：绝塞生还吴季子

德也狂生耳。偶然间、缁尘京国，乌衣门第。

有酒惟浇赵州土，谁会成生此意？……

——纳兰容若《金缕曲·赠梁汾》

渌水亭，容若时而会心微笑，时而蹙起愁眉。眼前是一首词，《南乡子·捣衣》，这个词牌，这个题目，自己也曾写过，而这个人写的……

嘹唳夜鸿惊。叶满阶除欲二更。一派西风吹不断，秋声。中有深闺万里情。

片石冷于冰。两袖霜华旋欲凝。今夜戍楼归梦里，分明。纤手频呵带月迎。

看罢这首词，又吟诵起自己那首《南乡子·捣衣》：

鸳瓦已新霜。欲寄寒衣转自伤。见说征夫容易瘦，端相。梦里回时仔细量。

支枕怯空房。且拭清砧就月光。已是深秋兼独夜，凄凉。月到西南更断肠。

——《南乡子·捣衣》

容若终于摇了摇头，“片石冷于冰”，写到如此之极致！戍楼劳役之苦，痴男怨女之痛，历历在目，切切在心。他不得不承认，这首词，超过了自己的同题作品。

卢氏也被勾起了好奇：“这人是谁？”

“顾贞观，”容若答道，“听说他是无锡人，是前朝大儒顾宪成的曾孙。”

“顾宪成！”卢氏喜道，“风声雨声读书声，声声入耳；家事国事天下事，事事关心。就是那个东林书院顾宪成，东林党人顾宪成？”

容若叹息一声：“书香世家，果然不凡。”

[1]一弹指顷去来今

五年之前，容若和顾贞观就曾在北京广源寺擦肩而过，失之交臂。此时，顾贞观再入京城，当初题在广源寺前院西廊墙壁上的那首《风流子》早已湮灭不见了。“十年才一觉，东华梦，依旧五云高”，现在看来，当初只有这句话说得没错，他这不还是念念不忘地要进京么？至于什么“况爱闲多病，乡心易遂；阻风中酒，浪迹难招”，看来全是牢骚话而已，难道还真的“判共美人香草，零落江皋”不成！

不，顾贞观这次进京，不是为了重走过去的仕途，而是为了打点关系，营救一位朋友。

这位朋友名叫吴兆骞，字汉槎，江苏吴江人，出身于著名的书香门第，兄弟几个在当时都大有文名。吴兆骞正是众兄弟中最出众的一个，从神童成长为才子，年纪轻轻便载誉江南。当时的江南，文人间流行结社的风气，这还是从明朝形成的传统。说起结社，大家很容易想到东林、复社，很多明史爱好者把这种结社理解为民间结党，以为这是人们在有意识地形成一种政治力量，开民主党派之先河。这实在是高估古人了。结社其实主要是为了应付科举考试、针对科举的特点而形成的文人集团，明代如此，清初亦然。何况儒家素来有“君子群而不党”的传统，虽然没有政党的概念，却对朋党非常厌恶，君子以天下为己任，以正道为圭臬，心里根本不该有所谓的党派利益。所以凡是结党必属营私，是为儒家伦理所不容的。

吴氏兄弟加入的是慎交社，他们很快便成为社团里的骨干力量。慎交社中名宿辈出，其中就有我们已经熟悉的两位：徐乾学和顾贞观。

慎交社里，吴兆骞几乎出尽了风头。不管怀有怎样的心理，任何人都不得不承认，上天好像把一切最好的东西都给了他：他出身官宦世家，虽然经历了改朝换代，但依然家大业大，自然和许多权贵子女一样享受了最高等级的教育，加之天资聪颖，自然满腹锦绣文章。一个人，尤其是年轻人，优秀到这种地步，难免会有几分高傲，吴兆骞也不例外。

关于吴兆骞的高傲，清人笔记里不乏记载，有一则是说汪琬曾来吴江，吴兆骞引了一段古语对他说："江东无我，卿当独步。"一副才子的轻狂之态。

一个人狂到这个份上，难免招人恨；傲到这个份上，更难免招人嫉妒。虽然"性格决定命运"是一句很不严谨的话，但用在吴兆骞身上大约还是有几分贴切的。到了顺治十四年，吴兆骞的运道突然变了。

这一年发生了著名的"丁酉科场案"，案件的由头是有人弹劾这次科考存在舞弊现象，但事情的背景相当复杂，既有确实的舞弊发生，激起了民愤，又掺杂着党争以及清政府要在江南立威的政治意图，结果惩治极严，杀人极狠。吴兆骞偏偏就是这一届的考生，以他的水平与名望，自然用不着舞弊行贿，但不幸也被牵连进去了。有人便推测这是吴兆骞平时目空一切、结怨太多所致。

案发之后，顺治皇帝安排中举考生到中南海瀛台复试，每个考生身边都有两个武士拿刀站着，气氛相当恐怖。这次在皇帝的眼皮底下如果失了水准，便难免遭受斧钺牢狱之灾。如果吴兆骞参加了这次复试，只要发挥得不是太糟糕，总还能证明自己的清白。有人说吴兆骞禁受不住这种恐怖气氛，交了白卷，但事实上他并没有获得这个复试的机会，而是在此之前就被判定为舞弊而身在牢狱了。

在吴兆骞的诗集里，有《戊戌三月九日自礼部被逮赴刑部口占二律》：

其一

仓黄荷索出春官，扑目风沙掩泪看。

自许文章堪报主，那知罗网已摧肝。
冤如精卫悲难尽，哀比啼鹃血未干。
若道叩心天变色，应教六月见霜寒。

其二

庭树萧萧暮景昏，那堪缧绁赴圜门。
衔冤已分关三木，无罪何人叫九阍。
肠断难收广武哭，心酸空诉鹄亭魂。
应知圣泽如天大，白日还能照覆盆。

吴兆骞被逮入北京刑部大牢，口占了这两首七律。对古代知识分子来说，口占绝句并不是难事，但口占律诗就不一样了，非绝顶高才不可为。因为律诗是法度最为森严的一种诗歌体裁，单是中间的两联对仗就不是随口间能构思工整的。我们看吴兆骞的这两首七律，虽然单以诗艺而论绝对属于平庸之作，但作为口占作品，就相当难能可贵了，所以说吴兆骞“江南大才子”的名头绝非浪得。

这两首诗，声嘶力竭地为自己喊冤，最后还不忘记说说天朝的好话，希望“圣泽如天大”，能够辨明自己的冤枉。吴兆骞是否有辩白的机会呢？并非没有，他虽然没能参加瀛台复试，但在刑部审讯时作了一首七律，后来收入诗集时题为《四月四日就讯刑部江南司命题限韵立成》：

自古无辜系鹓鸠，丹心欲诉泪先流。
才名夙昔高江左，谣诼于今泣楚囚。
阙下鸣鸡应痛哭，市中成虎自堪愁。
圣朝雨露知无限，愿使冤人遂首丘。

这首诗题目所谓“命题限韵”，也是古代写诗填词的一种形式，有点像考试或者较技，拟出一个题目，并且限定韵脚，让人在这个框框里搞创作。闻一多说诗歌是戴着镣铐跳舞，“命题”就是最重的一种镣铐。镣铐越重，也就越考验诗人的才能，吴兆骞不但把诗写成了，还是“立成”，可见其才思之敏捷。但是，专制政府如果要下一盘大棋，哪会在乎个别棋子的存亡生死呢？法官明白吴兆骞的冤情，也曾把他“立成”的诗上呈御览，但最后的判决结果是：吴兆骞挨了四十大板，家产籍没入官，父母兄弟妻子一同流放东北宁古塔。

吴兆骞才学名世，他被流放，明眼人都知道是冤枉的。这件事在知识分子当中影响很大，为他写诗撰文表示同情的人不在少数。吴兆骞这个名字此刻已经成了一个符号，对于很多人而言，他们都在吴兆骞身上看到一把很可能刺向自己的刀子，吴兆骞现在的命运很可能就是自己将来的命运。

在所有为吴兆骞而作的诗文中，有三篇流传最为广泛，一则是吴伟业的《悲歌赠吴季子》，另外两首是顾贞观的《金缕曲》。吴伟业和吴兆骞有多深的关系，说不太清，但顾贞观和吴兆骞同为慎交社的同学，更是知心好友，他在吴兆骞流放临行前做出了承诺，无论拼上多少艰难、多少时日，也要想方设法营救好友南还。

顾贞观的话说得很义气，但他自己并没有那么大的政治能量。这一晃就是十八年，顺治帝已经死了，康熙帝接了班，吴兆骞在宁古塔生的儿子都和父亲一般高了。顾贞观在这十八年里从没有放弃努力，但从来都无济于事。

十八年来，顾贞观虽然屡战屡败，但屡败屡战，为了当初的一个承诺，从来都不曾动摇、不曾放弃。这一年他重进京师，为的仍然是这样一个目的。他想好了，要办这件非常之事，必须从最当红的权臣那里打通关系，最佳人选自然不言而喻，就是那位因为削藩而深受康熙帝信任的明珠大人。但是，以自己

的身份连见明珠一面都难，怎么能办成这件事呢？十八年的努力，自己也没有多少财力可用了。想来想去，突破口只有一个：听说明珠的长子成德并非凡俗的贵公子，他有君子之义，有古人之风——这都是严绳孙和姜宸英他们说给自己听的。记得严绳孙在谈起成德的时候，还颇为感慨地说这位长在豪门的公子却很有几分江湖侠骨，更喜欢与汉人文士交往，以诗词会友，不沾一点俗务，不带一点人间烟火之气。一代权臣的府里怎么会生出这样一个人物，实在令人百思不得其解呀。

遥想丁酉科场案发生的时候，顾贞观年方弱冠，与此时的纳兰容若正是差不多的年纪，而那年的纳兰容若才只有三岁。弹指之间，已是多少岁月、几番沧桑！当年名震江南的风流才子吴兆骞如今远在东北宁古塔流放之地，风刀雪剑之下，不知还挨得了几年！“三过门前老病死，一弹指顷去来今”，苏轼的这两句诗最近在顾贞观的脑海里挥之不去，不像是什么吉祥的征兆。

只博一线生机。顾贞观无财无势，要想打通朝廷的关节，只能从纳兰容若这样的人物身上入手。同声相应，同气相求，这一局赌的是：我和他是同一类人，古道衷肠，急公好义，都是无欲无求的君子，如兰如竹。

好在顾贞观是个豪爽好交的人，徐乾学本来就是他在慎交社时候的同门，这时候恰好也已回京了；严绳孙也是他的同乡好友，此时也在京城。有这两个人的介绍，结识容若公子倒不是一件难事。更何况，他们一定会有共同语言，会有说不完的话题。

还是渌水亭，经徐乾学和严绳孙的介绍，顾贞观与纳兰容若终于相见了。曾几何时，容若就是在这座亭子里比较着两首《南乡子·捣衣》的高下优劣，心情阴晴变幻，这都是顾贞观不曾知道的。

顾贞观初识纳兰容若，容若却对顾贞观心仪了许久许久，他甚至比顾更加期待这次相会。他知道，在龚鼎孳的大旗已然坠落的词坛真空期，朱彝尊、顾贞观，这两个人终于和自己一道，并会成为自己最有力的同道，同时也是最强悍的对手。还有什么比这更让人激动和期待的么？

这次会面，顾贞观并没有谈到吴兆骞，他们只是谈词、谈艺，谈论现实世界以外的那个纯真无邪的世界，知音之感让容若激动得几近失态，他们互相是对方的俞伯牙，也互相是对方的钟子期。

尤其是谈起词来，谈起大家共同钟爱的这个话题，简直进入了浑然忘我的状态。容若说起晚明以来，闺阁当中每出词坛国手，只是世人男女之防的观念太重，不加留意罢了。他吟起一首《满江红》：“仆本恨人，那禁得，悲哉秋气。恰又是、将归送别，登山临水……”开篇多么奇崛，声调这般高亢激越，岂不正应了结尾那句“何必让男儿，天应忌”。

“这样的好词，只因出自闺阁便无法获知作者的名姓么？”

“不不不，也要赶巧，”顾贞观露出狡黠的笑，“作者是无锡的侯夫人，是侯晋的妻子。”

“无锡人，是同乡呀！”

“呵呵，何止是同乡。这位侯夫人娘家姓顾，名贞立，正是我的姐姐。与她诗词唱和的还有不少女中才子呢！最亲密的就是秦夫人，她有一部《古香亭词钞》，在江南很流行呢。”

“《古香亭词钞》！这位秦夫人岂不就是秦松龄的母亲！秦松龄可是小弟的好朋友呀！”

“是呀，容若贤弟不是最喜欢金坛王次回的情诗么，这位秦夫人娘家姓王，正是王次回的女儿……”

借着词的穿针引线，世界越来越小了。

男人间的心灵投契，甚至比爱情来得还要浓烈。

道别之后，激动的心情一连几天不断，越发按捺不住，容若终于在一幅

《侧帽投壶图》的画上题写了一首《金缕曲》，派人送给顾贞观。顾贞观后来回忆这件事说：岁在丙辰，容若时年二十二岁，和我才一相识便大有相见恨晚之叹，几天之后，便填了这首词为我题照。

这一年，正是纳兰容若词名大噪的一年，得名便以这首《金缕曲》开始：

德也狂生耳。偶然间、缁尘京国，乌衣门第。有酒惟浇赵州土，谁会成生此意？不信道、遂成知己。青眼高歌俱未老，向樽前、拭尽英雄泪。君不见，月如水。

共君此夜须沉醉。且由他、蛾眉谣诼，古今同忌。身世悠悠何足问，冷笑置之而已。寻思起、从头翻悔。一日心期千劫在，后身缘、恐结他生里。然诺重，君须记。

——《金缕曲·赠梁汾》（顾贞观字华峰，号梁汾）

流行和流行是不一样的。纳兰词在今天的流行，人们一说起来都是“人生若只如初见”，“当时只道是寻常”之类，在民国以前却不是这样。今天的读者，传统文化的基础自然远远不如古人，不说那些卷帙浩繁的经史子集，即便只说完整背得出的诗词，大多连十首都不到。没有足够的积累，自然不会有足够的鉴赏力。这首《金缕曲·赠梁汾》当时可谓传遍京城，耸动一时，今天的人读起来，却会感觉有障碍、有隔阂了。

劈头一句“德也狂生耳”，正与顾贞立的那句“仆本恨人”一样，兀然警策。容若以“德”称名，是仿效汉人的习惯，仿佛姓成名德，字容若，有时也以“成生”自谓，朋友们书信往来，常常也以“成容若”称之，叶赫那拉这个姓氏竟然抛弃不用了。

词中还用到几个典故。“有酒惟浇赵州土”出自李贺的《浩歌》：“买丝绣作平原君，有酒惟浇赵州土”。平原君是赵国人，“战国四君子”之一，喜好交游，无论达官显贵还是贩夫走卒，只要性情投合，就会倾盖如故。

“青眼高歌俱未老”，化用杜甫《短歌行赠王郎司直》的“青眼高歌望吾子，眼中之人吾老矣”。“竹林七贤”之一的阮籍放浪形骸，不受礼俗拘束，看到俗人以白眼视之，看到同道中人就会青眼相加。容若这是劝慰顾贞观：你我结为莫逆，年岁都不算大，彼此青眼相加，各以知己视之。人生得一知己，夫复何憾！

有人白头如新，有人倾盖如故。容若告诉顾贞观：不要把我当贵介公子来看，我只是一介狂生，因为命运的偶然才生长于京城要地、豪贵之家。我倾慕的是平原君那样的君子，磊落豪侠，与人交往只论情义，不论贵贱。谁能理解我的心意，谁能相信，身份如此悬殊的两个人，一见之下也可以遂成知己呢？今夜且与君共醉，我知道你才高招忌，命途多舛，这是古今才子共同的命运呀，何必介怀！且任那些宵小之辈造谣中伤，没必要解释什么，冷笑置之而已。你我之心，一日相期，千劫永在。情义太真太深，今生消受不尽还有来生。我们就这样许下诺言，永远不要忘记。

《金缕曲》一反纳兰词缠绵悱恻的风格，如同汉赋铺陈，直泻千里。徐釚《词苑丛谈》称其“词旨嵚崎磊落，不啻坡老、稼轩。都下竞相传写，于是教坊歌曲无不知有《侧帽词》者”，认为这首词足以与苏轼、辛弃疾比肩，这正是当年秋水轩唱和以来“稼轩风”成就的巅峰。

深知这首词的，自然莫过于顾贞观了。他还有一些异样的情绪：有些意外，有些羞愧。

这个结果实在出乎意料，他本来并没有做这样的期待。一想起容若那张天真的脸孔，他就觉得自己是个可耻的人。

但他并没有伪装什么。渌水亭的那一刻，他确实忘乎所以了，确实被容若带到凡尘之外的那个世界去了。这个过程是自然而然的，自己丝毫没有察觉，

因为自己本来也是那个世界里的住客、这个世界里的过客呀。

顾贞观读着这首《金缕曲·赠梁汾》，想到容若，想到自己的姐姐，恍惚间忽然觉得自己空度了四十年的岁月，就是为了等待这一首词，等待这样一位知音。是知音，也是对手。顾贞观向来以词自负，见到别人的佳作，难免会生出一些较技之心。况且心中本来就有许多言语，正好借着唱和，讲给那位“钟子期”听。

顾贞观步容若的原韵，和了一首《金缕曲》：

且住为佳耳。任相猜、驰笺紫阁，曳裾朱第。不是世人皆欲杀，争显怜才真意。容易得、一人知己。惭愧王孙图报薄，只千金、当洒平生泪。曾不直，一杯水。

歌残击筑心逾醉。忆当年、侯生垂老，始逢无忌。亲在许身犹未得，侠烈今生已已。但结托、来生休悔。俄顷重投胶在漆，似旧曾、相识屠沽里。名预籍，石函记。

——《金缕曲·酬容若见赠次原韵》

这首词，完全是对容若那首《金缕曲》的回答。感人处，尤其是那句“不是世人皆欲杀，争显怜才真意”，化用杜甫忆李白的诗句“世人皆欲杀，我独怜其才”。顾贞观恃才傲物，每每招人猜忌打压，以致一生偃蹇。正是在这样“世人皆欲杀”的大势里，才显得容若的友情珍贵。

容若的《金缕曲》以平原君自期，顾贞观的《金缕曲》便以侯嬴自许。那是战国乱世，魏国的都城大梁有一座城门叫作夷门，年老体衰的侯嬴便是这夷门的守门人。当时有所谓“战国四君子”，赵国有平原君赵胜，魏国有信陵君魏无忌，信陵君也是一个礼贤下士的人，仁慈而谦和，从不以门第取人。他听说侯嬴是个贤人，便准备了厚礼前去拜访。

有一次，信陵君举办盛大的宴席，等大家都就位了，他自己却不入席，而是请大家多等一刻，容自己亲自去接一位重要的客人。说罢，信陵君亲自驾车，去夷门迎接侯嬴。

侯嬴也不客气，就坐在信陵君的车上，由着信陵君为自己驾车。车子走到中途，侯嬴突然要停一下，说市集里有个卖肉的朋友，名叫朱亥，多日不见，要去找他聊两句。信陵君也不着急，把车子驶进了市集，由着侯嬴和朱亥旁若无人地聊天，许久之后侯嬴才慢吞吞地回到了车上。旁观的人都知道信陵君还有很多客人在等着开宴，对侯嬴好一顿责备。

后来长平之战爆发，秦国大军乘胜追击，包围了赵国的都城邯郸，天下为之大哗。赵国平原君的夫人正是魏国信陵君魏无忌的姐姐，平原君便派人向信陵君求救。在信陵君束手无策的时候，侯嬴出奇谋，窃符救赵，成为中国历史上一段感人的佳话。尤其是计谋安排妥当之后，侯嬴刎颈自尽，以死来报答信陵君的知遇之恩。这就是战国的士风，秦汉以后便不多见了。

“忆当年、侯生垂老，始逢无忌”，顾贞观如今年已不惑，方才结识容若，岂不正像当年七十高龄的侯嬴被信陵君以国士相待么？想自己一介匹夫，要报答容若的知遇之恩，怕也要像侯嬴一般了。

这话并不是义气上头随便说说的，“亲在许身犹未得”，高堂健在，还须奉养，现在还不能轻易许身，只等孝道尽罢，自己的这条性命就是知己好友的了。

两首《金缕曲》，一唱一和，谁想到竟然都成了诗谶。顾贞观词有“亲在许身犹未得”，结果没多久他就因高堂故世而南归；容若词有“一日心期千劫在，后身缘、恐结他生里”，后来果然才过而立便七日不汗而死。两人“但结托、来生休悔”。《炙砚琐谈》里记载了一段传奇，说容若故去之后，顾贞观便南下回乡，不愿留在京城了。一天夜里，他梦到容若来访，说“文章知己，念不去怀。泡影石光，愿寻息壤”。就在这一夜，顾贞观的儿媳诞下一子，顾

贞观急忙去看，见那孩子面目一如容若，想起方才的梦境，知道这一定就是容若的后身无疑，不觉窃喜。一月之后，顾贞观又梦到容若与自己道别，醒来之后急忙询问，才知道那孩子刚刚死去了。

《金缕曲》一来一往，容若的话还没有说尽。他在顾贞观的眉宇之间看到了太多的沧桑，太多的愁绪，容若不明白命运为什么这样摧残于他，正如不明白命运为什么会这样眷顾自己。于是，赠梁汾之后，还要再赠梁汾：

酒涴青衫卷。尽从前、风流京兆，闲情未遣。江左知名今廿载，枯树泪痕休泫。摇落尽、玉蛾金茧。多少殷勤红叶句，御沟深、不似天河浅。空省识，画图展。

高才自古难通显。枉教他、堵墙落笔，凌云书扁。入洛游梁重到处，骇看村庄吠犬。独憔悴、斯人不免。衮衮门前题凤客，竟居然、润色朝家典。凭触忌，舌难剪。

——《金缕曲·再赠梁汾，用秋水轩旧韵》

这一回，容若特意又用上了秋水轩唱和时的韵脚，他已经有意与才华横溢的顾贞观掀起一轮新的唱和，在词坛引起一番新的波澜。两人的词，都是“极于情”的，这是他们共同的风格，也是他们共同的主张。

容若在这首词中请顾贞观记起当年，曾以诗词文赋在京城赢得了多大的声名；记起当年，才情擅江左，屈指算来竟然已足足二十年了。但这又如何呢，如果要以才华博取功名，仕途的波澜要比天河更大呀。

“高才自古难通显”，命运向来如此吧。你远游京城，一次次的希望，只换来一次次的伤心。永远是那些庸碌之才编撰着皇家典籍，而你，只是一味地不阿不媚，命运又怎么会眷顾你呢？

容若这一次却有些误会顾贞观了。顾贞观那挥之不去的沧桑与愁绪，并不都是为了自己多舛的命途，而是惦记着当初的一个承诺，牵挂着北方千里之外的一个友人——如果命运对自己只是不公与苛刻，对这位友人可以说是肆虐了。

遥想当年，被判流放的吴兆骞在临行前与顾贞观握手道别，大家都知道，这一别很可能就是永诀。当时顾贞观说：你如今年方而立，如果有幸挨到知命之年，那么这二十年中，我一定摩顶放踵，想方设法把你救回中原。

谁知转眼之间，二十年之期堪堪就要到了。

“三过门前老病死，一弹指顷去来今。”自己是带着目的结识容若的，但他一定不会怪罪自己，因为如果平原君和信陵君遇到这样的事情也一定不会怪罪。好，好，好，有些话总是要对他讲的。

[2]知我者，梁汾耳

绝塞生还吴季子，算眼前、此外皆闲事。知我者，梁汾耳。

——纳兰容若《金缕曲·简梁汾》

非常人，非常事，非常言语。

吴兆骞与纳兰容若素不相识。丁酉科场案发生的时候，容若方才三岁，吴兆骞被流放的时候，容若也只有五岁。吴兆骞不是纳兰容若的朋友，只是“友人之友”而已。但顾贞观已经知道，营救吴兆骞的事情，一定得着落在容若的肩上了。

这件匪夷所思的营救之举后来轰动京城，引起很多人的万千感慨。谢章铤在《赌棋山庄词话》里讲过一段知人知心的话：“今之人，总角之友，长大忘之。贫贱之友，富贵忘之。相勖以道义，而相失以世情，相怜以文章，而相妒以功利。吾友吾且负之矣，能爱友人之友如容若哉！”

的确，世人的交际，大多只是为了构建自己的“人脉”，师生、校友，莫不如此。既然以利益为旨归，利益不存在了，人情自然也就淡了。童年纯真的情谊，长大以后就忘记了；贫贱时候的患难之交，一旦富贵也就忘记了。大家都以道义互勉，其实真正左右友谊的却不过是世态人情；大家都以文章相推许，一旦涉及功利便转为忌恨。朋友总是要被辜负的，更何况朋友的朋友呢！对待朋友的朋友也能以赤子之心全力以赴，这世上除了容若还有第二个人么？

的确，谢章铤大有后知之明，顾贞观更没有看错容若。那一日顾贞观以词代书，写下两首《金缕曲》准备寄给北方苦寒之地的吴兆骞。他另外要做的，只是把这两首词抄录给容若一份而已。

他知道，这就足够了，再不用多说一个字。

这两首词，以词代书，开创了一个崭新的词体，所以在词史上也是很重要的一笔。清人谈论本朝最佳的词作，虽然文无第一，众说纷纭，但这两首词确实有着极高的提名率。仍然是谢章铤的《赌棋山庄词话》，说顾贞观的填词，短调隽永，长调委婉尽致，能得周邦彦与柳永的妙处。观其生平，与吴兆骞最是相交莫逆，吴兆骞的《秋笳集》和顾贞观的《弹指词》都是上乘之作，尤其是顾贞观寄给吴兆骞的那两首《金缕曲》，浓挚交情、艰难身世、苍茫离思，愈转愈深，一字一泪。想象吴兆骞当日在宁古塔冰天雪窖之间收到这两首代书之词，不知何以为情。后来有很多人仿效这一体裁，但都平铺直叙，味同嚼蜡，是因为没有顾贞观这样的深情真气作为骨干呀。

当初，这两首《金缕曲》的第一个读者，就是容若。

季子平安否？便归来，平生万事，那堪回首。行路悠悠谁慰藉，母老家贫子幼。记不起、从前杯酒。魑魅搏人应见惯，总输他、覆雨翻云手。冰与雪，周旋久。

泪痕莫滴牛衣透。数天涯，依然骨肉，几家能够？比似红颜多命薄，更不如今还有。只绝塞、苦寒难受。廿载包胥承一诺，盼乌头马角终相救。置此札，君怀袖。

我亦飘零久。十年来，深恩负尽，死生师友。宿昔齐名非忝窃，试看杜陵消瘦。曾不减、夜郎僝僽。薄命长辞知己别，问人生、到此凄凉否？千万恨，为君剖。

兄生辛未吾丁丑。共些时，冰霜摧折，早衰蒲柳。词赋从今须少作，留取心魂相守。但愿得、河清人寿。归日急翻行戍稿，

把空名料理传身后。言不尽，观顿首。

——《金缕曲·寄吴汉槎宁古塔以词代书。丙辰冬寓京师千佛寺冰雪中作》

顾贞观其时寄寓在京城的千佛寺里，正值冰雪时节。京城的冰雪总会过去，宁古塔却从未有过春天。

这两首词，以书信的形式抒写吴兆骞的艰难与自己的承诺。顾贞观是清代词坛大家，这两首词更是由他近二十年的种种酸甜苦辣蕴积而成，其真挚感人之处足以打动任何一个铁石心肠的人，更何况也属至真至性的纳兰容若呢?

“廿载包胥承一诺，盼乌头马角终相救”，这是何等的誓言，何等的情义。廿载一诺，到如今初心未变。容若知道了，难怪自己会与年长近二十岁的顾贞观一见如故，只因为他们都是同样的人，至情至性，矢志不渝。

“河梁生别之诗，山阳死友之传，得此而三，”容若为之泣下，“此事三千六百日中，弟当以身任之，不俟兄再嘱也。”

“携手上河梁，游子暮何之？”千余年前，李陵送别苏武，河梁赋诗，是为生离之极；“济黄河以泛舟兮，经山阳之旧居”，向秀途经嵇康故宅，闻邻人吹笛，有感而作《思旧赋》，是为死别之极。生离死别的文字，从此除河梁生别之诗与山阳死友之传而外，要再加上顾贞观这两首《金缕曲》了。

只有最真的词，才能打动最真的词人。容若许顾贞观以十年之期，说这十年之中，定当把营救吴兆骞当作自己的事来办，从此再不烦顾贞观提起。

十年为期，这是男人对男人的承诺。顾贞观应该可以放心了。

但他没有放心。不放心的不是容若能否履行这个承诺——不，容若一定可以做到的，只是，塞外苦寒之地，吴兆骞一介江南书生，到底还撑得过十年么?

五年，五年为期，可以么？顾贞观掩饰不住一脸的焦灼。

五年为期，可以么？容若没有回答，这毕竟是一件天大的难事，一个负责任的承诺总要经过深思熟虑的。

第二天，千佛寺里，冰雪仍没有消尽，忐忑的顾贞观等到的是一首词，又一首《金缕曲》：

洒尽无端泪。莫因他、琼楼寂寞，误来人世。信道痴儿多厚福，谁遣偏生明慧。莫更著、浮名相累。仕宦何妨如断梗，只那将、声影供群吠。天欲问，且休矣。

情深我自判憔悴。转丁宁、香怜易爇，玉怜轻碎。羡杀软红尘里客，一味醉生梦死。歌与哭、任猜何意。绝塞生还吴季子，算眼前、此外皆闲事。知我者，梁汾耳。

——《金缕曲·简梁汾，时方为吴汉槎作归计》

什么话都不必再说了。“绝塞生还吴季子，算眼前、此外皆闲事。知我者，梁汾耳。”这就是容若的回答，一个男人的承诺。五年之期，只消五年，吴兆骞就会回来了。

没有疑问，没有悬念，没有叮嘱。五年，他一定会回来。

千佛寺的冬天终于结束了。

春暖花开，一对知己结伴而游。他们完全进入了自己的天地。世界在这头，他们在那头。

烟水频年瘦不支，相看余得许多丝。

灵和旧事今如梦，却到人间管别离。

弱絮残莺一半休，万条千缕不胜愁。

只应天上张星伴，莫向青门系紫骝。

——《咏柳偕梁汾赋》

这两首七绝，就是那年春天的记忆。

“灵和旧事”是什么呢？《南史·张绪传》记载，张绪是南齐大臣，以“美风姿”著称。一次齐武帝把两株进贡来的蜀柳移栽在灵和殿前，这种柳树枝条极长，如丝缕一般。齐武帝玩赏着叹息道：“此杨柳风流可爱，似张绪当年。”

杨柳妖娆，张绪风姿，若比之容若的侧帽风流，又当如何呢？

这一年里，顾贞观与容若携手，做了两件将要震动词坛的大事。一是编辑容若的词作，刻版印刷，既取独孤信侧帽之典，又取容若以之成名的《侧帽投壶图》题词，题为《侧帽词》；一是按照自己的标准筛选当代词坛佳作，开始汇编《今初词集》。

编选词集，往往意味着一个词派的诞生，因为这是审美取向的一种宣言。选录的作品中，除了两人自己的词作（顾贞观二十四首，容若十七首）之外，选陈子龙二十九首，位列第一；选龚鼎孳二十七首，居第二；选朱彝尊二十二首，居第三。选择即态度，在这个三甲序列里，严格来说陈子龙要算明朝人才对，所以在容若和顾贞观的眼里，真正“今初”词家的魁首之选只有两位，一个是刚刚去世的龚鼎孳，一个就是落拓半生、至今仍然困居幕府的朱彝尊。

《今初词集》的一序一跋都是研究清代文学的必读文字。序是鲁超写的：

《诗》三百篇，音节参差，不名一格。至汉魏，诗有定则，而长短句乃专归之乐府，此《花间》《草堂》诸词所托始欤？词与乐府有同其名者，如《长相思》《乌夜啼》是也；有同其名亦同其调者，如《望江南》是也。

溯其权舆，实在唐人近体以前，而后人顾目之为诗余，义何居乎？吾友梁汾常云：诗之体至唐而始备，然不得以五七言律绝为古诗之余也；乐府之变，得宋词而始尽，然不得以长短句之小令、中调、长调为古乐府之余也。词且不附庸于乐府，而谓肯寄闰于诗耶？

容若旷世逸才，与梁汾持论极合，采集近时名流篇什，为《兰畹》《金荃》树帜，期与诗家坛坫并峙古今。余得受而读之。余惟诗以苏、李为宗，自曹、刘迨鲍、谢，盛极而衰，至隋时风格一变，此有唐之正始所自开也。词以温、韦为则，自欧、秦迨姜、史，亦盛极而衰，至明末，才情复畅，此昭代之大雅所由振也。

词在今日，犹诗之在初盛唐。唐人之诗不让于古，而谓今日之词与诗，必视体制为异同、较时代为优劣耶？兹集具在，'即攀屈宋宜方驾，肯与齐梁作后尘'。若猥云缘情绮靡，岂惟不可与言诗，抑亦未可与言词也已。书以质之两君子。

康熙丁巳嘉平月，会稽同学弟鲁超拜撰。

这篇序言点明了词集编撰的动机："容若旷世逸才，与梁汾持论极合。"所以两人合力，以自己的眼光采集当代词作，要为词坛树立一面旗帜，为的是使词这一"艳科小道"的地位得以提升，与诗并峙。

正如顾贞观常说的，词向来被称作诗余，但仔细考察一下就会发现：诗的体裁直到唐代方才完备，而人们并不把五言、七言的律诗和绝句当作古诗之余；乐府的演变到了词就算终结，但也没有人把词当作乐府之余。那么把词称作诗余又有什么道理呢？所以词就是词，是一种独立的文体，并不是诗的附庸。词，完全可以与诗并驾齐驱。

序中援引杜诗“即攀屈宋宜方驾，肯与齐梁作后尘”，填词也要填出大手笔，要与屈原、宋玉同行，填出自家的独创之风，何必亦步亦趋、甘为人后呢！

词在今天，犹如诗在初唐。唐人之诗不让古人，今人之词为何不能独步呢？

推波助澜的是词集的跋文，这是清代“三毛”之一的毛际可撰写的：

> 少陵云“读书破万卷，下笔如有神”，千古奉为诗圣。至于词，非天赋以别才，虽读万卷书，总无当于作者。使少陵为《忆秦娥》《菩萨蛮》诸调，必不能与青莲争胜，则下此可知矣。
>
> 近世词学之盛，颉颃古人，然其卑者掇拾《花间》《草堂》数卷之书，便以骚坛自命，每叹江河日下。今梁汾、容若两君权衡是选，主于铲削浮艳，舒写性灵，采四方名作，积成卷轴，遂为本朝三十年填词之准的。
>
> 丁巳春，梁汾过余浚仪。剪烛深宵，所谈皆不及尘俗事。酒酣，出斯集见示。吟赏累日，漫附数语归之。余赋性椎朴，不能作绮语，于词学有村夫子之诮，无足为斯集重。顾生平读书不及少陵之半，而谬托以解嘲，益令有识者揶揄。两君其为余藏拙可也。
>
> 遂安毛际可识。

毛际可先引了杜甫的话说：“读书破万卷，下笔如有神。”紧接着笔锋一转：但词与诗不同，如果没有天赋别才，就算读了万卷书，也填不好词。如果让杜甫去写《忆秦娥》《菩萨蛮》，必然没法和李白争胜，等而下之的其他作者更是可想而知了。

近世词学大兴，足以颉颃古人，但格调卑下的作者不过掇拾了《花间集》和《草堂诗余》的调子就自以为水平很高了。如今顾贞观和纳兰容若编选了这部《今初词集》，铲除词坛的陈词滥调、浮华艳语，主张填词要舒写性灵，于是广采佳作，编选成书，成为本朝三十年来填词的标杆。

从这一序一跋，可以想见容若与顾贞观的野心之大，他们要以一己之力为天下词坛设定一个标杆，使词的写作不再是所谓的艳科小道，将其提升到一个不亚于任何文体的高度。他们还发出了自己的呼声：填词需要别才，既不要附庸于诗，也不要逞博炫学，更不要低俗浮华，唯一的追求就是“舒写性灵”，不是为了交际，不是为了游戏，而是以真挚的笔写出真挚的心。

我们知道清代文学中，袁枚提倡“性灵”，而在容若和顾贞观编选这部《今初词集》整整四十年之后，袁枚方才降生。

两位志同道合的奇男子，以毫无功利的童心合作着他们心目中的伟大事业，全然不管旁人是怎么看的。这实在是很奢侈的镜头，奢侈得令人羡慕。

这样两颗超然物外的童心一起协作，为天下词坛树立起了太高的一支标杆，许多年不曾坠落。今天我们了解清代文学，无论如何都绕不开这部《今初词集》。尤其是鲁超与毛际可的一序一跋，把那两个大孩子的天真面目都写尽了——他们是如何做起这些事情来，投入了多少的热忱、理想和幻想。他们可以这样不管功名利禄，只一味地沉迷在自己的兴趣中，没日没夜地搭建着自己的空中楼阁。

我们之所以会爱上他们，是因为他们不放弃的，正是我们不得不放弃的。

总有一些人住在世界之外的岛屿上，当仙子们忘记了给时钟上紧发条，他们便以为自己永远也不会长大。

清代的词坛不大为现代读者所知，这实在有几分委屈。《纳兰词典评》里

曾有一段说明：清词号称中兴，盛况远超两宋，创作理念与艺术手法也较两宋有了长足的发展，只是宋词的马太效应太大，现代人除了专业的研究者之外，往往只知宋词而不知清词，即便读一些清词，也只知道容若一人而已，殊不知清词大家各有锋芒、各擅胜场，济济为一大观。

诗词，自唐宋以降，一直是发展着的。单以用典手法论，唐诗之中，李商隐算是用典的大家，但比之宋词里的辛弃疾，李商隐的诗句基本算是白话了；辛弃疾是宋词中的用典大家，但比之明代吴伟业的歌行，辛弃疾的词也该算是白话了。个中缘由，除了艺术的自然发展之外，诗词作者从艺术家变成了学者，也是一个非常重要的原因。大略来说，宋诗之于唐诗，就是学者诗之于诗人诗；清词之于宋词，就是学者词之于文人词。学养被带进了艺境，向下便流于说教，向上便丰富了技法、拓宽了境界。但遗憾的是，这等佳作，因其曲高，便注定和寡，总不如“床前明月光”和“人生若只如初见”一类句子那样易于流传。

容若与顾贞观主张填词要“舒写性灵”，认为词有别才，与前述并不矛盾，因为这是针对他们那个时代的读者而言，而他们的很多“常识”对于我们早已变成了专业的“学问”。好比纳兰词看似明白如话，其实含着大量的用典与化用，涉及大量的经史子集，这在顾贞观、严绳孙、姜宸英、朱彝尊他们看来，一目了然，都是常识；对于现代读者，却需要借助大量的注释才能看懂。

我们常说时间是一面筛子，但这面筛子并不总是汰沙存金，却往往淘汰掉了阳春白雪，保留下来下里巴人。对于歌者而言，“若有知音见赏，不辞遍唱阳春”，这不是孤高，而是寂寞。曲高则注定和寡，这是千古铁律，概莫能外，雅俗共赏的例子毕竟凤毛麟角。

说不定几百年后，人们研究我们这个时代的“古典文学”，流传在口的所谓名篇佳作也都是从流行歌曲和畅销书的排行榜里出来的呢。

[3]仙佛：一个孩子的精灵世界

天上白玉京，十二楼五城。

仙人抚我顶，结发受长生。

——李白《经乱离后天恩流夜郎，忆旧游，书怀赠江夏韦太守良宰》

仍是康熙十五年。这一年的京城发生了一件大受瞩目的事，一位叫作施道源的南方道士进京设醮，大显灵异，一时之间成了街谈巷议的焦点。

这位施道源早就是一位道教名人了。施道源，字亮生，号铁竹，横塘人，从小就出家做了道士，十九岁时从演真大师受法，初出茅庐就在一户富人家里斩杀了一条巨蟒。顺治年间，施道源三度设醮，每一次都有鸾鹤翔空，蔚为壮观。后来接受御赐法名，这才有了“道源”之称，更有一个御赐法号，叫作养元抱一宣教演化法师。

施道源长住在吴县太湖之滨的穹窿山，据说这里曾是张良的老师赤松子取赤石脂之处，半山流泉名为法雨，四时不绝。东岭下有一块丈许高的磐石，相传是汉代传奇人物朱买臣读书的地方。

施道源这次离开穹窿仙境，北上进京，是受康熙帝的召见，设醮以祈雨禳灾。不知道是事有凑巧还是法力深厚，祈雨于是雨至，禳灾于是灾消，尤其是一番法事之后，三藩那边的战事便成定局，所有人都安下心来。

大功告成，施道源并不久留，马上就要打道还山。就在这短短的几天里，京城名流争相结交，其中便有容若的身影。二十二岁的容若并不是要和这位足以影响政坛的道长结下什么人脉，只是满怀好奇和向往。何况卢氏这些天也总是和他谈起仙家神迹的真伪，亦真亦幻的，而这位道长不就是眼前的验证么？

一番相识，让容若对仙家多了许多见闻、许多向往；一番道别，为我们留下了两首颇有太白古风的诗篇：

突兀穹窿山，丸丸多松柏。
造化钟灵秀，真人爰此宅。
真人号铁竹，鹤发长生客。
天风吹羽轮，长安驻云舄。
偶然怀故山，独鹤去无迹。
地偏宜古服，世远忘朝夕。
空坛松子落，小洞野花积。
苍崖采紫芝，丹灶煮白石。
檐前一片云，卷舒何自适。
他日再相见，我鬓应垂白。
愿此受丹经，冥心炼金液。

——《送施尊师归穹窿》

紫府追随结愿深，曰归行色乍骎骎。
秋风落叶吹飞舄，夜月横江照鼓琴。
历劫飞沉宁有意，孤云去住亦何心。
贞元朝士谁相待，桃观重来试一寻。

——《再送施尊师归穹窿》

这两首诗，很多人或许都不熟悉，但其中的两句，一是“檐前一片云，卷舒何自适”，一是“历劫飞沉宁有意，孤云去住亦何心”，正与《菜根谭》里的一副名联相应。这副名联，是大家熟知的：宠辱不惊，闲看庭前花开花落；

去留无意，漫随天外云卷云舒。

容若从此之后便开始留意仙家了。“愿此受丹经，冥心炼金液”，这样的话在旁人恐怕只是随口说说，对容若而言，说出的话从来都是认真的。

所以我们才会在《渌水亭杂识》里读到这样的内容：

史籍极斥五斗米道，而今世真人实其裔孙，以符箓治妖有实效，自云其祖道陵与葛玄、许旌阳、萨守坚为上帝四相。其言无稽而符箓之效不可没也。故庄子曰：六合之内，圣人论而不议；六合之外，圣人存而不论。

这段是说：史书对五斗米道严加斥责，而如今的龙虎山张真人正是当初五斗米道的创始人——张道陵的嫡系子孙，以符箓治妖确有实效。他说他的祖先张道陵与葛玄、许旌阳、萨守坚四人是所谓上帝四相。这话虽然是无稽之谈，但符箓的效用确实是有的。所以庄子说“六合之内，圣人论而不议；六合之外，圣人存而不论”，仙家之事，正是圣人存而不论的。只是不论罢了，圣人也没有否定。

由好道术，转而进入佛法。就驱动力而言，很难说是天性的贴合多一些，还是好奇心多一些。这时候的容若，家世显赫、科举及第、婚姻美满、朋友知心、前途无量，世间所有想象得到的幸福他是应有尽有了，为什么会走近仙佛呢?

再看《渌水亭杂识》，这本日记一样的小书，某一天记载了这样的内容：

释典多言六道，唯《楞严》合神仙而言七趣。神仙在天下之人之上，虽是长年，实有死时，故又言寿终。仙再活为色阴魔也。道士每言历劫不死，夫众生以四大为身，神仙又以四大之精

华为身，故得长年，至劫坏则四大亦坏，身于何有而可言历劫？旅次一食可以疗饥，一宿可以适体，谓之到家可乎？以一药遍治众病之谓道，以众药合治一病之谓医。医术始于轩辕、岐伯，二公皆神仙也，故医术为道之绪余。

这段是说，佛教典籍都说有六道轮回，只有《楞严经》加上神仙一道合为七道。神仙在凡人之上，虽然有长生之术，但毕竟还是要死的。道士常说修炼成功之后就可以历劫不死，但是按佛家的说法，众生的身体都是由“四大”构成的，神仙的身体则是“四大”精华的聚合，所以可以长生，但到劫坏之际“四大”亦坏，所以身体是不可能历劫不死的。

以一种药物医治一切病症，就叫道；以许多药物合起来治疗一种疾病，就叫医。医术是由轩辕和岐伯发明的，这两位都是神仙，所以说医术是道的余绪。

再一段说：

《楞严》所言十种仙，唯坚固变化是西域外道，余九种东土皆有之，而魏张人元、旌阳地元、丘长春天元为最盛。取药于人之精血者为人元，取药于地之金石者谓之地元，取药于天之日精月华者谓之天元。而餐松食柏如木客、毛女辈者名为草仙，非所贵也。地元、人元有治病接命之术，天元无之。明惠安伯张庆臻患痈疾，伏床七年。涿州冯相国请道师梁西台治之，吸真气二三口，再阅日，庆臻设宴请道师，能自行宾主之礼。京师人所共知者。崂山、青城、太白、武当，诸深山人迹不至之地，有宋元以来不死之人，皮著于骨，见者返走，皆草仙也。既入此途，则与三元永绝。故平叔云“未炼还丹莫入山，山中内外尽非铅”也。

唯绝于人元，而地元、天元则可作。

这段的大意是，根据《楞严经》的记载，仙分十种，其中只有一种是西域外道，另外九种都是中土早已有之，最盛者就是天、地、人三元。从人的精血里取药的是人元，从大地的金石里取药的是地元，从日精月华里取药的是天元。山林里那些餐松食柏的灵异生物叫作草仙，级别就很低了。

地元和人元都有治病和续命之术，天元却没有。明代的惠安伯张庆臻患有痈疾，卧床七年，涿州冯相国请来一位叫作梁西台的道长来医治他。梁道长只吸了两三口真气，张庆臻在另一日设宴感谢道长，竟然可以起身行宾主之礼了。这件事在京城里人所共知。

崂山、青城、太白、武当，名山之中人迹罕至的地方，住着一些宋元时候的不死之人，皮包骨的模样，这些人都是草仙，既然走上了这条路，就永远不能修炼到三元之境了。三元之中，只有绝于人元，地元和天元才可以炼成。

《渌水亭杂识》里，这样的记载越来越多，让我们看到这个天真的孩子又找到了一片新的世界，在这个世界里，有长生的神仙，有道术的灵丹，还有御风而行的剑仙。

容若写道：唐人小说里常有对剑仙的描写，似乎只是寓言，但世上真有其人其事。明朝末年，有人来拜访钱谦益，钱见他方巾青袍，身份不高，便未以上宾相待。几天之后，这个人前去拜访钱的朋友冯班，对他说："古代有高明的剑术，我就是通晓剑术之人，久仰钱先生之名，特来拜访，没想到他也只是凡俗人的见识罢了。"

冯班询问剑术的修炼，此人答道："既要服药，也要祭炼，剑术练成之后可以御风而行。"

一番交谈之后，冯班将他送至门外，互相作揖道别。冯班一揖方起，却已

经看不到这个人了。

容若所记的这个剑仙故事，或许原本只是一则讽刺。钱谦益喜欢谈兵说剑，纵论时事，为人又好交际，乱世之际，常有“忆昔午桥桥上饮，坐中多是豪英”的场面，诗笔也作“埋没英雄芳草地，耗磨岁序夕阳天。洞房清夜秋灯里，共简庄周说剑篇”。说剑谈兵，却终于做了降臣，就连清代的满族史官修《明史》也把他编在《贰臣传》里。剑仙这则轶事，岂不是对他的绝佳讽刺么?

但这是政治的解读，自然不会是容若的眼光。在容若的世界里，仙家剑术是当真存在的。

容若又写道：谚语虽然说“剑法不传”，但有一位王老人说，剑法其实是传了下来的，只不过不是人们通常想象的那个样子罢了。高明的剑术是以人的身体作为剑柄的，徽州有玃人，身法轻如猿鸟，这就是自古相传的剑术。

仙、剑、药，互相瓜葛。容若记道：张紫阳的炼丹之法是阴、阳、清、净兼用，如果有所偏废，丹药的效果就不会好。不过，如果只是用来治病，具有这样效果的丹药也够用了，起死回生却办不到。

涿州冯相国的长子名叫冯源淮，他懂得追取银魂之法，这是天主教传来的法术。教士远行中国，携带大量的银钱会很不方便，所以只摄取银子的魂魄带在身上，所以行囊很轻便，这叫老子藏金法。

还有更神奇的事情：用特殊的药汁来蒸黄金，蒸出黄金之汗，搜集起来可以治疗火病，药到病除。明朝末年有一名老将军给客人看过这一奇物，样子就像香油，说是在南方打仗的时候，有大将被火铳打伤，命悬一线，结果只涂了两匙的黄金之汗就立时痊愈了。

铅也可以这样蒸汗，给噎嗝的人服下，马上就可以打通肠胃。濒危之人一定要用这种金石重药才能治疗，如果只是草木之药，才一服下就会呕出。所以地元修炼者说草木经火则灰，经水则烂，不可以用来炼丹，金属则水火不能伤，故而可以养命。

《抱朴子》里记载有服食金银之法，唐代的王涯还曾把金沙倒在井里而饮用井水，后来在“甘露之变”中受刑身死，皮肤呈现金色。

炼药成仙的事情容若也有记载：凡人服用了丹药，要把丹房器皿都丢掉才能成仙，如果不丢掉就只能续命长生而已。人类以外的生物也有服了丹药的，只是有的出去作孽，结果被雷神击死；有的突然发现自己变为人形，觉得很稀奇，也很着迷，总以人的模样去招摇，终于不小心送了性命。这些悲剧，要怪只能怪他们自己，不关丹药的事。《楞严经》说，日月精气流注，一旦附在什么上面就会使它成妖成灵，这正是天元的道理。古人有未经修炼就成仙的，应该就是偶然撞上了这种精气吧。

鸠摩罗什大师为《维摩经》所做的注释说，天人把山中的灵药置于大海之中，在波涛的日夜冲激之下便炼成了仙药。这是在《楞严经》十种仙之外的，不是人力所能达至的呀。

野兽当中狐狸最灵，其次是猿。狐狸有很多成了仙的，成仙之后服侍上帝，就像是皇宫里的宦官。至于猿，可以修炼成地仙。

在浙江金华，当地人最忌讳畜养纯白色的猫，因为这样的猫在夜里蹲伏在房顶上盗取月光，时间久了就会成精为患。看来野兽也知道天元之法呀。

看过这个大男孩的片段日记，我们发现，才过弱冠之年、人生正是顺风顺水的容若却开始投向仙佛，思考生死的问题了。这是天性之中的敏感么，还是对宿命的莫名的忧虑？

他还不知道，不消几年，他就必须以另一种眼光重新审视这些问题，六道轮回还是七道轮回，十种仙与海外仙药，白猫盗取月光修炼天元之术……《楞严经》读遍了，道书也读遍了，知道了魏伯阳以六十四卦比喻炼丹的不同火

候，所以后人援引《易经》为成仙之书；辨别出仙书只有《周易参同契》《入药镜》《悟真篇》寥寥几部才是真书，其他如《钟吕问答》《仙佛同源》等都是伪造。但是，这又如何呢？

可以挽回得了什么？

若干年后，容若的好奇心消退了，以消沉的笔调嘲讽着唐明皇与杨玉环的那场倾城之恋：

凤髻抛残秋草生。高梧湿月冷无声。当时七夕记深盟。
信得羽衣传钿合，悔教罗袜葬倾城。人间空唱《雨淋铃》。
——《浣溪沙》

爱侣死去了，在秋草丛生的时候，梧桐树上挂着一轮湿冷的月亮。当初，“七月七日长生殿，夜半无人私语时”，山盟海誓仍在，人却阴阳悬隔。

相信，那身穿羽衣的仙人可以借着遗物传递阴阳消息，但罗袜也好、钗钿也罢，都已经随着那美丽的身体掩埋在层层黄土之下了。想唐明皇入蜀之日，初入斜谷，霖雨霏霏，栈道中铃声喑哑，山中回音不绝如缕。这声音天然就是惹人心痛、催人相思的。雨霖铃，于是把这声音采入教坊，谱作弦歌，但纵使人间唱遍，又能挽回什么？

是嘲讽，更是自嘲。在词的世界里，容若也服药、也祭炼，习成了御风飞行的剑术，以黄金之汗疗伤，以地元之丹续命。

御剑纵然一日千里，忧伤始终如影随形。

第七幕

痛失：当时只道是寻常

长记碧纱窗外语，秋风吹送归鸦。

片帆从此寄天涯。

一灯新睡觉，思梦月初斜。……

——纳兰容若《临江仙》

康熙十六年，对于容若一家，本是喜气洋洋的一年。

这一年里，康熙帝亲自撰写了一篇贺寿之文《大德景福颂》，书于锦屏之上进献给太皇太后，以孝道昭示天下。群臣纷纷恭贺，容若为父亲代笔，写就《拟御制大德景福颂贺表》："……瑶池高宴，白云飞长乐之宫；骞树清歌，玉霞映濯龙之殿。青瞳白发，下金母于西池；琼佩仙裾，联婺光于南极。集九重之庆，君子惟祺；进万年之觞，天颜有喜……"

骈四俪六，一篇美丽的垃圾而已。容若悻悻地搁笔，心头充满了厌烦。但他知道，这是必须要作的，至少是为了父亲。

没有想到的是，上一年里容若和顾贞观精心编撰的《侧帽词》还没有得到应有的回响，《今初词集》仍然在世人异样的眼光中缓慢进展着，这篇应景文字却收到了立竿见影的效果：康熙帝大为赏识，群臣也交口称誉，连明珠都觉得有些不好意思了。没过多久，明珠突然又从吏部尚书升为武英殿大学士，大约相当于由中组部长升任国家总理，这一步之升终于使明珠位极人臣，达到了权力的顶峰。

而在家门之内，眼看着就是双喜临门：明珠又要做一次祖父，容若又要做一次父亲了。卢氏去年便有了身孕，很快就要临盆了。小富格这时候还不懂事，不知道自己就要做哥哥了。这个即将出世的孩子对明珠一家意义重大：卢氏如果生出一个男孩，他就是家中的嫡长子；而私底下，容若一直希望卢氏有孕，因为她是他最爱的女子；卢氏也一直希望能为容若生个儿子，因为她不想错过他生命中的任何一个时刻，她希望能和丈夫一起走过幼年、童年和少年，她希望能生一个和他一样的小孩。

天生就带一些忧郁气质的容若很少像现在这样把笑意堆在脸上，他手忙脚乱地照顾妻子的饮食起居，虽然知道这些事情自己远不如下人做得妥帖，但是，总要做些什么才是。

像汉代那位著名的张敞一样，为妻子画眉，另外，还要用自己练就多年的丹青手段为妻子画像：

旋拂轻容写洛神。须知浅笑是深颦。十分天与可怜春。
掩抑薄寒施软障，抱持纤影藉芳茵。未能无意下香尘。

——《浣溪沙》

这首《浣溪沙》是纳兰词里罕见的一抹亮色。容若此时看着妻子，恍惚间也如当初曹子建乍逢洛神吧？画中的女子，眼前的女子，怎么看都是美的，就连皱眉嗔怪的样子看上去也是一种浅笑。

画中的她，衣衫是不是太单薄了，是不是感到一些凉意了？赶快，加上几笔，安排一扇屏风，再要一只柔柔暖暖的垫子。如此的关怀，画中人难道不会为之感动么？是不是已经走下画幅，来到眼前了呢？

身外事为心外事，眼中人是意中人，幸福的极致怕也就是这样吧？

是的，如果能够稍稍长久一些。

[1]谁念西风独自凉

谁念西风独自凉。萧萧黄叶闭疏窗。沉思往事立残阳。

被酒莫惊春睡重，赌书消得泼茶香。当时只道是寻常。

——纳兰容若《浣溪沙》

多年之后的一个秋天，容若关上了窗子，不忍再看窗外那萧萧黄叶被西风吹散的样子。寒冷总是在孤独的时候最难抵挡，万千往事就像刚刚熄灭的炉灰，拨一拨还有几丝炭火，还没来得及暖一暖身便匆匆寂灭了，如小孩子闭上了眼睛。

醉酒而春睡不起，赌书而对笑喷茶……那些点点滴滴的平凡夫妻的快乐，回忆起来才觉得是那么地爱入肌骨、那么地痛彻心扉。想起来，那分明只是些寻常日子和寻常琐事而已。本以为会天长地久，如今屈指算来，在一起的日子竟只不过三年多。

当时只道是寻常。一个人千万不要悟得这个道理。

那一年的五月三十日，卢氏死于产后并发症，时年二十一岁。容若的同年叶舒崇在翌年撰写《卢氏墓志铭》时，简述这段经过说："产同瑜珥，兆类罴熊，乃膺沉痼，弥月告凶。"容若的人生，以这一刻为转捩点。

那天天气很好，她的兴致也很高，幸福断得没有征兆。就像乐曲演奏到高潮，华美而热闹，弦却突然崩掉，"当"的一声之后，世界就只剩下寂寞在咆哮。

事情发生后的几天，容若还是不敢相信，叫他如何相信？她前些天还挺着幸福的大肚子绣着一只虎头小鞋，调皮的风将绒线吹得乱糟糟的她也不生气，笑说她在为儿子练习习惯他的顽皮，表情温柔甜蜜。

刚怀上孩子那阵，她时常突然笑出声来，容若经常被吓一跳。她便掩着口不好意思地转过头去，但就连背影都在空气中荡出快乐的涟漪。容若笑她，就这么喜欢孩子？她总是将脸凑过来，甜甜地说，我可以看到你小时候的模样了。容若轻轻揽住她，她又赶紧补充一句，以后你和儿子吵架我一定站在你这边，一脸仗义。

怀孕三个月的时候，她开始害喜，日夜呕吐不止，甚为辛苦。有一天夜里情况特别严重，她怕影响容若休息，便一个人悄悄地到院子里去。容若醒来，到院子里找她，她立刻忍住呕吐，用手指引他去看满天碎银子般清亮的星光。之后她若无其事地说，自己总是在最难受的时候，被最美的奇迹补偿，那晚的星光就是。

就算行动不太方便，到了春天她还是欢欣雀跃地拉着容若外出踏青。那一天天空碧蓝碧蓝的，悬挂着两片雪白的云，微风吹皱了湖面，桃花开欲燃，青苔湿润而柔软，绿油油的藤蔓爬满苍老的桥，桥上有玲珑少年对着远方轻声吟唱，空气中飘荡着苹果一般的诱人芬芳。他们携着手走了好久，直到杨柳岸歪歪斜斜的路被傍晚粉红的霞光铺满，才恋恋不舍地归家。容若记得他们还一同感叹，今年春意特别酽，儿子错过了。

而现在，她躺在那里，温柔的眉目还触手可及，嘴角还隐约带着笑意，她好似随时会向他轻快地走过来，附在他耳边喁喁细语，让他如何相信他们之间从此就隔着长长的距离？她走得那样仓促，他来不及做出任何反应。告别的话都没说一句，幸福便已随着她呼啸而去，剩下他呆在原地，无能为力。

若鱼会说话，问它世界上对它最重要的是什么，想来它不会答水。它也许会想到一颗色彩斑斓的石头，也许会想到那不知名的岸边茂盛的芦苇，但不会想到水。因完全置身其中，恣意取用，一切已成习惯。何时才能发现水的存在？——没有水的时候。她的温柔如水一般，始终安安静静，不着痕迹，同时又源源不断，让他习以为常，不以为意。直到某天某次呼吸突然梗住，才发现没有她，他不过是一条濒死的鱼。

和她曾经的种种，再也不敢想起，却永远不愿忘记，只能任凭它成为内心深处悲伤的伏笔。

上天也许真的公平，此前赋予了他一切令所有人艳羡不已的幸福，原来只是为了使他伤得更痛。成长了十七年的蝉，只幸福了一个夏天。

在阖府的哀伤里，忽然看不到他了，只是从书房的窗口可以略略窥见他的影子。他的书桌上堆满了古今各大易学名家的专著，他一头扎进去，浑然失去了现实。

风絮飘残已化萍，泥莲刚倩藕丝萦。珍重别拈香一瓣，记前生。

人到情多情转薄，而今真个悔多情。又到断肠回首处，泪偷零。

——《山花子》

“人到情多情转薄，而今真个悔多情”，他冷冷地刻了一方闲章，是“自伤情多”四个字。他似乎真的“情转薄”了。几个月后，从书房里递出了一卷文字，题目叫作《易九六爻大衍数辨》，沉着冷静的笔锋辨析着易学史上聚讼纷纭的两大难题，其见解之高，论述之稳，完全是精雕细刻的一篇论文。这几个月，他绝口不提易学以外的事，有时疾书，有时发呆，完全把自己锁在了另一个世界。

不知道有几个人可以在这样一篇冰冷的文字里读懂容若公子那时候的心事：

《易》，言理也，而数有不通，则无以明理。何先儒亦似有昧于数以昧于理者乎？他不具论，即如每卦六爻，必分冠之曰九曰六。先儒曰："九为老阳，六为老阴。君子欲抑阴而扶阳，故阳用极数，阴用中数。"

是说也，予窃疑之。夫阴阳天道，岂徒用数而能抑之扶之哉？尝深思而得之曰：此无他，天地之正数不过一二三四五之正数，至六七八九十之成数则各有所配，非正数矣。作《易》者每用正数，故孔子曰：叁天两地而倚数。其叁天，不过一也、三也、五也，而一与三与五非九乎？其两地，不过二也、四也，而二与四非六乎？此九、六为天地正数，故可分冠于各爻。若曰扶阳抑阴，于分爻之义无取，其昧于数者一也。

又如大衍之数五十，其用四十有九。先儒曰：数所赖者五十。又曰：非数而数以之成。是说也，予尤疑之。夫数贵一定，而曰所赖五十，非数而数，不大诞谬哉。尝深思而断之曰：此脱文也。天一地二天三地四天五地六天七地八天九地十，数正五十有五，故乾坤之策始终此数。《系辞》明曰：天数二十有五，地数三十。五十有五，岂不显然，而何独于此减其五数，以另为起例哉。

至于所用之数，或曰除六虚，言之引揲蓍为证，亦非也。盖数始于一，终于五，天道每秘其始终以神其消长，故虚一与五，以退藏于密，则其用四十有九而已。此后世遁甲之术所由出也。若曰除六虚，于始终之义未明，其昧于数者二也。虽然，亦谓其理当如是耳。有不信者，试为焚香静坐以深探之。

《易九六爻大衍数辨》是易学史上的一篇名文，只是现代人除了专业研究

者之外，没有人了解容若在学术上的一面，所以总是忽略掉词作以外的容若。

文章先是谈到了易学当中一个最常见却最困扰的问题：对爻的标记为什么要用九和六这两个数字？容若的结论是：天地之正数只有从一到五这五个，《易经》的作者用到的都是正数，所以孔子说“叁天两地而倚数”。所谓叁天，是说三个天数（奇数），即一、三、五；所谓两地，是说两个地数（偶数），即二和四。三个天数之和恰好是九，两个地数之和恰好是六，这应当就是正确答案，而不是前辈学者所做的“扶阳抑阴”之类玄虚无根的解释。

要解决的第二个问题是周易占卜所用到的大衍之数，所谓“大衍之数五十，其用四十有九”，容若推断这里一定有文字脱落，因为《系辞》明明有讲天数二十五，地数三十，两者之和恰好五十五，从一到十顺序相加正是这个数字，所以大衍之数不当是五十，而是五十五。

既然大衍之数是五十五，为什么实际占卜时只用到四十九根蓍草呢？容若的结论是：正数既然从一到五，也就是始于一而终于五，而天道运转每每隐去始终以示消长之神奇，所以周易的占卜也要把大衍之数减去一和五这两个数字，所得恰好就是四十九，后世流行的纳甲之法也正是由此而来。

熟悉易学的人自然明了容若这篇文章的价值，即便是全然的外行，也会从中看得出那种条分缕析、有破有立的章法。在理智与情感的天平上，容若是如何保护自己的呢?

这篇文章之后，容若仍然株守书房，足不出户，取宋代陈友文《大易集传精义》和曾穜的《大易粹言》，集合诸儒易说删补校订，编成一部《合订删补大易集义粹言》。展开书卷，劈头一句就是宋代大儒邵雍《观物外篇》论述乾卦的文字：“不知乾，无以知性命之理。”

性命之理，这就是容若遁身易学的缘故吧?

[2]悼亡：夜阑犹剪灯花弄

不知在多久以后，容若才敢略略回想当天的情形，回想得也不很详细，只是一些零碎：忙乱纷杂的脚步声；接生婆焦急的询问；热水冒着白色的气；她痛苦的嘶喊，最开始很大声，渐渐失去力气……待他推开门，她已闭上眼睛，身体停止了痉挛。周围的人在说些什么一句也听不清，他直直地走过去，想握住她的手，但终于没有那样做——他心里很恐惧，怕一旦握住那双手就再没有松开的勇气。

如果那时她还能听见，他会对她说什么？如果那时她还能说话，她会对他说什么？在以后的岁月里，他无数次地设想、模拟这永远都不会发生的对白，有时回合很多，几天几夜，不知疲倦；有时字字句句斟酌，一遍又一遍地修正，精益求精；有时只寥寥数语，随之而来的是漫长的沉默。

回忆是一座城，现实是另外一座城，他犹豫再三，在连接现实与回忆的叹息桥上进退维谷，处境艰难。进入回忆，她在里面，笑得那样好，款款向他迎上来，散发着温暖的气息，让他痛到眩晕；回到现实，她不在里面，他几乎窒息。

他的世界缩为一座桥，而他的全部生活就是在桥上来来回回，不断犹豫，一声声地叹息。

但，刻意避开的世界永远在某个地方等你，只等你稍一松懈，攫住你就如夜色中的鹰攫住了一只失群的雁。

性命之理终于钻透了，或钻不透了，于是雨落了，打在窗外的芭蕉叶上，

那淅淅沥沥的声音终于敲开了冰封的记忆：

点滴芭蕉心欲碎，声声催忆当初。欲眠还展旧时书。鸳鸯小字，犹记手生疏。

倦眼乍低缃帙乱，重看一半模糊。幽窗冷雨一灯孤。料应情尽，还道有情无？

——《临江仙》

梧桐的影子，井口的辘轳，还有杜鹃凄厉的啼鸣。不，最怕听到杜鹃的声音，还是不要走出屋外吧。想起唐代王炎曾在梦中侍奉吴王夫差，忽然听到宫中鸣箫击鼓，说是西施辞世，正在送葬。吴王夫差悲悼不止，王炎为作挽歌道："满地红心草，三层碧玉阶。"是呀，这是唐人笔记里的故事，当时与她讲过，笑谈而已，哪料到红心草如今也开遍了渌水亭的里里外外呢！

曾以为年年今日都会一样地依偎，谁知年年今日都成了一样地追怀。无望的相思，只有等寒风住了，芭蕉定了，月儿斜了，谱成新词唱给你听。唱给谁听：

绿阴帘外梧桐影，玉虎牵金井。怕听啼鴂出帘迟，挨到年年今日两相思。

凄凉满地红心草，此恨谁知道。待将幽忆寄新词，分付芭蕉风定月斜时。

——《虞美人》

曾经与她共读唐人杜荀鹤的《松窗杂记》，她最喜欢赵颜的故事。

赵颜是唐代的一名进士，他从画工那里得到了一幅软障，其上画着一位清丽绰约的女子。赵颜惊叹道："世间不可能有这样的女子呀！若可令她获得生命，我愿意娶她为妻。"

没想到画工答道："这幅画大为神异，画中的女子名叫真真，听说只要有人愿意连呼其名百日，昼夜不歇，她就会为精诚所感，应声作答。这个时候，只要再以百家彩灰酒灌之，真真就会走下画幅，获得生命。"

这也许只是一个传说，甚至只是一个玩笑，是画工嘲弄赵颜的痴情而恶作剧编出的故事。但赵颜竟然照做了，一天天、一夜夜地呼唤着真真的名字，百日之后以百家彩灰酒灌之。精诚所至，金石果然为开。

过了一年，真真生了一个儿子，但是好日子过了没多久，赵颜竟然因为朋友之言起了疑心，怀疑妻子是妖。疑心才动，妻子便带着儿子已回到了画中。赵颜怅惘不已，徒唤奈何。软障上真真依然明艳，只是手里牵着一个男孩。

容若怅怅然，当年共读这段传奇时，还记得妻子是如何惊叹与惋惜，而今，妻子和儿子也许正像真真一样，不打一声招呼就悄悄地回到画里去了吧？这一切，难道是因为自己的爱不够深、情不够浓么？——他不信，她应该也不会信。

如今换作自己在漫漫长夜里徒然呼唤妻子的名字了：

春情只到梨花薄，片片催零落。夕阳何事近黄昏，不道人间犹有未招魂。

银笺别记当时句。密绾同心苣。为伊判作梦中人，长向画图清夜唤真真。

——《虞美人》

生怕芳樽满。到更深、迷离醉影，残灯相伴。依旧回廊新月在，不定竹声撩乱。问愁与、春宵长短。人比疏花还寂寞，任红

蕤、落尽应难管。向梦里，闻低唤。

此情拟倩东风浣。奈吹来、余香病酒，旋添一半。惜别江郎浑易瘦，更着轻寒轻暖。忆絮语、纵横茗椀。滴滴西窗红蜡泪，那时肠、早为而今断。任角枕，欹孤馆。

——《金缕曲》

他记得自己说过，赵颜还不够痴情，毕竟有过一刹那的怀疑和动摇，更加令人心碎的是荀奉倩的故事：荀奉倩和妻子的感情极笃，有一次妻子患病，身体发热，体温总是降不下来。当时正是十冬腊月，荀奉倩情急之下，脱掉衣服，赤身跑到庭院里，让风雪冻冷自己的身体，再回来贴到妻子的身上给她降温。如是者不知多少次，但深情并没有感动上天，妻子后来还是死了，荀奉倩也被折磨得病重不起，很快也随妻子而去了。

这个故事，在《世说新语》里被当作一个反面教材，认为荀奉倩惑溺于儿女之情，不足为世人所取，但容若却喜欢这个故事。世人虽然把荀奉倩斥为惑溺，容若却深深地理解他，只因为他们是一样的人，是一样的不那么“理性”、深情的人。

“若似月轮终皎洁，不辞冰雪为卿热”，如果上天真能安排月亮夜夜圆满无缺，如果上天能赐给我们永不分离的幸福，那么，我，甘愿用最火热的心来爱你，甘愿耗尽我的生命来照顾你、珍惜你：

辛苦最怜天上月。一昔如环，昔昔都成玦。若似月轮终皎洁。不辞冰雪为卿热。

无那尘缘容易绝。燕子依然，软踏帘钩说。唱罢秋坟愁未歇。春丛认取双栖蝶。

——《蝶恋花》

手写香台金字经。惟愿结来生。莲花漏转，杨枝露滴，想鉴微诚。

欲知奉倩神伤极，凭诉与秋擎。西风不管，一池萍水，几点荷灯。

——《眼儿媚·中元夜有感》

“断带依然留乞句，班骓一系无寻处”——那条被割断的衣带上还留有为你而写的诗句，可你却早已别我远去了。

他为她讲过李商隐和柳枝的爱情，那时她笑着闹着也要向他断带乞诗。

唐朝时候的洛阳，有个女孩子名叫柳枝。柳枝的爸爸是个有钱人，喜欢做买卖，但不幸遭遇风波而死；柳枝的妈妈最疼柳枝，搞得家里的男孩子们反而不如柳枝妹妹有地位。柳枝已经十七岁了，也到喜欢梳妆打扮的年纪了，但她对这些事总是缺少耐心，倒喜欢弄片树叶吹吹曲子。她也很能摆弄丝竹管弦，奏出“天风海涛之曲，幽忆怨断之音”。

李商隐的堂兄李让山是柳枝的邻居。一天，李让山正在吟咏李商隐的《燕台诗》，柳枝突然跑来，吃惊地问：“这诗是谁写的呀？”李让山说：“是我一个亲戚小哥写的。”柳枝当即便要李让山代自己向这个“亲戚小哥”去求诗，大概还怕李让山不上心，特地扯断衣带系在他的身上以为提醒。

很巧，在第二天的一次偶遇中，柳枝向李商隐发出了邀请，说三日之后，自己会“湔裙水上，以博山香待”。

年轻的李商隐接受了柳枝的邀请，可谁知道，同赴京师的同伴搞了个恶作剧，偷偷上路，还把李商隐的行李给偷走了。诗人无奈，没法在当地停留三日，只得爽约而去。

到了冬天，李让山来找李商隐，说起柳枝已经被某个大官娶走了。这场初

恋，还没有开始便已经匆匆结束，只化成了《柳枝》五首，徒然惹人伤怀。

这是一个青涩的故事。容若陪她笑闹，把一首《蝶恋花》题在了衣带上，系在她的臂上。这是一个快乐的故事：

眼底风光留不住。和暖和香，又上雕鞍去。欲倩烟丝遮别路。垂杨那是相思树。

惆怅玉颜成闲阻。何事东风，不作繁华主。断带依然留乞句。斑骓一系无寻处。

——《蝶恋花》

又到绿杨曾折处。不语垂鞭，踏遍清秋路。衰草连天无意绪。雁声远向萧关去。

不恨天涯行役苦。只恨西风，吹梦成今古。明日客程还几许。沾衣况是新寒雨。

——《蝶恋花》

萧瑟兰成看老去。为怕多情，不作怜花句。阁泪倚花愁不语。暗香飘尽知何处。

重到旧时明月路。袖口香寒，心比秋莲苦。休说生生花里住。惜花人去花无主。

——《蝶恋花》

此夜人间无眠，天界可亦无眠么？她可如玉清仙女一样，用一个小小的仙洞隔绝仙界，想象人间？

在唐人的笔记里，玉清本姓梁，她是织女星的侍女。那是秦始皇统治人间的时代，太白星携着梁玉清偷偷出奔，逃到了一个小仙洞里，一连四十六天也没有出来。天帝大怒，便不让梁玉清再做织女星的侍女了，把她贬谪到了北斗之下：

> 彤霞久绝飞琼字，人在谁边。人在谁边。今夜玉清眠不眠。
> 香消被冷残灯灭，静数秋天。静数秋天。又误心期到下弦。
>
> ——《采桑子》

从此，仙界和人间，一般寂寞。

[3]一宵冷雨葬名花

林下荒苔道韫家，生怜玉骨委尘沙。愁向风前无处说，数归鸦。

半世浮萍随逝水，一宵冷雨葬名花。魂似柳绵吹欲碎，绕天涯。

——纳兰容若《山花子》

卢氏的灵柩停放在双林禅院，迟迟没有下葬。有人说这是容若要为妻子选一处上佳的风水，其实不是，北京西北郊外的皂甲屯就是叶赫那拉氏的祖茔，家族的所有成员最后都会聚首在这里。容若只是想多留妻子几天，再多留几天，再多留几天，这一留就是一年有余。

下葬那晚，午夜梦回，卢氏与自己似往日般倚窗闲话。容若问她何时是归期，她巧笑倩兮，声如莺啭，她说，悲伤的事情不要再想起，快些让它过去。他摇头，过去并不都会过去，有些过去，永远在心里过不去。

在那一年多的时间里，容若经常滞留在这座寂寞的禅院里，眼看着佛灯明灭，耳听着梵音经唱。伤心的时候就看佛经，孤独的时候就看佛经，思念的时候就看佛经，任何时候都在看佛经。一部《楞伽经》不知道已经读了几遍，抄了几遍。“佛说楞伽好，年来自署名。几曾忘夙慧，早已悟他生”，容若为自己取了一个别号：楞伽山人。

佛祖能不能听到世人的祈求，满足凡俗的心愿呢?

不求成佛，那要历劫无数才行；不求因戒生定、因定生慧，因为不明白般若智慧又能解决自己的什么难题；不求悟得五蕴皆空、十二因缘的道理，因为纵然是空，纵然是因缘和合的幻象，纵然是梦幻空花露电，都是美的；只求一件最简单的事情：让妻子复生，继续恩爱。

东方朔的《海内十洲记》不是记载过一种仙药么？说聚窟洲有一座神乌山，山上有返魂树，如果砍下这种树的树根和树心，在玉釜里煮成汁、煎成丸，就是所谓的惊精香，也叫返生香。埋在地下的死者一闻到它的香气就会复活，复活之后就再也不会死去了。

佛的慈悲如大云覆盖世界，请接受一个伤心人的稽首礼拜，可否把返生香赐给人间呢?

有求必应。佛经里明明这样讲过。容若读过、抄过、背过，那是《法华经·观世音菩萨普门品》，无尽意菩萨向释迦牟尼佛请教，观世音菩萨为什么名为观世音。释迦牟尼佛说：如果有无量百千万亿那么多的众生，他们遭受到种种苦恼，现在听说过观世音菩萨之后，只要一心称念他的名号，观世音菩萨就会立即听到这音声，使那些身处苦恼的人都得到解脱。

佛祖还说：如果有人奉持称诵观世音菩萨的名号，那么即使他不幸陷入大火之中，大火也不能将其烧着，这是因为此菩萨有大威力大神力的缘故。

佛祖还说：假如有人不幸被大水卷走，只要他称念观世音菩萨的名号，他就能很快到达浅处。

佛祖还说：假如有百千万亿那么多的众生，为了寻求金、银、琉璃、砗磲、玛瑙、珊瑚、琥珀、珍珠等宝物，乘船进入大海，即使正好碰上狂风，将其船只吹到罗刹鬼国，如果其中有人，甚至仅仅一人，称念观世音菩萨的名号，那么所有遭难的人都能从鬼国中解脱出来。

佛祖还说：因为这种因缘，所以就称其为观世音菩萨……

观世音菩萨，难道你听不到双林禅院里这一声声泣血的请求么？佛说有情皆满愿，印证又在哪里呢?

抛却无端恨转长。慈云稽首返生香。妙莲花说试推详。

但是有情皆满愿，更从何处著思量。篆烟残烛并回肠。

——《浣溪沙》

白居易《见元九悼亡诗因此以寄》诗：“夜泪暗销明月幌，春肠遥断牡丹庭。人间此病治无药，惟有楞伽四卷经。”李贺《赠陈商》诗：“长安有男儿，二十心已朽。楞伽堆案前，楚辞系肘后。”看来心朽之人无药可治，唯一的光亮就是四卷《楞伽经》了。容若这位“楞伽山人”可被这般若之药救治了么?

容若为妻子守灵的这座双林禅院就在北京阜成门外的二里沟，如今这里已是车如流水马如龙，找不到当年禅院的任何痕迹了。可以找到的，只有容若在这里写下的一首首悼亡诗词：

心灰尽，有发未全僧。风雨消磨生死别，似曾相识只孤檠。情在不能醒。

摇落后，清吹那堪听。淅沥暗飘金井叶，乍闻风定又钟声。薄福荐倾城。

——《望江南·宿双林禅院有感》

挑灯坐，坐久忆年时。薄雾笼花娇欲泣，夜深微月下杨枝。催道太眠迟。

憔悴去，此恨有谁知。天上人间俱怅望，经声佛火两凄迷。未梦已先疑。

——《望江南·宿双林禅院有感》

客夜怎生过。梦相伴、倚窗吟和。薄嗔佯笑道，若不是恁凄凉，肯来么？

来去苦匆匆，准拟待、晓钟敲破。乍偎人，一闪灯花堕，却对着、琉璃火。

——《寻芳草·萧寺记梦》

麝烟深漾，人拥缑笙氅。新恨暗随新月长，不辨眉尖心上。

六花斜扑疏帘，地衣红锦轻沾。记取暖香如梦，耐他一晌寒严。

——《清平乐》

“麝烟深漾，人拥缑笙氅”，说的就是王子乔升仙时候所穿的仙衣道氅吧。那是《列仙传》里的故事，王子乔是周灵王的太子，喜欢吹笙，能发出凤凰鸣叫一般的声音。他常在伊、洛之间漫游，被一个叫作浮丘公的道士引上嵩山，一去三十余年。有一天，他对来找自己的人说：“请转告我的家人，七月七日到缑山和我见面。”到了这一天，果然看到王子乔乘着白鹤飞落在缑山顶上，向大家致意。几天之后，他乘鹤飞上了云霄，从此再也没有回来。

王子乔在汉朝很出名，有墓有祠，还显过灵，还有蔡邕这样的名士为之树碑立传。到了唐朝，武则天还亲自册封他为升仙太子，为他立庙刻碑。凡尘人士出于各种或许并不太超脱的目的为他忙忙碌碌，而这位神仙在仙界的生活究竟怎么样呢？李贺曾经给出过答案：“王子吹笙鹅管长，呼龙耕烟种瑶草”——他仍然保留着吹笙的爱好，还驾驭着神龙耕种瑶草。

人们都说这位吹笙的王子就是王子乔，也叫太子晋，是周灵王的儿子，其实事情本不是这样的。饱学的容若知道，这是把两个传说搞混了。王子乔本来不是王子，在《楚辞》和《淮南子》里常被称作王乔或王侨，《列仙传》一类的书给了他王子的身份，渐渐和太子晋混为一谈了，后世诗人笔下的王子乔大

多沿用了这个误会。

他知道真相，他擅长考据，但这又能怎么样呢？天气渐渐凉了，仙界扑朔迷离的故事只能使肌肤更凉。雪花飘落了，点起篝火可以驱散寒意么？“记取暖香如梦，耐他一晌寒严”，只有那种种甜美的往事可以稍稍温暖自己。

但是，往事毕竟如烟。

【小考据】《楞伽经》、楞伽师与楞伽山

容若自号楞伽山人，“楞伽”在佛教信仰里真有其山，佛陀进楞伽讲说佛法，于是有了著名的《楞伽阿跋多罗宝经》，即《楞伽经》，成为中土禅宗的早期经典。达摩把这部经书传给慧可，开启了中土佛教“楞伽师”的时代，此后传到弘忍和慧能，经典才发生了改变，中土禅宗才算真正定型。

《楞伽经》带来的是禅定的方法。达摩所谓壁观、面壁，其实就是坐禅，也就是修炼瑜伽。那个时候达摩带来的禅，和禅宗意义上的禅完全是两码事。当然，达摩练的瑜伽和张惠兰的瑜伽也是大不一样的，至少在目的上，一个是为了终极真理，一个是为了强身健体。

禅，在达摩那里只是一种静坐冥想的修炼方法，那么，他所修炼的教义又是什么呢？很简单，只有一部经书，就是四卷本的《楞伽经》。达摩很直率地告诉大家：别的经都不必念了，就一门心思念这部《楞伽经》就好。

达摩的这种禅定法门后来被慧能大加挞伐，提出了“禅不能坐”的著名口号，引发了一场意义深远的宗教改革。但坐禅的法门并没有就此废掉，反而和慧能禅法并驾齐驱，到了清代仍然是佛门极流行的一种修行方法。容若耽于

亡妻之痛，万念俱灰之下自然不可能去学慧能一系的禅法，既然总是在佛灯下梵唱里呆呆地出神，或许久而久之便也开始尝试依靠禅定来分散心头的创痛，结上了《楞伽经》的佛缘。梁佩兰在《挽诗》里这样写道：“佛说楞伽好，年来自署名。几曾忘夙慧，早已悟他生”，正是对容若以楞伽自号的一个诗意的解说。

第八幕

仕途：南雁归时更寂寥

忆昔宿卫明光宫，楞伽山人貌姣好。

马曹狗监共嘲难，而今触痛伤枯槁。

——曹寅《题楝亭夜话图》

经过一段漫长的赋闲期后，早已考中功名的容若终于接受任命，从此步入仕途了。

杜臻《哀词》回忆这段经过，说："丙辰廷对高第，方且陟清华、领著作矣。"此时的容若文名已著，又是进士及第，顺理成章应该进入文官系统，但没有想到的是，委任的竟是属于武职的三等侍卫。

毕竟在皇帝看来，以容若的出身，正是御前侍卫的上佳之选，汉代选用贵戚子弟为郎也是一般道理。若论前途，皇帝的贴身跟班自然会有最大的升迁机会。容若的父亲明珠就是从侍卫做起，直至权倾天下，乾隆朝那位著名的和珅也是从侍卫起家的。

可以说，这个职位正是所有矢志于仕途之人梦想的起跑线，却唯独不适合容若。

御前侍卫，实则就是皇帝的秘书、警卫兼仆役，需要的是鞍前马后和小心翼翼，忌讳的是高傲的脖颈和纯真的心志。所以，在这个职位上，容若获得过嘉奖和升迁，却始终没有获得过快乐。

他可以强打精神，内则值宿，外则扈从，留心每一个细节，不容许一丁点纰漏。他的诗词之才也有一些一展身手的机会，那就是在皇帝心血来潮的时候写诗应制，歌功颂德。

望里蓬瀛近，行来阆苑齐。
晴霞开碧沼，落月隐金堤。
叶密莺先觉，花繁径不迷。
笙歌回辇处，长在凤城西。

——《入直西苑》

这首诗题为《入直西苑》，旧称北京的北海、中海、南海为西苑，从明代起就是皇家苑囿，容若进去值班，见到的就是这样的场面。唐代韦庄某夜参加豪贵的宴席，感叹“因知海上神仙窟，只似人间富贵家”，世道永远是这个样子。

无论哪朝哪代，歌功颂德的机会就等于升迁的途径，总有一些谄媚者就是以此为生的。但高贵的灵魂做不了这种工作，容若是不得不做。

在小人的眼里，他是皇帝最贴身的跟班；在文士的眼里，他更像是一个狗仗人势的奴才。在汉人的传统里，清高的儒家知识分子与帝王的关系，可以为师，可以为友，可以为臣，但不可以为奴。在清朝的传统里，是以做帝王的奴才为荣耀。而容若的心，早已是一个标准的汉人儒生。

出身的血统和文化的血统始终纠结着，冲突着，他当然不会快乐。

即便没有卢氏的死，他也一样堕入了悲剧。

[1]犬马：何须独醒怜皆醉

马曹今日承恩数，也逐清班许钓鱼。

——纳兰容若《西苑杂咏》

天威难测，天恩亦难测。容若充任御前侍卫，服侍皇帝之余还要服侍御马。多年之后，姜宸英在为容若撰写墓表的时候，还把养马的这段经历作为容若的一项政绩来说，说容若“尝司天闲牧政，马大蕃息”，把马养得很好。

当时，曹雪芹的祖父曹寅正在京城，与容若很是交好。内务府设有养狗处，曹寅以蓝翎侍卫充任养狗处头领，和容若一个狗监，一个马曹，常常想开对方的玩笑却不免先是自嘲一番。后来曹寅回忆这段经历，作诗说“忆昔宿卫明光宫，楞伽山人貌姣好。马曹狗监共嘲难，而今触痛伤枯槁”，当年狗监与马曹的交谊已经变成了触绪伤怀的记忆。

当所有快乐的时光逐一变成记忆的时候，叶子亦枯了，岁月亦晚了，人亦老了。

好在容若还有另外一个世界。这一年里，《渌水亭杂识》和《今初词集》都已编定。转眼春初，顾贞观携带《今初词集》的稿本南返，在开封遇到“三毛”之一的宿儒毛际可，请他为词集作跋。这篇跋文，我们已经在前文看到了。

当初容若与顾贞观以《金缕曲》往还唱和，名动京师，毛际可也遥遥仰慕了许久，此时遇到顾贞观，也凑了一份趣，步韵容若那首成名的《金缕曲》，既叹赏“一诺相期千古在”的信义古风，也有一些“何须独醒怜皆醉”的叹息与告诫。尤其让毛际可欣赏的是，君子之交，人淡如菊，情淡如水：

惟我与君耳。更非因、标题月旦，攀援门第。一诺相期千古在，车笠区区何意。敢自附、龙泉知己。块垒频浇还未散，共滂沱、洒作襟前泪。把臂后，淡如水。

何须独醒怜皆醉。信从来、夷门终隐，长沙招忌。闲却残编除是卧，壶矢犹贤乎已。思往事、不须重悔。举世尽夸皮相好，叹传神、却在生绡里。顾子影，毛生记。

——《金缕曲·题顾梁汾佩剑投壶小影，次成容若韵》

果然“一诺相期千古在”，在京城发生了这许多的悲喜剧之后，吴兆骞终于收到了顾贞观那两首以词代书的《金缕曲》，也收到了顾贞观的词集《弹指词》和容若新近刊刻的《侧帽词》。吴兆骞在回信里说，好友的笔墨“如灵和杨柳，韶倩堪怜，又如卫洗马言愁，令人憔悴”。宁古塔的冰天雪地里，也许只有这一点点不熄的炉火吧。

这时候他们并不知道，后来会有朝鲜使臣路经此地，看到吴兆骞行囊中的词集抄本，深爱不已，以金饼购去，从此容若的《侧帽词》、顾贞观的《弹指词》，连同徐釚的一部《菊庄词》遂流传海外，“北宋风流何处是？一声铁笛起相思”。

吴兆骞在宁古塔也没有放下诗笔，多年所作编成一部《秋笳集》，千里迢迢寄到了中原。徐乾学委托阳羡派词坛宗主陈维崧为《秋笳集》校订，让多少人生出了白云苍狗无限之恨。

当初，吴兆骞名擅江南的时候，曾与陈维崧、彭师度并称“江左三凤凰”，但个人的遭际总输于命运的覆雨翻云之手。已经是康熙十六年了，流放北方的江南才子到底还能回来么？

这一年，容若为因母丧而南返的顾贞观填了一首《于中好》，就题在顾的一幅画像上。“握手西风泪不干”，只道别离之痛与重逢之约，其他的什么也没说：

握手西风泪不干。年来多在别离间。遥知独听灯前雨，转忆同看雪后山。

凭寄语，劝加餐。桂花时节约重还。分明小像沉香缕，一片伤心欲画难。

——《于中好·送梁汾南还，为题小影》

这一年，朱彝尊随幕主南下江宁，刻成《竹垞文类》二十六卷，又与陈维崧会面于江宁瞻园。席间谈诗论词，谈到京城的天才词人纳兰容若，谈到陈维崧正在编校的这部《秋笳集》的作者已经回乡有望了。

你真的这么相信他么？

是的。我相信。

[2]《饮水词》：非才子不能善怨

非慧男子不能善愁，唯古诗人乃可云怨。

——吴绮《饮水词序》

康熙十七年，是容若忙碌的一年。几乎全年的时间，康熙帝都在京畿附近巡视，在霸州南苑，从碧云寺到石景山，又在滦河检阅三屯营兵。吴三桂七月称帝，八月身死，清军全线反攻，整个朝廷都在为之奔忙不已。

帝王的出巡总是侍卫们最紧张的时候，二十四岁的容若一直在陪王伴驾，鞍前马后小心服侍。他厌倦，他烦闷，但他无可奈何，自己的心灵花园只有托付给最知心的朋友去打理了。

《侧帽词》已经风靡一时，但那是过去的事了。卢氏死后，许多思念谱成了新词，需要重新结集，好一首首地读给她听，梦给她看。

侧帽，一个年少风流的名字，应该歇息了，“侧帽花前风满路”的时代也该结束了，新的词集就叫《饮水词》吧。禅宗常说佛法之悟，“如鱼饮水，冷暖自知”，这句话近来不知为什么特别地贴心。二十四岁了，经历过生离死别了，经历过漫长而无法排解的忧郁了，才知道有些话写在词里，其实只有自己能懂。

每一颗心正如每一座森林，都有许多无法被人探测到的地方。

所有的词作稿本都交到了顾贞观的手里。这件事自己无暇来做，也没有这份心力了。顾贞观只身南下，拜会了那位素有“红豆词人”之称的扬州文人吴绮。

吴绮是扬州人，早在顺治十一年就已是官场达人了，但传播他的声名的还是他的词作与骈文。这时候的吴绮已经罢官闲居了，他生性淡泊，不喜应酬，一仆一驴在江南漫无目的地游玩。

于是，顾贞观追到了吴绮下榻的客栈，吴绮却是一副拒人于千里之外的脸色。此情此景之下，顾贞观心生一计：并不说明来意，寒暄两句便告辞了，然后也订了房间，特意选在吴绮的隔壁。傍晚时分，顾贞观翻检容若的词作，一首首高声朗读，过了不消一炷香的工夫，门外便有客来访了。

只要你也懂词，就一定会为容若倾倒。

当天晚上发生了什么，虽然史料没有告诉我们，但一切可想而知。数日之后，吴绮兴冲冲地以自己最擅长的骈文笔法为《饮水词》撰写了一篇序言。顾贞观知道，吴绮的骈文学的是李商隐，华美绮丽，《饮水词》太悲了，正需要一点亮色。

如今，《侧帽词》和《饮水词》的刻本都已经失传了，我们也只能从序跋想见当时文本的内容了。

吴绮的序，足当清代骈文的范本：

一编《侧帽》，旗亭竞拜双鬟；千里交襟，乐部唯推只手。吟哦送日，已教刻遍琅玕；把玩忘年，行且装之玳瑁矣。

迩因梁汾顾子，高怀远询《停云》；再得容若成君，新制仍名《饮水》。披函昼读，吐异气于龙宾；和墨晨书，缀灵葩于虎仆。香非兰茝，经三日而难名；色似蒲桃，杂五纹而奚辨。汉宫金粉，不增飞燕之妍；洛水烟波，难写惊鸿之丽。

盖进而益密，冷暖只在自知；而闻者咸歔，哀乐浑忘所主。谁能为是，辄唤奈何。

则以成子姿本神仙，虽无妨于富贵；而身游廊庙，恒自托于江湖。故语必超超，言皆奕奕。

水非可画，得字成澜；花本无言，闻声若笑。时时夜月，镜照眼而益以照心；处处斜阳，帘隔形而不能隔影。才由骨俊，疑前身或是青莲；思自胎深，想竟体俱成红豆也。

嗟乎！非慧男子不能善愁，唯古诗人乃可云怨。

公言性吾独言情，多读书必先读曲。江南肠断之句，解唱者唯贺方回；堂东弹泪之诗，能言者必李商隐耳。

薗次吴绮序于林蕙堂。

这篇序言点得很透，尤其说“才由骨俊，疑前身或是青莲；思自胎深，想竟体俱成红豆也”，吴绮以为容若之词胜在天资，生来便是一粒相思红豆之幻化。最知名的一句则是“非慧男子不能善愁，唯古诗人乃可云怨”，愁与怨本来是人所共通的情感，但要把愁与怨形诸文辞，则非慧男子、古诗人不可。这，恰是容若的气质。

“非慧男子不能善愁，唯古诗人乃可云怨”，顾贞观对这两句反复把玩，心印可之，余情余想更要为这两句作解，于是便有了顾版的《饮水词序》：

非文人不能多情，非才子不能善怨。《骚》、《雅》之作，怨而能善，惟其情之所钟为独多也。容若天资超逸，翛然尘外。所为乐府小令，婉丽凄清，使读者哀乐不知所主，如听中宵梵呗，先凄婉而后喜悦。定其前身，此岂寻常文人所得到者。

昔汾水秋雁之篇，三郎击节，谓巨山为才子。红豆相思，岂必生南国哉！

荪友谓余，盍取其词尽付。因与吴君薗次共为订定，俾流传于世云。

同学顾贞观识。时康熙戊午又三月上巳，书于吴趋客舍。

在顾贞观看来，与其说“非慧男子不能善愁，唯古诗人乃可云怨”，不如说是“非文人不能多情，非才子不能善怨”，而个中原委，就在于“惟其情之所钟为独多也”。容若之词，确实得之于天资，尤其是他的小令，婉丽凄清，完全控制住了读者的哀乐情绪，那种感觉，就好像夜半时分倾听梵呗。

的确，读纳兰词，正是这种如听中宵梵呗的感觉。青原惟信禅师讲说佛法：“老僧三十年前见山是山，见水是水；及至后来亲见，知识有个悟处，见山不是山，见水不是水；而今得个休息处，依前见山只是山，见水只是水。”叶嘉莹回顾自己阅读纳兰词的经历，正是这样的三个阶段：少年之时，因为纳兰词的真切自然、清新流畅而爱之；及至成年，历经忧患，便感觉纳兰词流于浅白，不耐咀嚼，因为作者缺少人生历练而使词作缺少余味；等到岁月催人老时，反而悟出纳兰词的幽微深隐，那浅白处正是即浅为深、即浅为美，非天才不足以为之。

[3]悼亡之吟，知己之恨

萧萧几叶风兼雨，离人偏识长更苦。欹枕数秋天，蟾蜍下早弦。
夜寒惊被薄，泪与灯花落。无处不伤心，轻尘在玉琴。

——纳兰容若《菩萨蛮》

岁月如梭。吴三桂死了，“三藩”之乱的局势逆转了，明珠愈发权倾朝野了，文坛也有越来越多的盛事了。而在容若的心里，这一年其实只有一件大事：妻子卢氏的灵柩终于移出了双林禅院，葬入了皂甲屯的祖茔。

“半世浮萍随逝水，一宵冷雨葬名花”，这不是一个女子的故去，而是一个时代的结束。

卢氏的墓志铭是由平湖词人叶舒崇撰写的：

皇清纳腊室卢氏墓志铭

夫人卢氏，奉天人，其先永平人也。毓瑞医闾，形胜桃花之岛，溯源营室，家声孤竹之城。父兴祖，总督两广、兵部右侍郎、都察院右副都御史。树节五羊、申威百粤，珠江波静，冠赐高蝉，铜柱勋崇，门施行马。传唯礼义，城南韦杜之家；训有诗书，江右潘杨之族。夫人生而婉娈，性本端庄，贞气天情，恭容礼典。明珰佩月，即如淑女之章；晓镜临春，自有夫人之法。幼承母训，娴彼七襄；长读父书，佐其四德。高门妙拣，首闻敬仲之占；快婿难求，独坦右军之腹。年十八，归余同年生成德，姓纳腊氏，字容若。乌衣门巷，百两迎归；龙藻文章，三星并咏。

夫人职首供甘，义均主鬯，二南苹藻，无愧公宫；三日羹汤，便谙姑性。人称克孝，郑袤之壶攸彰；敬必如宾，冀缺之型不坠。宜尔家室，箴盥惟仪，浣我衣裳，纮綖是务。洵无訾于中馈，自不忝于大家。亡何玉号麒麟，生由天上；因之调分凰凤，响绝人间。霜露忽侵，年龄不永。非无仙酒，谁传延寿之杯；欲觅神香，竟乏返魂之术。呜呼哀哉！康熙十六年五月三十日卒，春秋二十有一。生一子海亮。容若身居华阀，达类前修，青眼难期，红尘置合；夫人境非挽鹿，自契同心，遇辟游鱼，岂殊比目。抗情尘表，则视有浮云；抚操闺中，则志存流水。于其没也，悼亡之吟不少，知己之恨尤深。今以十七年七月二十八日葬于玉河皂荚屯之祖茔。木有相思，似类杜原之兆；石曾作镜，何年华表之归。睹云气而徘徊，怅神光之离合。呜呼哀哉！铭曰：

江名鸭绿，塞号卢龙。桃花春涨，榆叶秋丛。灵钟胜地，祥毓女宗。高门冠冕，膴族鼎钟。羊城建节，麟阁敉功。诞生令淑，秀外惠中。华标彩舜，茂映赪桐。曰嫔君子，夭矫犹龙。纶扉闻礼，学海耽躬。同心黾勉，有婉其容。柔性仰事，怡声外恭。移卣奉御，执匜敬共。苹蘩精白，刀尺女红。鸳机支石，蚕月提笼。孝思不匮，俭德可风。闺房知己，琴瑟嘉通。产同瑜珥，兆类罴熊。乃膺沉痼，弥月告凶。翠屏昼冷，画翟晨空。凤萧声杳，鸾镜尘封。哀旌路转，挽曲涂穷。荒原漠漠，雨峡蒙蒙。千秋黄壤，百世青松。

赐进士出身候补内阁中书舍人平湖叶舒崇撰

叶舒崇在写完这篇墓志铭的翌年便病逝了。他写得一手典雅的骈文，写卢氏的家世、教养、性情，无一不切合淑女之道，做的是叶赫那拉氏一位完美的媳妇。但对容若来说，自从妻子死后，“悼亡之吟不少，知己之恨尤深”，他哀悼的不只是一位叶赫那拉氏的媳妇，不只是自己的妻子，更是自己一生中唯一的红颜知己。这在以儒家传统为主流文化的中国历史上几乎是仅见的。

宋词里有很多缠绵悱恻的句子，隐藏着许多悲欢离合的故事。这些词大多是写给歌女的，歌女作为宋代略具或颇具文化素养和艺术才华的群体，自然容易受到文人士大夫们的狂热追捧。但官方三令五申地禁止他们“形而下”地结合，那千般幽怨、万种柔肠便只能付与鱼雁传书和浅斟低唱了。爱情在别处，唯独不在自己家里。

现代人对此也许很难理解。古代社会里，妻子的任务是传宗接代、相夫教子，需要她扮演的是贤内助的角色，而不是丈夫的爱情对象，最理想的恩爱境界也不过是举案齐眉、相敬如宾。如果丈夫和妻子之间产生了爱情，反倒是大可怪异之事。

所以，我们看唐诗宋词，虽然有丈夫写给妻子的一些佳作，但细心体会之下，就会发现诗词中所表达的感情尽管深厚，却越看越不像爱情。屈指可数的那几篇悼亡的名作也是这样。

悼亡作品是古典诗词中一个特殊的门类。妻子去世了，丈夫借诗词来表达哀思，表达对妻子的深情与怀念，句句是泪水，句句是叹息，情真意切之处最能唤起读者的感动和同情。但是，那不是爱情。

有人把容若的悼亡词与元稹的《遣悲怀》组诗相提并论，可是，它们虽然都是悼亡作品的典范，却貌似而神不同。元稹所感怀的，更多是一种感恩之情：回想妻子刚进门的时候，从显赫之家嫁入自己这低矮的门庭，甘心陪自己过清贫的日子，好容易自己时来运转做了高官，本可以报答妻子的恩情，让妻子过上富贵的生活，谁知道人鬼殊途，再没有补偿妻子的机会。通观三篇，意尽于此。元稹的爱情到哪里去了呢？答案是：早随着“待月西厢”的往事化作一段不堪回首的孽缘了。

悼亡诗首推元稹的《遣悲怀》，至于悼亡词，第一名篇则非苏轼《江城子·乙卯正月二十日夜记梦》莫属。这首《江城子》也常被人与容若的悼亡词并论，但是，苏轼在词里所流露出来的感情，更多是对人世沧桑的感叹。情真意切虽然不假，爱情的迹象依旧难寻。

我们只有晓得了这些背景，再读纳兰词，才会明白纳兰词为什么在词史中别具一格，才会明白为什么在悼亡诗词的典范之作里，容若的作品是那样与众不同：因为词中所哀悼的夫妻之情既不是恩情，也不是共过患难的人生沧桑，而是货真价实、赤裸裸的爱情。现代读者很难理解的是：直接抒写婚姻生活中的爱情，这在古代士大夫的正统观念里是大逆不道的。

“不辞冰雪为卿热”，容若在一阕《蝶恋花》里反用荀奉倩“惑溺”于夫妻之情的典故，只此一点，就足以成为礼法社会的异类。原因何在？大约就是王国维所谓容若一方面浸淫于博大精深的汉文化，一方面仍然保留着马背民族的淳朴天真。

【小考据】 卢氏之子

叶舒崇的墓志铭是近年在考古发掘中偶然重见天日的。依照传统说法，卢氏死于难产，没有给容若留下任何骨肉，而叶舒崇的墓志铭里却有这样一句：“康熙十六年五月三十日卒，春秋二十有一。生一子海亮。”这意味着，卢氏虽然难产，但是死于产后，孩子毕竟是生下来了，取名海亮。

而在其他所有材料里，如徐乾学为容若撰写的墓志铭、韩菼的《神道碑铭》等，都没有提过海亮这个孩子。按时间推算，到容若去世的时候，海亮应该八九岁了，没有被人遗漏的道理，看来唯一合理的解释就是这个孩子过早夭折了。

【小考据】 挽鹿车

叶舒崇的墓志铭里还有这样一句：“夫人境非挽鹿，自契同心，遇辟游鱼，岂殊比目。”所谓“挽鹿”，是“挽鹿车”的简称。后汉鲍宣上学读书的时候，老师见他清苦自励，很欣赏他，就把女儿嫁给了他，还给了很多的妆奁。在回乡完婚之前，鲍宣对妻子说，自己素来贫贱，不敢和盛装的妻子相配。妻子便把妆奁收拾起来，只穿短布裳，与鲍宣共挽鹿车回归乡里。后来“挽鹿车”便成了一个典故，比喻夫妻二人共守清贫。

鹿车并不是鹿拉的车（这是常常被人误解的），而是辘车，就是现在很多地方依然常见的独轮车。关于鹿车的典故还有很多，它们的相同之处就是清贫。

容若夫妻“境非挽鹿，自契同心”，守的虽然是富贵而非清贫，心志却是一样的。对于他们，贫富贵贱都不重要。在一切世人所看重的东西之外，他们退守自己的一方天地，自契同心。

[4]尘土梦，蕉中鹿

吾本落拓人，无为自拘束。

倜傥寄天地，樊笼非所欲。

——纳兰容若《拟古》第三十九首

屈指算来，顾贞观离京南归已经整整三年了，当年“握手西风泪不干”的送别场面犹在眼前。如今，最爱的女子远在天堂，最真的朋友远在异乡，常春藤如寂寞一般在花园的墙壁上四处攀缘蔓延。

他知道顾贞观素来不喜朱紫门庭，那就盖几间茅屋好了，这样的乡野气质才是适合你我的。茅屋盖好了，朋友该回来了吧?

当初，顾贞观频繁出入渌水亭，引来了很多非议。不懂顾贞观的人只以为他攀附朱紫门庭，趋炎附势，容若却以一句“君自见其朱门，贫道如游蓬户”打动了朋友的心。

那是《世说新语》里的一则故事。竺法深做了简文帝的座上客，丹阳尹刘谈问他：“你是一个和尚，为什么频繁出入高门大宅？”竺法深答道：“贫道出入的地方，在您眼里是高门大宅，在我眼里只同平民百姓的蓬户一样。”

因为这句话，容若真的在渌水亭畔构筑了茅屋以候顾贞观的归来。多年之后，顾贞观在容若的国子监同学张纯修那里读到了茅屋在建时容若写的一封信，信中谈到“茅屋尚未营成”云云，读来不免“为之三叹”。

当时，茅屋一建成，一封信札便寄往江南了：

三年此离别，作客滞何方。

随意一尊酒，殷勤看夕阳。
世谁容皎洁，天特任疏狂。
聚首羡麋鹿，为君构草堂。

——《寄梁汾并葺茅屋以招之》

一首诗，说服力也许不够吧？一阕《满江红》又开始催促信差的脚步：

问我何心，却构此、三楹茅屋。可学得、海鸥无事，闲飞闲宿。百感都随流水去，一身还被浮名束。误东风、迟日杏花天，红牙曲。

尘土梦，蕉中鹿。翻覆手，看棋局。且耽闲殢酒，消他薄福。雪后谁遮檐角翠，雨余好种墙阴绿。有些些、欲说向寒宵，西窗烛。

——《满江红·茅屋新成却赋》

“百感都随流水去，一身还被浮名束”，对此知音，顾贞观还会滞留多久？

“尘土梦，蕉中鹿”，这本是顾贞观偃蹇一生的凄凉感触，此时经容若写来，却有同病相怜的情形了。——这是《列子》的故事：郑国有个人在山里砍柴，遇到一只受惊的鹿。他迎上去杀了这只鹿，怕被别人看到，急急忙忙把鹿藏在一条土沟里面，还盖上了蕉叶。没想到的是，很快他就忘记了藏鹿的地方，便以为这只是自己做的一个梦，还边走边念叨着这个梦。有人听到了，就依着他的话找到了藏鹿的所在，把鹿取走了。

得了便宜之后，那人回家对妻子讲述了事情的原委，妻子却说：“你大概是梦见有这么一个砍柴的人打死了鹿吧？你现在真的拿回来一只鹿，是你的梦变成真的了吧？”

那人答道："反正鹿是真的，管他到底是谁在做梦呢！"

砍柴人回到家里，心有不甘，于是日有所思，夜有所梦，当晚便梦到了那个藏鹿的地方，又梦到了取走鹿的那个人。一大早，他便循着梦境给出的线索找到那人家里。鹿到底应该算谁的，这就争执不清了，官司便打到了士师那里。

士师判决道："你当时真的打死了一只鹿，却糊里糊涂地以为在做梦；当晚做梦得到了鹿，却糊里糊涂地以为是事实。他确实取走了你的鹿，你却同他争这只鹿，他妻子又说他是在梦里认出的人和鹿，这说明并没有谁真正得到了鹿。现在鹿就在眼前，你们就各取一半吧。"

这件事很快便被郑国国君知道了，国君说："嘻！士师不会又在梦里替别人分鹿吧？"

于是去问国相。国相说："到底是做梦还是现实，这不是我能辨别清楚的。有这个辨别能力的人，天下只有黄帝和孔子两个。但这二人早已不在世上了，还有谁可以分辨得清呢？依我看来，姑且相信士师的裁决好了。"

是耶非耶，化为蝴蝶。记忆太美好以至于被疑为梦，现实太痛苦亦会被疑为梦；不肯面对的真实于是被疑为梦，不肯接受的离别于是被疑为梦；梦太美，愿意相信它是现实；现实太苦，愿意相信它只是梦境……

"尘土梦，蕉中鹿"，是辨不清，还是不愿辨清？

【小考据】 贫道与贫僧

竺法深的那则故事，《世说新语》的原文是：竺法深在简文坐，刘尹问："道人何以游朱门？"答曰："君自见其朱门，贫道如游蓬户。"或云卞令。

竺法深是位僧人，却自称贫道，并不是说错了或者记载有误。佛教在东汉时期初传中土，而东汉正是一个谶纬盛行、鬼神遍地的朝代，时人是把佛教归入道术的。这个道术的意思不是道家之术，而近乎方术，学佛叫作学道，就连《四十二章经》里佛门都自称"释道"。及至魏晋，人们也常把佛与道一同列为道家，以和儒家相区别。

话本小说和评书里，和尚经常自称"贫僧"，其实和尚原本是自称"贫道"的，意思是不成器的修道之人，是自谦之辞，后来发现这个称谓实在容易和道士搞混，这才改称贫僧——"僧"这个字本来是表示四人以上的僧侣团体，是个集合名词，不过用来用去也就约定俗成了。

[5]博学鸿儒科

自古一代之兴，必有博学鸿儒，振起文运，阐发经史，润色词章，以备顾问著作之选。朕万几余暇，游心文翰，思得博学之士，用资典学。……

——康熙十七年正月圣旨

康熙十七年，下诏开设博学鸿儒科，消息一出，汉人知识分子一片骚然。

早在唐朝，就有了博学宏词科这个名目，是在进士及第的读书人当中再做精选，谁要是考中了这一科，就相当于进士中的进士，状元中的状元。到了宋代，博学宏词科虽然也延续了下来，但因为太难考，所以关注的人并不太多。及至元明两代，基本就是进士科一统天下的局面了。

如今，博学宏词科改称博学鸿儒科，从名分上更见尊贵了，但用意并非“精选”，恰恰相反，考试的门槛很低，目的是网罗那些有一定知名度的在野人士。这是一个高明的政治手腕，谁都看得出来。

但是，看得破，又如何？汉人的天下已经无可挽回了，博学鸿儒的名头却是每个知识分子都想要的，况且人家已经心无芥蒂了，自己何不就此走上那条人人艳羡的光辉仕途呢？

博学鸿儒科一开，地方官员纷纷荐举当地名流，这自然也是一种压力：拒绝应试岂不是公然与政府作对么？

恩威并施之下，到了这一年年底，各地名流云集京城。陈维崧、严绳孙、姜宸英……那个时代最响亮的名字都在这里了，还有朱彝尊，这个大半生怀才不遇的江湖落拓客，也借着艰难积攒下来的一些声名跻身此列，隐隐已有领袖之望。整个京城，最激动的恐怕莫过于容若了，因为这些人都是自己的朋友，渌水亭又将出现指点江山、激扬文字的场面了。忧伤了这么久，可以展颜一笑了吧？

陈维崧，字其年，号迦陵，江苏宜兴人，这一年已五十四岁了。在他年轻的时候，与彭师度、吴兆骞并称“江左三凤凰”，后来专力于词，开创了阳羡一派。

所谓阳羡派，阳羡大略就是现在的江苏宜兴，陈维崧的老家，出产紫砂壶的地方。就在清初，小小的阳羡境内词坛名手如云，蔚为壮观，词风以怨诽之情、不平之意著称。为什么会有这种局面？首先因为阳羡虽小，却是个政治敏感地区，明末东林、复社的骨干分子有不少都是这一带的人，等到王朝鼎革，阳羡一带殉难的烈士之多也是令人瞩目的。汉人天下沦亡，这里又成为隐逸聚集之处，有一种对清政府的非暴力不合作的气氛。

陈维崧出身世家，父亲是“晚明四公子”之一的陈贞慧。阳羡派词人多有凭吊故国之思，所以词作才有怨诽之情、不平之意，才有大手笔、大题目。我们可以看一看陈维崧的一首《夏初临》：

中酒心情，拆绵时节，瞢腾刚送春归。一亩池塘，绿阴浓触帘衣。柳花搅乱晴晖。更画梁、玉翦交飞。贩茶船重，挑笋人忙，山市成围。

蓦然却想，三十年前，铜驼积恨，金谷人稀。划残竹粉，旧愁写向阑西。惆怅移时，镇无聊、掐损蔷薇。许谁知？细柳新蒲，都付鹃啼。

——《夏初临·本意，癸丑三月十九日，用明杨孟载韵》

这一首词，在平淡中倾诉哀思，浓不可化。为什么不能尽情宣泄？因为题材敏感，正犯当局忌讳。词题里的“三月十九日”，就是崇祯皇帝煤山自缢的日子。癸丑年是六年之前的康熙十二年；词的下片“蓦然却想，三十年前”，

点明这首词正是明亡三十年祭。阳羡派每多追怀故国、俯仰今昔的作品，在新朝盛世发出许多不和谐的声音。谁想到仅在六年之后，因着博学鸿儒科的诱惑与压力，不和谐的在野之声终于要被收归主旋律当中了。幸耶悲耶？

严绳孙，字荪友，无锡人，这一年也有五十六岁了。他也是一位明朝遗少，他的祖父就是明末的刑部侍郎（高院副院长）严一鹏。鼎革之后，严绳孙便绝意仕进，醉心于书画世界，过的是笑傲江湖的潇洒日子。博学鸿儒科一开，严绳孙不得不来，但早已做好了消极对抗的准备，以听天命。

严绳孙写过一首《自题小画》：

占得红泉与绿芜，不将名字挂通都。
君看沧海横流日，几个轻舟在五湖。

“君看沧海横流日，几个轻舟在五湖”，这话是自诩，也是讥讽。沧海横流，方显英雄本色，在王纲解纽的时代里，多少人投靠新朝，以一身事二主，又有几个人泛舟五湖，始终拒绝与新朝合作呢？

至少，严绳孙自己就是一个。说归隐而真归隐，历朝历代都是凤毛麟角。

严绳孙号秋水，诗词集题为《秋水集》，取《庄子·秋水》之意，总算名副其实。翻看《秋水集》，有太多记游写景抒情的诗，也许隐逸于湖光山色之间当真是他最好的归宿。

不合尊前唱竹枝。天涯赢得梦来迟。鹍弦唤起三更月，一缕花风罥断丝。

多少事，只心知。又拈红豆记相思。而今牢落青衫泪，谁似浔阳夜泊时。

——《鹧鸪天》

翻开《秋水集》，每有这种缠绵悱恻、别有寄托的作品。“多少事，只心知”，在风霜交迫的岁月里，他还是忍不住把心事悄悄地说与人知。

渌水亭，主人是年轻的旗人新贵，客人是中年以上的前朝遗少，只因为诗词文章的同好便结为挚友，没有一毫芥蒂。今天我们可以从一首郊游的联句管窥当时的景况：

出郭寻春春已阑。（陈维崧）
东风吹面不成寒。（秦松龄）
青村几曲到西山。（严绳孙）

并马未须愁路远，（姜宸英）
看花且莫放杯闲。（朱彝尊）
人生别易会常难。（纳兰成德）

——《浣溪沙·郊游联句》

每人一句，连缀成篇。一连五句的欢畅，却结束于容若的一句“人生别易会常难”的悲情。心里的一些事情，他从来就不曾放开。

二月，大学士明珠代天祭孔。

三月初一，博学鸿儒科在紫禁城体仁阁开考，与试者一百四十三人。

三月二十九日，博学鸿儒科榜发，在容若的朋友中，陈维崧、朱彝尊、秦松龄被取为一等，严绳孙被取为二等。

严绳孙本来抱着“君看沧海横流日，几个轻舟在五湖”的心态，以眼疾为托词，仅仅写完一首《省耕诗》便退场了。但康熙帝久闻严绳孙的名声，钦定“史局中不可无此人”，竟然把他破格录取了。姜宸英一心仕进，却名落孙山，为此郁郁寡欢。造化弄人，总是这般。

同在京城，同样的一群人，交叠着两个世界的生活。影响当时政局的是博学鸿儒科的考试，影响中国文学史的却是渌水亭的诗词唱和。举国之中第一流的文人才子都聚集在容若的渌水亭了，才子的游戏自然就是诗词。

蜡烛被刻上记号，限时赋诗，仿佛王羲之的兰亭与李白的桃李园再现。容若作为主人，仿效王羲之与李白，在《兰亭集序》与《春夜宴桃李园序》之后，撰写《渌水亭宴集诗序》，从此与二美并称为三，成就了有清一代最美的一篇骈文：

清川华薄，恒寄兴于名流；彩笔瑶笺，每留情于胜赏。是以庄周旷达，多濠濮之寓言；宋玉风流，游江湘而托讽。《文选》楼中揽秀，无非鲍、谢珠玑；孝王园内搴芳，悉属邹枚黼黻。

予家象近魁三，天临尺五。墙依绣堞，云影周遭。门俯银塘，烟波滉漾。蛟潭雾尽，晴分太液池光；鹤渚秋清，翠写景山峰色。云兴霞蔚，芙蓉映碧叶田田；雁宿凫栖，粳稻动香风冉冉。

设有乘槎使至，还同河汉之皋；倘闻鼓枻歌来，便是沧浪之澳。若使坐对亭前渌水，俱生泛宅之思；闲观槛外清涟，自动浮家之想。何况仆本恨人，我心匪石者乎！

间尝纵览芸编，每叹石家庭树，不见珊瑚；赵氏楼台，难寻玳瑁。又疑此地田栽白璧，何以人称击筑之乡？台起黄金，奚为尽说悲歌之地！

偶听玉泉，呜咽非无旧日之声；时看妆阁，凄凉不似当年之色。此浮生若梦，昔贤于以兴怀；胜地不常，曩哲因而增感。

王将军兰亭修禊，悲陈迹于俯仰，今古同情；李供奉琼筵坐花，慨过客之光阴，后先一辙。但逢有酒，开樽何须北海；偶遇良辰，雅集即是西园矣。

且今日芝兰满座，客尽凌云；竹叶飞觞，才皆梦雨。当为刻烛，请各赋诗。宁拘五字七言，不论长篇短制。无取铺张学海，所期抒写性情云尔。

“无取铺张学海，所期抒写性情”，再次高扬“性灵”为创作宗旨。任时间流去，任爱人逝去，任年华匆匆老去，只有“性灵”二字如金如石。只是，“何况仆本恨人，我心匪石者乎”，这么多年过去了，他怎么仍然是一个“恨人”？

果然，浮生若梦，胜地不常，人生别易会常难。多年之后的一个夏天，容若忆起那年的群朋欢聚，在渌水亭饮酒赋诗之后挽臂同去不远处的净业寺赏荷，想不到那么快人就散尽了。京城还有哪里可去呢？无论走到哪里，都免不了一番物是人非的叹息：

藕风轻，莲露冷，断虹收。正红窗、初上帘钩。田田翠盖，趁斜阳、鱼浪香浮。此时画阁垂杨岸，睡起梳头。

旧游踪，招提路，重到处，满离忧。想芙蓉湖上悠悠。红衣狼藉，卧看桃叶送兰舟。午风吹断江南梦，梦里菱讴。

——《金人捧露盘·净业寺观莲，有怀荪友》

“重到处，满离忧”，旧路不忍逡巡，新途懒于踏足。一春梦雨常飘瓦，尽日灵风不满旗。这样的城市，这样的心事。

第九幕

鸾胶纵续琵琶

……鸾胶纵续琵琶。问可及、当年萼绿华。但无端摧折，恶经风浪；不如零落，判委尘沙。最忆相看，娇讹道字，手翦银灯自泼茶。今已矣，便帐中重见，那似伊家。

——纳兰容若《沁园春·代悼亡》

康熙十九年，容若二十六岁。

距卢氏之死已经三年。

作为长子，容若必须承担起传宗接代、光大门楣的义务。三年来，续弦的提议无数次被搁置，但父母之丧也不过名义上的三年（实为两年零一个月），容若总没有理由再拒绝了吧。

在家人的操办下，又一段婚姻寂寞地开始了。续弦的妻子是官氏，即瓜尔佳氏，图赖的孙女。图赖是清初名将，参加过大凌河之围，击败过李自成麾下的大将刘宗敏、刘芳亮，在扬州斩杀史可法，擒获福王朱由崧，战功赫赫。

图赖，在汉人的记忆里，这是一个充满血腥味的名字。

三代之后，记得的人还有几个呢?

图赖的孙女，也需要寻找属于自己的一份温情。她嫁进了一座显赫的府第，却只为自己觅到了一个显赫的婆家。

[1]续弦之后：一场寂寞凭谁诉

昏鸦尽，小立恨因谁。急雪乍翻香阁絮，轻风吹到胆瓶梅。心字已成灰。

——纳兰容若《梦江南》

续弦之后，容若仍多相思句。只是，这一刻，在他眼中并不是新婚之始，而是卢氏别后的第四年。从康熙十六年五月三十日以后，他的心情日记永远是从那一天算起：

此恨何时已！滴空阶、寒更雨歇，葬花天气。三载悠悠魂梦杳，是梦久应醒矣。料也觉、人间无味。不及夜台尘土隔，冷清清、一片埋愁地。钗钿约，竟抛弃。

重泉若有双鱼寄。好知他、年来苦乐，与谁相倚。我自中宵成转侧，忍听湘弦重理。待结个、他生知己。还怕两人俱薄命，再缘悭、剩月零风里。清泪尽，纸灰起。

——《金缕曲·亡妇忌日有感》

这首《金缕曲》题为“亡妇忌日有感”。康熙十九年五月三十日，卢氏的忌日，他没有想到这已是自己续弦的第一年了。站在任何旁人的角度，表态都是最尴尬的，只有顾贞观，步容若的原韵和了一首：

好梦而今已。被东风、猛教吹断，药炉烟气。纵使倾城还再得，宿昔风流尽矣。须转忆、半生愁味。十二楼寒双鬓薄，遍人

间、无此伤心地。钿钗约，悔轻弃。

茫茫碧落音谁寄。更何年、香阶划袜，夜阑同倚。珍重韦郎多病后，百感消除无计。那只为、个人知己。依约竹声新月下，旧江山、一片啼鹃里。鸡塞杳，玉笙起。

——《金缕曲》

顾贞观是个狂生，不介意旁人的议论。既然读得懂容若的心事，他便直截了当说了出来。“纵使倾城还再得，宿昔风流尽矣”，只有顾贞观深深地懂得，容若的痛，不仅因为他永失所爱，更因为他从此失去了对生活的信念。从那篇《渌水亭宴集诗序》里，他就已经读出了王羲之“修短随化，终期于尽”的无奈。

渌水亭边的池塘里，开出了一对并蒂莲。这应该是一个好兆头吧？府上所有的人都看到了，官氏看到了，容若也看到了。

第二天，每个人都看到了公子的新词：

阑珊玉佩罢霓裳，相对绾红妆。藕丝风送凌波去，又低头、软语商量。一种情深，十分心苦，脉脉背斜阳。

色香空尽转生香，明月小银塘。桃根桃叶终相守，伴殷勤、双宿鸳鸯。菰米漂残，沈云乍黑，同梦寄潇湘。

——《一丛花·咏并蒂莲》

这仅仅是一首咏物词吗？“一种情深，十分心苦，脉脉背斜阳”，这是并蒂莲的黄昏情态吗？每个人都读出了不同的意思，有猜测，也有失落。

官氏让用人退下，亲手收拾丈夫的书房。她看到在丈夫多年之前的手稿里有一首吟咏并蒂莲的七绝：

水榭同携唤莫愁，一天凉雨晚来收。

戏将莲药抛池里，种出花枝是并头。

——《四时无题诗》之一

诗写得很明白，那时候池塘里并没有并蒂莲，只是一对爱侣玩笑着把莲花的种子抛进池塘，也玩笑着说将来种出来的一定就是并蒂莲。

而今呢？并蒂莲在池塘里真的开放了，却在他的心里早已经枯萎了。

她知道。

[2]如期：洞庭歌罢意茫茫

才人今喜入榆关，回首秋笳冰雪间。
玄菟漫闻多白雁，黄尘空自老朱颜。
星沉渤海无人见，枫落吴江有梦还。
不信归来真半百，虎头每语泪潺湲。

——纳兰容若《喜吴汉槎归自天外，次座主徐先生韵》

康熙二十年，容若二十七岁。

这一年十月，京城里来了一位不寻常的人物，他叫吴兆骞，来自宁古塔。

屈指算来，当时与顾贞观有约，“绝塞生还吴季子，算眼前、此外皆闲事”，那是康熙十五年的事情，如今恰恰满了五年之期。

京城为之震动，许多人不曾想到，容若当初向顾贞观许下的五年之期竟然成真了。五年间，多少的波诡云谲，多少的离合聚散，这个沉重的诺言守得可曾艰难么？他们还知道，容若与吴兆骞素不相识，只因为倾盖如故的一场恳求，他便甘心去做下这通天的事业。君子之交，古风莫过于此。

翌年正月十五，上元之夜，容若邀请了吴兆骞、顾贞观、曹寅、朱彝尊、陈维崧、严绳孙、姜宸英等许多朋友会聚花间草堂，饮宴赋诗。

这座花间草堂，就是当初为顾贞观建造的茅屋，名字取意于五代《花间集》与宋人的《草堂诗余》，标榜着填词的审美追求。这一夜，这些当时文坛最超卓的奇男子草堂观灯，依着纱灯上图画的故事各自指图填词。

宴会的主角，是塞北初归的吴兆骞，简直算不出他已有多少年不近中原风俗了。对于容若来说，五年来时时挂念的一个名字突然换作真人，就坐在自己的对面，他是上一个时代最传奇的男子，是辉煌的大时代下最凄凉的悲剧。用一个人的悲剧，映衬一个时代的辉煌，这样也可以么？

恰恰，纱灯转到容若这边停下，眼前的图画是汉代才女蔡文姬。难道真是这样巧合？一样的胡沙，一样的悲情，一样地落在了吴兆骞的身上。一个是一国之名士，一个是倾城之才女，一般易到伤心处。

指图填词，顷刻词成，这便是有清一代享极盛名的《水龙吟》：

须知名士倾城，一般易到伤心处。柯亭响绝，四弦才断，恶风吹去。万里他乡，非生非死，此身良苦。对黄沙白草，呜呜卷叶，平生恨、从头谱。

应是瑶台伴侣。只多了、毡裘夫妇。严寒觱篥，几行乡泪，应声如雨。尺幅重披，玉颜千载，依然无主。怪人间厚福，天公尽付，痴儿騃女。

——《水龙吟·题文姬图》

这首词之所以享极盛名，是因为它已臻于修辞之至境，古典和今典交织并用，亦真亦幻，难辨古今：以蔡文姬的古典比拟吴兆骞，以吴兆骞的今典比拟蔡文姬，一切若合符节，没有一点牵强生硬的地方。

从文姬图画看去，想当初蔡邕避难江南，宿在柯亭，偶然发现这座亭子的椽子不是木头，而是竹子，拆下来做成笛子，音色奇绝，不是平常笛子可比。只是蔡邕已死，柯亭响绝，人间再也没有那样高妙的眼光，再也听不到那独一无二的笛声了。

蔡文姬和父亲一样，也喜欢摆弄乐器。有一次蔡邕夜来鼓琴，琴弦突然断了一根，蔡文姬听在耳中，对父亲说：“断的是第二弦。”蔡邕不以为然，片

刻之后故意又弹断了一根琴弦，暗暗考较女儿。女儿说，“第四弦”，果然无误。蔡文姬于是得了“四弦才”这个称誉。柯亭响绝，四弦才断，人的命运便要逆转了。所谓“恶风吹去”，正是人力无法抵挡的力量。

呜呜卷叶，塞外寒风乱吹，败叶乱飘。天生玉人，本该是瑶台伴侣，却做了毡裘夫妇。人生恒久之痛，莫过于角色之错位。

严寒觱篥，几行乡泪，应声如雨。无论是蔡文姬还是吴兆骞，虽然在北方一住经年，每每在严寒时节听到边地的乐曲，还是忍不住流下思乡的泪水。

蔡文姬被曹操赎回了，吴兆骞也被容若千里万里地营救回来了，但回想他们这一生的遭际，岂不正如吴伟业当年那首《悲歌赠吴季子》所叹息的：“生男聪明慎莫喜。仓颉夜哭良有以。受患只从读书始。君不见，吴季子。”

这一个上元之夜，悲欣交集。纱灯继续转动，这回停在了陈维崧的面前，图画是柳毅传书。陈维崧为题七绝，容若正好意犹未尽，便次韵作了和诗：

黄陵祠庙白萍洲，尺幅图成万古愁。
一自牧羊泾水上，至今云物不胜秋。

花愁雨泣总无伦，憔悴红颜画里真。
试看劈天金锁去，雷霆原恼薄情人。

晶帘碧砌玉玲珑，酒滴珍珠日未中。
忽报美人天上落，宝筝筵里尽春风。

凝碧宫寒覆羽觞，洞庭歌罢意茫茫。

玉颜寂寞今依旧，两鬓风鬟枉断肠。

——《赋得〈柳毅传书图〉次陈其年韵》

在他天真未泯的心里，柳毅传书的故事始终是一个悲剧。“一自牧羊泾水上，至今云物不胜秋”，吴兆骞远流塞外，终于也可以救回，但有些事情一旦发生，无论天与地、人与物，再也承受不住任何一个萧瑟秋天的来临。

容若次韵和了陈维崧的绝句，话题便又转到陈维崧的身上。吴兆骞问，陈维崧的词集《乌丝词》在塞北已有耳闻了。顾贞观说，既已闻于塞北，江南自然早就传遍。陈维崧抚着似戟的虬髯，淡淡地笑着。顾贞观又说，陈维崧的词素被誉为“儿女情深，风云气在”，殊不知也有一脉温柔的学步者。且听我吟：

惆怅凄凄秋暮天。萧条离别后、已经年。乌丝旧咏细生怜。梦魂飞故国、不能前。

无穷幽怨类啼鹃。总教多血泪、亦徒然。枝分连理绝姻缘。独窥天上月、几回圆。

——《朝玉阶·秋月有感》

好一个“乌丝旧咏细生怜”，容若赞道，祝贺其年兄得此知音！

陈维崧摇摇头，公子玩笑了。焉知此乌丝不是乌丝栏（一种有墨线格子的纸）之乌丝呢？

顾贞观却笑道，此乌丝确是其年兄之《乌丝词》。不过，这阕《朝玉阶》的作者平素最喜的却是《饮水词》呢。

哦，此人是……

公子不是才依着文姬图填了一阕《水龙吟》么，道什么“须知名士倾城，一般易到伤心处”，可不要一语成谶了才好。这《朝玉阶》的作者便是当世之倾城，姓沈名宛，字御蝉，乌程人，算我的半个同乡。

竟是位女子？

是位女子。

【小考据】 谁在营救吴兆骞？

吴兆骞之子吴振臣写过一部《宁古塔记略》，谈到全家被赦还乡的情况时说：“赐还之事，固同社诸公如宋右之相国、徐健庵司寇、徐立斋相国、顾梁汾舍人、成容若侍御不忘故旧之德，而其中足趼舌敝，以成兹举者，则大冯三兄之力居多焉。”列举一伙奔走营救的父辈朋友，最后才提到容若，而他以为出力最多的人则是“大冯三兄”。

这位“大冯三兄”到底是谁，早已无考。叶廷琯《吹网录》说：“大冯三兄，振臣但言壬子拔贡，在京考选教司，迄未详其里籍名字也。”

[3]觇唆龙：解道醒来无味

上元之夜的筵席匆匆结束了。没过太久的光景，所有人便风流云散。

先是顾贞观离京南还，吴兆骞倒是暂时留下了，随后住进了明珠府，做了容若的弟弟揆叙的老师，陈维崧患了头痛，不治而死……

容若也离京了。他先是扈从康熙帝北上，诣永陵、福陵、昭陵告祭，一直出了山海关。温柔乡里长大的容若第一次领略北国风光，词风也为之一变：

山一程。水一程。身向榆关那畔行。夜深千帐灯。

风一更。雪一更。聒碎乡心梦不成。故园无此声。

——《长相思》

万帐穹庐人醉。星影摇摇欲坠。归梦隔狼河，又被河声搅碎。还睡。还睡。解道醒来无味。

——《如梦令》

这两首小令后来被王国维誉为“千古壮观”，不复《侧帽词》的风流与《饮水词》的凄凉，忧郁却更深了，因为它始终沉淀着、蕴积着，不肯消退。

八月，容若又要北上。这次是领了一项新的任务——随副都统郎坦、公彭春等人“觇唆龙”，也就是侦查东北雅克萨一代罗刹势力的入侵情况。这一去山长水远，风物的不同惹得词境更加不同了。景观更加宏大了，氛围更加凄凉了，伤感的调子仍然未变：

试望阴山，黯然销魂，无言徘徊。见青峰几簇，去天才尺；黄沙一片，匝地无埃。碎叶城荒，拂云堆远，雕外寒烟惨不开。踟蹰久，忽砯崖转石，万壑惊雷。

穷边自足秋怀。又何必、平生多恨哉。只凄凉绝塞，峨眉遗冢；销沉腐草，骏骨空台。北转河流，南横斗柄，略点微霜鬓早衰。君不信，向西风回首，百事堪哀。

——《沁园春》

尽日惊风吹木叶。极目嵯峨，一丈天山雪。去去丁零愁不绝。那堪客里还伤别。

若道客愁容易辍。除是朱颜，不共春销歇。一纸乡书和泪摺。红闺此夜团圞月。

——《蝶恋花》

“一纸乡书和泪摺”，可是寄给续弦之官氏的么？

了解公子的人，不会有这样的疑惑。

第十幕

江南：烟花不堪剪

予生未三十，忧愁居其半。
心事如落花，春风吹已散。
行当适远道，作计殊汗漫。
寒食青草多，薄暮烟冥冥。
山桃一夜雨，茵箔随飘零。
愿餐玉红草，一醉不复醒。

——纳兰容若《拟古》四十首之十三

公务，还是公务；北行，还是北行。容若已经从三等侍卫升迁为一等侍卫了，康熙帝对他也益发宠信有加，但是，他还是那样寂寞，那样忧伤。“予生未三十，忧愁居其半。心事如落花，春风吹已散”，谁能相信这样的诗句是出自一位自幼即锦衣玉食的贵公子之手呢?

顾贞观可在北上的途中么？他说过他会邀请沈宛同游京城，何时才能到达呢?

近来总是爱读顾贞观的《弹指词》，尤其在病中，发现越来越懂得他，也越来越懂得自己。填一首词，要不要寄给他呢：

黄昏又听城头角，病起心情恶。药炉初沸短檠青，无那残香半缕、恼多情。

多情自古原多病，清镜怜清影。一声弹指泪如丝，央及东风休遣、玉人知。

——《虞美人》

屈指算来，好友应该快到了吧，茅屋还给他留着。只是，皇帝要南巡了，当顾贞观来到京城的时候，自己应该正行向他的家乡无锡了。

为什么会这样错过!

这是康熙二十三年，是康熙帝的第一次南巡，也是容若的最后一次行旅。

[1]江南好，真个到梁溪

伤心咫尺江干路，拟着渔蓑计未成。

——纳兰容若《雨后》

顾贞观真的陪着沈宛来到京城了。而此时的容若，已在南下途中。

十月，龙舟到达扬州，由扬州转镇江，渡扬子江。这是容若从未见过的景色，却早在顾贞观、陈维崧、朱彝尊等人的叙说里、诗词里游览过千百次了。这是他们的故乡，自己的梦乡。

自己也要在此写诗，在此作赋，诗写得奢靡，赋作得铺张，因为主角不是自己，而是帝王，一支五色彩笔要把太多气力花在歌功颂德的义务上。君临天下者，需要被献祭、被膜拜，而献祭和膜拜本来就是群氓的天性，所以我们不会理解容若的抑郁。

镇江停舟，皇帝登上了金山，极目骋怀，题下“江天一览”四字，容若为之写成了一篇汪洋恣肆的《金山赋》，说康熙帝这四个字写得“笑汉帝章草之弗工，陋唐宗飞白之无势”，看来无论秦皇汉武还是唐宗宋祖，在康熙帝面前无不输了文采、逊了风骚。文章写到这步田地，算是文学侍臣的工作呢，还是算文学弄臣的工作，或者两者本就不分?

复乘舟泛江，行至黄天荡的时候突遇狂风，康熙帝后来自恋一般讲述了这段经历，说当时所有人都吓坏了，手忙脚乱地要去降下船帆，只有自己神色如常，下令满挂船篷，截风而行，自己还站到船头射杀江豚，对天色的陡变丝毫不以为意。

这段事情被容若记录在一首《梦江南》里：

江南好，铁瓮古南徐。立马江山千里目，射蛟风雨百灵趋。北顾更踌躇。

说什么“射蛟风雨百灵趋”，好像圣天子真有百灵相助似的。词，毕竟也难逃歌功颂德、粉饰太平的命运，容若可曾生过一丝怜惜呢?

这狂风大作的黄天荡是一个很有政治寓意的地方，宋代名将韩世忠曾经在此围困兀术的大军，而金山之巅，就是传说中巾帼英雄梁红玉擂响战鼓的所在。数百年后，英灵尚在，对金人的船队仍然可以鼓动罡风，但此时的金人已经做了中国之主，要借此告诉世人的是：天命不同了。

好在江南风物纵然受着政治任务的压迫，仍然不失其清新可爱。尤其是种种的人文古迹，对于饱学的容若来说，仿佛书本里的那个世界幻化成真了。什么六朝金粉之地，什么石头城、白下柳，辛弃疾登临而把吴钩看了，阑干拍遍吴钩的北固山，李清照泛起蚱蜢舟的双溪水，曾经如在目前，而今真在目前。于是诗心里一些空当自然就留给了自己：

江南好，建业旧长安。紫盖忽临双鹢渡，翠华争拥六龙看。雄丽却高寒。

江南好，城阙尚嵯峨。故物陵前惟石马，遗踪陌上有铜驼。玉树夜深歌。

江南好，怀古意谁传。燕子矶头红蓼月，乌衣巷口绿杨烟。风景忆当年。

江南好，虎阜晚秋天。山水总归诗格秀，笙箫恰称语音圆。谁在木兰船?

江南好，真个到梁溪。一幅云林高士画，数行泉石故人题。还似梦游非。

江南好，水是二泉清。味永出山那得浊，名高有锡更谁争。何必让中泠。

江南好，佳丽数维扬。自是琼花偏得月，那应金粉不兼香。谁与话清凉。

江南好，一片妙高云。砚北峰峦米外史，屏间楼阁李将军。金碧矗斜曛。

江南好，何处异京华。香散翠帘多在水，绿残红叶胜于花。无事避风沙。

——《梦江南》

这一组《梦江南》不让香山白傅，至今还常有江南的朋友背得出来。对于容若来说，江南必到的地方也许其他人并不会留意——那是梁溪，是无锡以西的一道河水，原本河道狭窄，梁朝时得到疏浚，故称梁溪。梁溪既在无锡以西，有时也被用作无锡的代称。而无锡，正是容若的至交好友顾贞观、严绳孙的家乡。

江南好，真个到梁溪。一幅云林高士画，数行泉石故人题。还似梦游非。

——《梦江南》

别后闲情何所寄，初莺早雁相思。如今憔悴异当时。飘零心事，残月落花知。

生小不知江上路，分明却到梁溪。匆匆刚欲话分携。香消梦冷，窗白一声鸡。

——《临江仙·寄严荪友》

“真个到梁溪！”常常听故友提及的家乡风物，从没想过有一天真会看到。

词中所谓云林高士，是元代无锡的书画大家倪瓒，字云林，以书画自况，隐居避世，素有高士之誉；词中故人，当指容若所交往的江浙一带的汉人文士，顾贞观自是其一，而另一位好友严绳孙尤工书画，无锡人每以倪瓒目之。无锡山水，恍如倪瓒的画作，高傲隐逸，妙处自非俗人能会；行走之间所见一泉一石，题铭处每每都是故交好友的名字，容若身在他乡，却以这样一种形式频遇故知，此番感受，当真要问一声：还似梦游非?

不过诗意的背后也有不那么纯真的一些现实。江南文士中，有朱彝尊的一位同乡，秀水徐嘉炎，也曾与容若交往，也曾参加过渌水亭的诗词欢会，也曾参与过《今初词集》的编撰，但后来他和这个圈子里的人疏远了。他在《玉台词记》里恨恨地写道：“开亭渌水，雕椠梁溪，几成终南捷径”，以为那些江南文士攀附容若，在渌水亭吟诗，在梁溪雕版刻书，不过是为自己寻找一条做官的捷径罢了。人的聚合，总难免这样的矛盾，即便容若也不例外。

徐乾学与明珠渐渐出现龃龉了，一个是老师，一个是父亲，容若夹在中间，焦灼万状；当年的书法老师高士奇渐渐受到康熙帝的宠信，但高士奇曾经和朱彝尊、秦松龄结怨，官场角力也需要容若的斡旋；徐嘉炎因为和朱彝尊的矛盾，倒向了高士奇的一边；严绳孙本来就甘心以明朝遗少的身份终老，眼见着朱彝尊被贬官、秦松龄被夺职，便毅然抽身宦海，回乡画画钓鱼去了。容若这个孩子，甫一降生便拥有了一切，还拥有最罕见的天资，所以从不曾生过与人争夺的念头，但这世上又有几个人像他一般超凡脱俗呢。

于是，人与人的聚散遇合，终于使得他疲倦了。

倦了，但还要继续行路，继续访友，因为他毕竟还是少年心性。

这次江南之行，容若不仅留下了这一组《梦江南》，还去拜访了一位重要的朋友，种下了一颗以后将会枝繁叶茂、光耀万世的文学种子。

这个朋友，就是曹寅。

曹寅小容若四岁，早年曾经做过康熙的侍读，后来又做过御前侍卫，青年俊彦，文采斐然，和容若在北京早有惺惺相惜的交往。此刻的曹寅已经离开了北京，在南京任江宁织造，豪俊一方。

曹家在南京是一个显赫的家族，而他们的显赫却来自于他们的卑微。曹家世代为包衣之族，所谓包衣，是满语“包衣阿哈”的简称，意思是家奴。曹家从多尔衮时代就做了皇室的家奴，后来渐渐得到宠信，曹寅的母亲便做过康熙帝幼年时的乳母，而曹寅的父亲曹玺则被派往南京做了江宁织造，从此，曹家便成为南京大族。

康熙二年，曹玺到南京任江宁织造不久，即移来燕子矶边的一株黄楝树，栽种在江宁织造署的庭院之中，久而久之，树渐长大，荫蔽喜人。曹玺便在树荫之下建了一座供休憩的小亭，以树名亭，名之为楝亭。此后，曹玺便常常在楝亭之中督促自己的两个儿子曹寅和曹宣学习。

一座楝亭，就这样伴随着两个孩子的成长。曹寅长大以后，还把“楝亭”作为自己的号，著作也名之以《楝亭集》。此时，容若拜访曹寅，两人抵掌谈笑话说当年，就是在这座楝亭。

这次会面之后，曹寅携当世名家手笔的《楝亭图》前往北京，请容若及顾贞观等文学名士为之题咏，是为《楝亭图卷》，计图十幅，题咏者四十五家，堪称稀世之珍，现藏于北京图书馆，有幸者仍然能得一览。容若所题咏的，就是这首《满江红·为曹子清题其先人所构楝亭，亭在金陵署中》：

籍甚平阳，羡奕叶、流传芳誉。君不见、山龙补衮，昔时兰署。饮罢石头城下水，移来燕子矶边树。倩一茎、黄楝作三槐，趋庭处。

延夕月，承晨露。看手泽，深余慕。更凤毛才思，登高能赋。入梦凭将图绘写，留题合遣纱笼护。正绿阴青子盼乌衣，来非暮。

这大约要算容若长调的绝笔了。从图画追想江南，天涯曾经咫尺，咫尺却已天涯。

多年之后的一个秋天，曹寅的楝亭又有客人来访了：一个是庐江郡守张纯修（他是容若在国子监读书时的同学，容若传世的许多手札都是写给他的）；一个是江宁知府施世纶（他就是《施公案》里的主人公施不全）。三人在楝亭秉烛夜话，张纯修即兴作了《楝亭夜话图》，然后三人分别题咏。这真像是往事再现啊，而这个时候，距离容若去世已经整整十年了。

往事再现，往日难再。题咏的主题便自然而然地落到了三人共同的好友纳兰容若身上。

曹寅《题楝亭夜话图》，其中叹息“家家争唱饮水词，纳兰心事几曾知？”——容若的词名早已经遍及天下，《饮水词》几乎无人不知、无人不诵，但是，容若那“如鱼饮水，冷暖自知”的心事究竟有几人懂得？容若，这位相国府中衔着金汤匙出生的贵公子，词中那斑斑驳驳刻骨铭心的愁苦连自己的父亲也无法理解。

容若享尽了别人眼中的快乐，而他的内心深处，却很少有过几回真正的快乐。

又多少年过去了，乾隆晚年，和珅呈上了一部《红楼梦》；乾隆皇帝看过许久，掩卷而叹：“这书里写的，不就是明珠的家事么！”

曹雪芹就是曹寅的孙子，虽然在他出生的时候容若已经谢世，但家族的传说很可能嵌给他许许多多往事中故人的影子。红楼在哪里？梦又在何方？“今宵便有随风梦，知在红楼第几层”，“因听紫塞三更雨，却忆红楼半夜灯”，这些都是容若的句子。他所思念的，到底是一个真实的红楼，还是一处虚拟的红楼?

【小考据】 玉人

容若的那首《虞美人》里，最后说“一声弹指泪如丝，央及东风休遣、玉人知”，因为这个“玉人”，不熟悉古典诗词的现代读者很容易把它想作是写给女子的，殊不知“玉人”常指男子。

杜牧的《寄扬州韩绰判官》的末两句“二十四桥明月夜，玉人何处教吹箫”最是有名，这里的“玉人”指的就是诗题中那位判官韩绰。

再看看其他唐诗：

玉人垂玉鞭，百骑带櫜鞬。从赏野邮静，献新秋果鲜。
塞屯丰雨雪，虏帐失山川。遥想称觞后，唯当共被眠。
——卢纶《送马尚书郎君侍从归觐太原》

寄书常切到常迟，今日凭君君莫辞。
若问玉人殊易识，莲花府里最清羸。
——卢纶《偶逢姚校书凭附书达河南郄推官因以戏赠》

知向东阳去，晨装见彩衣。客愁青眼别，家喜玉人归。

漠漠水烟晚，萧萧枫叶飞。双溪泊船处，候吏拜胡威。

——权德舆《送卢评事婺州省觐》

这都是以“玉人”指男性的例子，像美男子卫玠这样的人物更是早有“玉人”之称了。所以，容若以玉人指称顾贞观，也是合情合理的。容若自己多愁多病，又感动于好友的词章，更不愿好友得知自己这般境况而忧愁惦念，也正符合容若的挚情挚性。如此，“一声弹指泪如丝，央及东风休遣、玉人知”正合那多情之人的诚挚深情。

[2]天海风涛之人

自我昔年，邂逅梁溪。子有死友，非此而谁。金缕一章，声与泣随。我誓返子，实由此词。

——纳兰容若《祭吴汉槎文》

就在容若暂驻江宁，和曹寅把酒吟诗的时候，从京城传来了噩耗：吴兆骞病逝。

其时为康熙二十三年十月，距离那个上元之夜的渌水亭宴饮仅仅两年。容若忽然想到，当初许给顾贞观的营救之期本是十年，如果真以十年为期，吴兆骞岂不就死在宁古塔了！

容若扈驾出巡之时，吴兆骞就已经沉疴不起了。容若在给严绳孙的信里写道：汉槎兄（吴兆骞）病重，我这一去不知道归来之时还能不能再见到他，一想到这里就会流泪。我近年总在鞍马间奔波，益觉疲顿，从前的壮志都已经消磨殆尽了。古人说身后名不如生前一杯酒，说得真好。……请兄方便的时候为梁汾（顾贞观）找个谋生之计。古人说做官的好处不过是多得钱财，我们这些人只要能做饱暖闲人，又何必汲汲于仕途呢！兄所识的那位天海风涛之人不知此番可有晤对的机会？弟胸中块垒，非酒可浇，只有慧心人、知心话才可消得。沦落之余，只想葬在柔乡，不知能否如愿呢？

从这封信里可见，容若从吴兆骞的沉疴不起感发无限心事，他在侍卫生涯中做得太厌倦了，而以自己的家世与才华，明明可以做一个饱暖闲人，以会友、填词来消磨岁序，但为什么就是挣不脱樊笼呢？

容若还提到了一位“天海风涛之人”，想要借她这位慧心人化解自己胸中

的块垒，不惜沉沦于柔乡，也胜过奔忙于官场。

所谓“天海风涛之人”，本来是李商隐的一段故事。

这个典故，容若曾经多次化为自己的词句，譬如“断带依然留乞句，班骓一系无寻处”，“便容生受博山香，销折得、狂名多少”。此时，在容若写给严绳孙的信里，“天海风涛之人”实有所指。她，就是乌程沈宛。

容若又想起那个指图填词的上元之夜，想起那首温婉明慧的《朝玉阶》：

惆怅凄凄秋暮天。萧条离别后、已经年。乌丝旧咏细生怜。梦魂飞故国、不能前。

无穷幽怨类啼鹃。总教多血泪、亦徒然。枝分连理绝姻缘。独窥天上月、几回圆。

——《朝玉阶·秋月有感》

这样一个女子，亦有“红巾翠袖，揾英雄泪”的温柔吧。容若以为。

[3]醒也无聊，醉也无聊

谁翻乐府凄凉曲，风也萧萧。雨也萧萧。瘦尽灯花又一宵。

不知何事萦怀抱，醒也无聊。醉也无聊。梦也何曾到谢桥。

——纳兰容若《采桑子》

“红巾翠袖，揾英雄泪”，这个角色本来是命运安排给卢氏的，谁能料到命运也如孩子一般任性呢？

想到亡妻，容若的心又疼了。这一次扈驾的任务眼看就要结束了，京城在望，那一位“天海风涛之人”也已随着顾贞观住在京城了，可这时候他为什么对一切都提不起精神，为什么总是那么百无聊赖，就连填出的词句都满是“无聊”的字眼：

电急流光，天生薄命，有泪如潮。勉为欢谑，到底总无聊。欲谱频年离恨，言已尽、恨未曾消。凭谁把、一天愁绪，按出琼箫。

往事水迢迢。窗前月、几番空照魂销。旧欢新梦，雁齿小红桥。最是烧灯时候，宜春髻、酒暖蒲萄。凄凉煞、五枝青玉，风雨飘飘。

——《东风齐著力》

尘满疏帘素带飘。真成暗度可怜宵。几回偷拭青衫泪，忽傍犀奁见翠翘。

惟有恨，转无聊。五更依旧落花朝。衰杨叶尽丝难尽，冷雨凄风打画桥。

——《于中好·十月初四夜风雨，其明日是亡妇生辰》

百无聊赖，一切都没有了味道。妻子死了，朋友也接连离去了，自己仍然强打精神，小心翼翼地做着侍卫的工作，仿佛弹指间年华老去，诗人的天性被樊笼囚禁得久了，已经不知不觉地枯萎了吧？

终于，在一个不可考的日子，也许是灯火通明，也许是阴雨霏霏，他和沈宛相见了。

沈宛，所谓“天海风涛之人”说的是她的心，若说她的身，不过是一名歌女。

初见沈宛那天，容若原本只预备漫不经心地看一场歌舞，但这预备在沈宛说第一句话时便戛然而止。

当时她唱了哪首歌、弹了哪些曲，容若已记不清了，关于她的记忆，是从第一句话开始的。旁的什么人引沈宛至容若面前，沈宛一脸清秀，妆容淡雅，头上只随意地插着一两支做工精细的梅花银簪子，和其他歌女的花红柳绿相较起来，气质出众，别有一番风韵。引沈宛的人殷勤地介绍，这位是沈姑娘，这位是……这位就是《饮水词》的作者。

沈宛轻快地走向前，朝容若福了一福，抬头盈盈一笑，说，原来是你。

原来是你。她回头，她笑着，她穿着大红金线的绲边旗装，她站在一丛栀子花旁，栀子开得如同天上的星，明亮而繁茂，她说，原来是你……回忆带着强光，教人不敢直视，他只好别转头，默默地闭上了眼。

那段时间天一直不肯放晴，雨下了一遍又一遍，淅淅沥沥，下得人心里湿答答的。

沈宛时常一整天一整天地为容若抚琴弄弦，或陪他下棋，每每容若夸赞她过人的技艺时，她总是浅浅一笑、不做表示，谦虚可爱。容若也开始为她填一些词，沈宛懂得欣赏，亦有细腻的心思去体会词里的意思，两个人的感情日益亲厚。

但沈宛渐渐发现，容若常常在最兴高采烈的时候突然旁若无人地陷入沉默，接下来的几个时辰，他只是怔怔地发呆，大多数时候神情寂寥，但有那么一两次他也隐隐带着温暖的笑。她聪慧过人，知道中间有蹊跷，但从不多问什么，只是默默地伴着。

直到某次沈宛夜半醒来，发现容若一个人孤零零地站在院子里看月亮看得出神。在风中，月亮又高又亮，比刀刃还锋利。她拿件薄衫给他披上，他立刻回头，动作太快，以至于来不及掩饰他看到她时失望的表情。她终于没忍住那句话：谁叫你刻骨铭心？

他不答，只是深深地叹息，一声接一声，仿佛心已不堪重负，一口气都能压塌。沈宛默默地背过身，突然听见他喃喃自语：时间走得真快，竟然已经过去七年了，感觉不过一眨眼，不过一眨眼，所以现在仍清楚地记得，也是可以理解的吧。声音低得融化在空气里几乎不着痕迹，但字字闯进沈宛耳朵里，再懵懂的人也能听出那时间久远却历久弥新的忧伤的秘密。

容若是旗籍，沈宛是汉籍，没有婚姻的可能。但容若还是迎娶了她，在府外为她寻了一处住所。他们寂寞地结合了，连朋友们也没有遍知。于是，沈宛甚至连其存在本身都曾是近现代研究者眼中的一桩谜案，我们今天之所以能够确证这桩婚事，一个主要证据就是发现了陈见龙当时填的一首《风入松》，题目是“贺成容若纳妾”：

佳人南国翠蛾眉。桃叶渡江迟，画船双桨逢迎便，希微见，高阁帘垂。应是洛川瑶璧，移来海上琼枝。

何人解唱比红儿。错落碎珠玑。宝钗玉臂樗蒲戏，黄金钏，幺凤齐飞。潋滟横波转处，迷离好梦醒时。

——《风入松·贺成容若纳妾》

词的上片写迎娶，下片写蜜月，把沈宛比作王献之的爱妾桃叶，比作唐代诗人罗虬最爱的歌女红儿。但容若一定不需要这样华彩的句子，他始终放不下的是那“当时只道是寻常”的从前，他要的只是和她一起，在晚钟撼动的黄昏，斜倚在软草里，看天边第一颗大星出现。

和沈宛并不能常在一起，一来因为公务繁忙，二来因为总要回家照料。对他的心她要得太多，而他能够给的却太少。于是沈宛的寓所总是清冷冷的，“可耐暮寒长倚竹，便教春好不开门”，很偶然才有一点点暖色：

欲问江梅瘦几分。只看愁损翠罗裙。麝篝衾冷惜余熏。

可耐暮寒长倚竹，便教春好不开门。枇杷花底校书人。

——《浣溪沙》

他们相聚的时间太短，却充满着等待和回忆。在沈宛的记忆里：

雁书蝶梦皆成杳。月户云窗人悄悄。记得画楼东。归骢系月中。

醒来灯未灭。心事和谁说。只有旧罗裳。偷沾泪两行。

——《菩萨蛮·忆旧》

容若的《菩萨蛮》则带着歉疚与关切，知她娇如倦，知她泪洗面，知她冷了，也知她暖了。一切尽知，却无可奈何：

窗前桃蕊娇如倦，东风泪洗胭脂面。人在小红楼。离情唱《石州》。

夜来双燕宿，灯背屏腰绿。香尽雨阑珊，薄衾寒不寒。

——《菩萨蛮》

容若是有心珍惜沈宛的。在生活上，他尽力而为：他记得每样她爱吃的菜，三天两头遣人去采购上等食材，采购回来他还要认真地挑拣，且乐在其中；她生病夜不能寐，他便衣不解带，搂她在怀里念诗与她听，不放心下人粗手笨脚，连喂药都亲力亲为；她看上一把好琴，他立刻为她买来，用她喜爱的锦缎细细包好，郑重其事地送上门去……但在感情上，他无能为力。

他对她很是喜爱。沈宛容貌清丽脱俗，又通诗文、精音律，细心体贴，为人处事处处周到，喜爱她是自然的。他很愿意给予沈宛他所有的一切，但是再怎么尽心尽力，也不可能给予他所没有的东西，比如随亡妻而逝的爱情。

不到半年的光景，沈宛终于走了，南下回归乌程。两个人不约而同地想起，那是容若读到的第一首沈宛的词，词牌是《朝玉阶》，其中说什么“枝分连理绝姻缘”，当时只以为是别人的故事，只以为是虚拟的分携，谁知道终于应在了自己的身上。

沈宛走了，小楼空了。这是康熙二十四年，永远的离别。

谢幕

人生何如不相识

人生何如不相识，君老江南我燕北。
何如相逢不相合，更无别恨横胸臆。
留君不住我心苦，横门骊歌泪如雨。
……
芙蓉湖上芙蓉花，秋风未落如朝霞。
君如载酒须尽醉，醉来不复思天涯。

——纳兰容若《送荪友》

康熙二十四年乙丑，公元1685年，容若三十一岁。

他已经是一等侍卫了，三四月间，康熙帝亲自抄录了唐代诗人贾至的《早朝》诗赠予容若，又令他赋《乾清门应制》诗，译《松赋》为满文，这些不寻常的举动无不昭显一个人事信号：容若即将获得重用。

才过而立之年的容若对此却浑然不觉，他正在想如何以又一次的词坛波澜振作一下自己这百无聊赖的心绪。早就想过要编撰一部最称心的词选，就现在好了。正是春天，容若在渌水亭写信给一位远在广东惠州的宿儒，叫梁佩兰，号药亭，邀请他北上京城，助自己完成这部词选。

这封信，就是中国文学史上极要紧的《与梁药亭书》，主修这一专业的人都不会把它略过：

仆少知操觚，即爱《花间》致语，以其言情入微且音调铿锵、自然协律。唐诗非不整齐工丽，然置之红牙银拨间，未免病其版摺矣。

从来苦无善选，惟《花间》与《中兴绝妙词》差能蕴藉。自

《草堂词统》诸选出，为世脍炙，便陈陈相因，不意铜仙金掌中竟有尘羹涂饭，而俗人动以当行本色诩之，能不齿冷哉。

近得朱锡鬯《词综》一选，可称善本。闻锡鬯所收词集凡百六十余种，网罗之博、鉴别之精，真不易及。然愚意以为，吾人选书不必务博，专取精诣杰出之彦，尽其所长，使其精神风致涌现于楮墨之间。每选一家，虽多取至十至百无厌，其余诸家不妨竟以黄茅白苇概从芟薙。青琐绿疏间粉黛三千，然得飞燕、玉环，其余颜色如土矣。

天下惟物之尤者，断不可放过耳。江瑶柱入口，而复咀嚼鲍鱼、马肝，有何味哉？仆意欲有选如北宋之周清真、苏子瞻、晏叔原、张子野、柳耆卿、秦少游、贺方回，南宋之姜尧章、辛幼安、史邦卿、高宾王、程钜夫、陆务观、吴君持[特]、王圣与、张叔夏诸人多取其词，汇为一集，余则取其词之至妙者附之，不必人人有见也。

不知足下乐与我同事否？有暇及此否？处雀喧鸠闹之场而肯为此冷淡生活，亦韵事也。望之、望之。

这封信的大意是说：我自从懂得写作就喜欢五代《花间集》那些情深语致的词作了，迷恋于它们言情入微的笔法和铿锵自然的音律。唐诗虽然也好，但与词比起来就嫌有些硬板了。

我一直苦恼的是，从来都没有一部好的词选，只有《花间集》和《中兴绝妙词》还算好些。而《草堂词统》一众选本刻印之后，虽然也算脍炙人口，但选择不精，良莠混杂，以致许多没有眼光的俗人往往把一些庸俗之作当成词的本色，这实在令人齿冷。

最近朱彝尊编成了一部《词综》，确实称得上善本，网罗能力与鉴赏能力

都很过人。但我以为，编选词集不必求博，一意求佳也就是了，所以只要作品好，对一位词人也不妨选录十篇、百篇，如果作品不好，对这样的词人根本可以提都不提。

天下最美之物是断然不可放过的，我立意多选北宋的周清真、苏子瞻、晏叔原、张子野、柳耆卿、秦少游、贺方回的作品，还有南宋的姜尧章、辛幼安、史邦卿、高宾王、程钜夫、陆务观、吴君特、王圣与、张叔夏的作品，对其余词人就只选他们绝佳的个别作品，汇编为一部词选，不必面面俱到、每个作者都要收录。

不知道梁先生是否可以与我共事呢？处在这个浮躁的世界，默默编选古人填词之佳作，这样的冷淡生活也算是一种韵事吧。

·

在容若这位天才词人的眼里，世间迄今尚无一部真正合格的词集，尤其越是流俗之作，便越有太多人捧场。俗人俗眼，缺乏最起码的鉴别能力与审美能力，却偏偏最爱自以为是，想想便令人不愤。“世界上多少晶莹皎洁的珠宝，埋在幽暗而深不可测的海底；世界上多少花儿吐艳而无人知晓，把芳香白白地散发给荒凉的空气”，如果这真是墓畔哀歌的唱词，那就作一首谐谑曲证明它错了吧。

就算是一个普通人，若在词的世界里徜徉得久了，也难免生出同样的念头，更何况一位饱学的天才呢？这样的一部词选，岂不就是容若的一部史诗么？或许一位五十年后方才出生的英国史学家最能读懂这样的心思，因为他也曾这样回忆过：“我踏上罗马广场的废墟，走过每一块值得怀念的——罗慕洛站立过的、图利演讲过的、恺撒倒下去的——地方，这些景象顷刻间都来到眼前。……1764年10月15日，在罗马，我坐在卡皮托山岗废墟之中沉思冥想时，赤足的托钵僧人正在朱庇特神庙中歌唱晚祷词，撰写一部这座城市衰亡历史的念头第一次涌上我的心头。”（爱德华·吉本《罗马帝国衰亡史》）

历史是地理的第四维，诗歌又何尝不是其中不可或缺的一维呢？容若何尝不是行过六朝金粉的故都，踏过寒笳呜咽的塞外，走过每一处值得怀念的——辛弃疾登临过的、姜夔泛舟过的、陆游细雨骑驴悠然经过的——地方，共鸣着那一幅幅如真的景象，于是他要编撰的这一部词集不就是这个古老文明的悠扬史诗么。

梁佩兰果然千里入京了，因为对这样的诚挚、这样的梦，任何一个理想主义者都不可能拒绝。五月二十二日，又是渌水亭，容若为梁佩兰设宴，席间还有顾贞观、姜宸英一众好友。

这一天的渌水亭畔多了两株小花树，是京城常见的夜合花，也叫马缨、合欢，盛夏时节会开淡粉色的花，因为羽状复叶一到夜间便成对相合，所谓“卷舒因晦明”，所以才叫夜合花。此刻正值花期，适时应景，大家就同以《夜合花》为题，各自赋诗。

阶前双夜合，枝叶敷华荣。
疏密共晴雨，卷舒因晦明。
影随筠箔乱，香杂水沉生。
对此能消忿，旋移近小楹。

——《夜合花》

容若的这首《夜合花》是他所有诗作里最令人难忘的，因为这一天赋诗刚刚吟罢花的成双，第二天容若就病倒了，接下来一连七日，终于不汗而死，苦心要编的那部词集也终于没有编成。

夜合花谢，时为康熙二十四年（1685年）五月三十日。

如今在北京宋庆龄故居，明珠府的旧地，可以看到有四五株丈许高的花树，临水妖娆。花树旁边可以看到这样的文字解说："明开夜合花，本名卫茅。初夏开小白花，昼开夜闭，故名明开夜合花。康熙年间，此园是明珠府第，已有此树。明珠之子纳兰性德曾作诗赞曰：阶前双夜合，枝叶敷华荣。疏密共晴雨，卷舒因晦明。"

这样的解说，全是错的。夜合花并非卫茅，浮云苍狗之间也早已寻不到了。《夜合花》有"对此能消忿"的句子，常有人委曲作解，诠释容若心意如何之"忿"，其实这只是一个平常的用典。嵇康《养生论》有"合欢蠲忿，萱草忘忧"，崔豹《古今注》有"树之阶庭，使人不忿也"，庭园里种上一株夜合花（合欢），可以舒缓人的心情，仅此而已。元人刘因《夜合》诗有"消忿缘无毒，合昏如识时。韦絃千古意，百绕惜芳枝"，可见，"消忿"只是咏夜合花的套语而已，别无深意。

梁佩兰从广东至北京，才来便要去了。朱彝尊以诗相送，"合欢花开暑雨微，故人留君解骖騑"。又多年后，查慎行寻访渌水亭，与友人话旧，慨叹"江湖词客今星散，冷落池庭近十年"。容若一逝，一个时代就此终结。

岁月的销蚀并不着力，早在咸丰年间，边裕礼凭吊容若故居时，便已经找不到渌水亭的遗迹了，只能感慨："鸡头池涸谁能记？渌水亭荒不可寻。小立平桥一惆怅，西风凉透白鸥心。"

渌水亭荒，夜合花可无恙么？

是忧是惧，是惆怅是迷离，公子当时讲过：

一出桃源梦便休，浮生忍对旧风流。
月从今夜圆还缺，心在他乡放即收。
丁令威来无故识，杜兰香去有新愁。

于今怕对清秋节，莫趁轻寒上小楼。

——纳兰容若《无题》

那天在明珠府旧地又见到有纳兰迷特地来寻访那几株“夜合花”，他们说这花树是三百年前公子亲手所种，见证过公子最后的离别。他们焚香稽首，顶礼膜拜，一脸虔敬。我已经不是第一次看到这样的场面了，但我从来不曾对他们讲过，如果肯下些考据功夫的话，就会知道三百年前的那一对夜合花树早就没了踪迹。

真相从来都不重要，重要的是我们愿意相信的真相。

博尔赫斯在《愧对一切死亡》中写道：“死者一无所在，仅仅是世界的堕落与缺席。我们夺走它的一切，不给它留下一种颜色，一个音节。”

但对于容若，我们不必惭愧。我们不但没有夺走他的一切，相反，我们被夺走，他夺走我们的某些部分，调换成他自己的颜色与音节。

附录
蔷薇水蘸檀心紫·纳兰词榜

“奈侧帽，风情断。觉弹指，韶光换。便飘香秀笔，总随云散”，这首《满江红·过渌水亭》的作者叫杜诏，少容若十一岁，少年时曾随顾贞观、严绳孙游历天下，算起来正是渌水亭词人的晚辈。

杜诏的这番感慨终于没有切实。虽然弹指之间韶光暗换，但“飘香秀笔”并不是“总随云散”。总有些东西，能超过我们有限的想象，在时光尽头，与永恒并肩。

流传下来的纳兰词共有三百四十多首，若论最美、最被传诵的Top10（前十），不同的人心中纵然会有不同，但你心中的排行榜与以下十首的重合度一定不会太低——只要你爱过。

[1]木兰花令·拟古决绝词

人生若只如初见。何事秋风悲画扇。[1]
等闲变却故人心，却道故心人易变。[2]
骊山语罢清宵半。泪雨零铃终不怨。[3]
何如薄幸锦衣郎[4]，比翼连枝当日愿。

【简述】

这一首《木兰花令》无疑是纳兰词中最著名的。仅一句“人生若只如初见”便道尽前人所未道，倾倒众生。人与人的聚散离合，最消受不得的怕就是这一句了。

【简注】

[1]汉成帝时，受到冷落的班婕妤写下一首《怨歌行》，以团扇自喻：“新裂齐纨素，皎洁如霜雪。裁成合欢扇，团团似明月。出入君怀袖，动摇微风发。常恐秋节至，凉飙夺炎热。弃捐箧笥中，恩情中道绝。”后人常以秋扇见捐比喻女子被弃。

[2]语出谢朓《同王主薄怨情》：“平生一顾重，宿惜千金贱。故人心尚永，故心人不见。”汪元治本《纳兰词》误刻后句“故心人”为“故人心”，这一错误常被现代选本沿袭。

[3]用唐明皇与杨贵妃事。“骊山语罢清宵半”即《长恨歌》“七月七日长生殿，夜半无人私语时”，长生殿就在骊山华清宫。后来马嵬坡事过，銮驾入蜀，其时正值雨季，唐明皇夜晚于栈道雨中闻铃，百感交集，依此音作《雨

霖铃》的曲调以寄托幽思。

[4]锦衣郎，指唐明皇。这两句仍用唐明皇与杨贵妃事。“比翼连枝当日愿”即《长恨歌》“在天愿作比翼鸟，在地愿为连理枝”。

[2]浣溪沙

谁念西风独自凉。萧萧黄叶闭疏窗[1]。沉思往事立残阳。

被酒[2]莫惊春睡重，赌书消得泼茶香[3]。当时只道是寻常。

【简述】

这是一首悼亡之作。上片触景，下片伤情。快乐总是细小的，不经意间就会随着岁月流走，“当时只道是寻常”，而这寻常的快乐再也无法重现了。

容若的名句却是另外一种风格：直抒胸臆、脱口而出、不加雕琢、平淡如话。譬如“人生若只如初见”，譬如“情到多时情转薄”，譬如“当时只道是寻常”，都只是男女最平常不过的感情，容若有过，你我也都曾或多或少地有过，这般感情以最平淡的文字表达出来，却在第一眼就能把人打动。

是的，有些句子的好需要用岁月来体会，譬如“冠盖满京华，斯人独憔悴”；有些句子的好需要反复吟哦才能体会，譬如“共眠一舸听秋雨，小簟轻衾各自寒”；有些句子的好是在读不明白的困惑中体会到的，譬如“一春梦雨常飘瓦，尽日灵风不满旗”；而容若的好，却在于明明白白、直指人心，弹指间便道破了世间每一个情中男女的心事，只一个照面便使人落泪。

若以佛事喻诗词，李杜当属大乘般若一脉，胸怀兼济之情，词多绚烂之笔；李商隐如同三论宗，辞章一出，美到极致，也模棱到极致，待要说，却说不出，正是不生亦不灭，不常亦不断，不一亦不异，不来亦不出；姜夔一身兼天台与律宗二门，先是一个圆字，圆融三谛，有大包容之相，兼之法度森严，绵密细致，钻之弥深；辛弃疾如同唯识宗，义理深邃、论说谨严，理常在情之侧，情不在理之上；至于容若，却如禅宗，他的词句每有直指人心、见性成佛的力量，让人在第一眼相识处，便骤生顿悟之心。

【简注】

[1]疏窗：刻有花纹的窗户。

[2]被酒：酒醉。

[3]李清照《金石录后序》：“余性偶强记，每饭罢，坐归来堂，烹茶，指堆积书史，言某事在某书某卷第几叶第几行，以中否角胜负，为饮茶先后。中即举杯大笑，至茶倾覆怀中，反不得饮而起。甘心老是乡矣！故虽处忧患困穷而志不屈。”

[3]蝶恋花

辛苦最怜天上月。一昔如环，昔昔都成玦[1]。若似月轮终皎洁。不辞冰雪为卿热。[2]

无那[3]尘缘容易绝。燕子依然，软踏帘钩说。唱罢秋坟[4]愁未歇。春丛认取双栖蝶[5]。

【简述】

这是一首对卢氏的悼亡词。“若似月轮终皎洁。不辞冰雪为卿热”所用的荀奉倩的典故，在《世说新语》里被放到《惑溺》一章，褒贬不言而喻。但在容若看来，荀奉倩是至情至性之人，深情可嘉。容若对荀奉倩的态度，已彰明了他对爱情的态度。

【简注】

[1]玦：半环形之玉，比喻未满的月亮。

[2]《世说新语·惑溺》：“荀奉倩与妇至笃，冬月妇病热，乃出中庭自取冷，还，以身熨之。妇亡，奉倩后少时亦卒，以是获讥于世。……”

[3]无那：无奈。

[4]李贺《秋来》：“秋坟鬼唱鲍家诗，恨血千年土中碧。”

[5]用梁山伯、祝英台死后化蝶事。

[4]山花子

风絮飘残已化萍，泥莲[1]刚倩藕丝萦。珍重别拈香一瓣，记前生。

人到情多情转薄，而今真个悔多情。[2]又到断肠回首处，泪偷零。

【简述】

这又是一首悼亡之作。“人到情多情转薄，而今真个悔多情”，这是容若的名句。情，是容若词作中、生命中的一个永恒主题，他似乎本就是为情而生、为情而伤的。容若有一方闲章，章上四个字就是“自伤情多”。这里似乎在说情太多了便物极必反，如今也开始后悔当初的多情，表面如此，但这是容若的真心话吗？当然不是，只是他的自我开解而已，因为下边马上就是多情得无法自拔的句子：“又到断肠回首处，泪偷零”。

多情和无情，有时候乍看上去难以区别。惟其多情，恰似无情。

【简注】

[1]泥莲，指荷塘中的莲花。

[2]容若另有一首《摊破浣溪沙》：“一霎灯前醉不醒。恨如春梦畏分明。淡月淡云窗外雨，一声声。人道情多情转薄，而今真个不多情。又听鹧鸪啼遍了，短长亭。”

[5]采桑子

谁翻[1]乐府凄凉曲，风也萧萧。雨也萧萧。瘦尽灯花又一宵。

不知何事萦怀抱，醒也无聊。醉也无聊。梦也何曾到谢桥[2]。

【简述】

这首词充满了一种百无聊赖的情绪，若要指认实事却指认不清。梁启超认为这首词有“时代哀音”也许求之过深，但作品的境界有时也是作者的初衷，对于天才诗人尤其如此。

词中所蕴含的似乎是一种说不清道不明的情愫，是一种矛盾的心理，也许带着几分自责，也许带着几分自嘲。容若也许是因为冷落了一个不该冷落的人而自我开解，也许是因为陷入了和另一个谢娘的故事而忽然想起了从前……一切都是可能，一切也都未必是可能的。

【简注】

[1]翻：演唱，演奏。

[2]谢桥：诗词中每以“谢桥”代指冶游之地或情人欢会之所。晏几道词“梦魂惯得无拘检，又踏杨花过谢桥”。

[6]采桑子

而今才道当时错，心绪凄迷。红泪[1]偷垂。满眼春风百事非。
情知此后来无计，强说欢期。一别如斯。落尽梨花月又西。

【简述】

这首词描写与情人分别后的思念之痛。虽无一句撕心裂肺的呐喊，但字字写尽情之深、思之切。至爱，才能在“情知此后来无计”时还“强说欢期”；至痛，才会“而今才道当时错”。

蓦地想起某天下午在家中看书，隔壁隐约飘来一阵音乐，是一首情歌，演唱者的声音楚楚可怜。别的歌词没听清，就听清一句，问得凄切缠绵：如果知道结局，我们还会相爱吗？

【简注】

[1]红泪：比喻美人之泪。王嘉《拾遗记》卷七：“（魏）文帝所爱美人，姓薛名灵芸，常山人也。……时文帝选良家子女以入六宫，（谷）习以千金宝赂聘之，既得，乃以献文帝。灵芸闻别父母，嘘唏累日，泪下沾衣。至升车就路之时，以玉唾壶承泪，壶则红色。既发常山，及至京师，壶中泪凝如血。”贺铸《虞美人》：“渭城才唱浥轻尘，无奈两行红泪、湿香巾。”

[7]于中好·十月初四夜风雨，其明日是亡妇生辰

尘满疏帘[1]素带飘。真成暗度可怜宵。几回偷拭青衫泪，忽傍犀奁[2]见翠翘。

惟有恨，转无聊。五更依旧落花朝。衰杨叶尽丝难尽[3]，冷雨凄风打画桥。

【简述】

为卢氏作的又一首悼亡词，睹物思人，哀婉凄艳。并不是因为这一切我才想起你，而是因为有你，一切都成为我思念的导火索。杨树也许并未衰枯，风雨也许并不凄冷，只是当你变成曾经，我的视野只剩下满目疮痍。

对于容若，我是佩服多于感动，那种在爱情上“虽九死其犹未悔”的执着和勇气不属于弱者。

【简注】

[1]疏帘：编制稀疏的竹制窗帘。

[2]犀奁：以犀牛角装饰的镜匣。翠翘：古代女子之首饰，即翡翠翘头。

[3]丝难尽：谐音“思难尽”。

[8]金缕曲·赠梁汾

德[1]也狂生耳。偶然间、缁尘京国，乌衣门第[2]。有酒惟浇赵州土[3]，谁会成生此意？不信道、遂成知己。青眼高歌俱未老[4]，向樽前、拭尽英雄泪。君不见，月如水。

共君此夜须沉醉。且由他、蛾眉谣诼[5]，古今同忌。身世悠悠何足问，冷笑置之而已。寻思起、从头翻悔。一日心期千劫在，后身缘、恐结他生里。然诺重，君须记。

【简述】

这首词可谓容若的成名作。据顾贞观《弹指词》：“岁丙辰，容若年二十有二，乃一见即恨识余之晚，阅数日，填此曲为余题照。”徐釚《词苑丛谈》：“词旨嵚崎磊落，不啻坡老、稼轩。都下竞相传写，于是教坊歌曲无不知有《侧帽词》者。”

【简注】

[1]德：容若自称。

[2]乌衣门第：比喻豪门望族之家。乌衣巷在南京市秦淮河畔，为晋宋时期王、谢等名门望族所居之地。

[3]李贺《浩歌》：“买丝绣作平原君，有酒惟浇赵州土。”

[4]杜甫《短歌行赠王郎司直》：“青眼高歌望吾子，眼中之人吾老矣。”晋阮籍为人能青白眼，见俚俗之人为白眼，见意气相投者则为青眼。

[5]屈原《离骚》：“众女嫉余之蛾眉兮，谣诼谓余以善淫。”

[9]金缕曲·简梁汾，时方为吴汉槎作归计

洒尽无端泪。莫因他、琼楼寂寞，误来人世。信道痴儿多厚福，谁遣偏生明慧。莫更著、浮名相累。仕宦何妨如断梗[1]，只那将、声影供群吠。天欲问，且休矣。

情深我自判[2]憔悴。转丁宁、香怜易爇[3]，玉怜轻碎。羡杀软红尘里客[4]，一味醉生梦死。歌与哭、任猜何意。绝塞生还吴季子[5]，算眼前、此外皆闲事。知我者，梁汾耳。

【简述】

“绝塞生还吴季子，算眼前、此外皆闲事”，这是容若为营救吴兆骞而向顾贞观做出的承诺。

【简注】

[1]《战国策·齐策》：苏代对孟尝君说：“今者臣来，过于淄上，有土偶人与桃梗相与语。桃梗谓土偶人曰：‘子，西岸之土也，挻子以为人，至岁八月，降雨下，淄水至，则汝残矣。’土偶曰：‘不然。吾，西岸之土也，吾残则复西岸耳。今子，东国之桃梗也，刻削子以为人，降雨下，淄水至，流子而去，则子漂漂者将如何耳？’”

[2]判：同“拼”。

[3]爇（ruò）：点燃。

[4]软红尘：京城等繁华热闹、寻欢作乐的场所。

[5]吴季子：吴兆骞。

[10]长相思

山一程。水一程。身向榆关[1]那畔行。夜深千帐灯。

风一更。雪一更。聒[2]碎乡心梦不成。故园无此声。[3]

【简述】

这首词是容若扈从康熙帝出山海关前后所作。纳兰词温婉凄迷，但摹写关外风光也有如此旷达之境。王国维《人间词话・手稿本》："'明月照积雪''大江流日夜''澄江静如练''山气日夕佳''落日照大旗''中天悬明月''大漠孤烟直，长河落日圆'，此等境界可谓千古壮观。求之于词，唯纳兰容若塞上之作，如《长相思》之'夜深千帐灯'，《如梦令》之'万帐穹庐人醉，星影摇摇欲坠'差近之。"

与这首词齐名的是容若作于同一时期的一首《如梦令》："万帐穹庐人醉。星影摇摇欲坠。归梦隔狼河，又被河声搅碎。还睡，还睡。解道醒来无味。"

【简注】

[1]榆关：山海关。

[2]聒（guō）：吵闹之声。

[3]这一句尤耐细读。容若的"乡心"是哪里，"故园"又是哪里？岂不就是榆关之外么！京城住得久了，汉文化浸淫得深了，却认他乡作故乡了。

后记
一个国王在完美时刻的愿望

如果你拥有诗歌、王位与太阳；如果你英勇无畏，在战争中所向披靡，无往不利；如果你的国土辽阔神奇，除了有着璀璨温暖的黎明、静谧安详的黄昏，还有伟大的英雄与壮丽的传说；如果你可以在金碧辉煌的宫殿享受花样繁多的欢娱，也可终日徜徉在茂密芬芳的山林撷取种种野趣；如果你不仅仅得到旁人的侍奉和恭维，还能得到他们真心的热爱和尊重；如果你的子民都将荣耀归于你；如果你爱的人恰好美艳绝伦、冰雪聪明，而她恰好不但纯真得不敢正视你的眼睛，还纯真得拥有为你去死的勇气；如果你失去所爱后还没来得及后悔便已在命途中再次与她相遇，而她心中仍然只有你一个人的身影；如果在你最完美的时刻，神还打算再满足你的要求与愿望，你会祈求什么？

一个国王，在如此完美的时刻，他的愿望却是：让所有的国王都努力谋求他的人民的幸福；让所有诵读《吠陀》的人都崇奉技艺之神萨罗萨伐底；愿永生全能的英武的湿婆免除我下一世的痛苦，不要让我投生在这终将毁灭的、罪与罚的人世间。

这是印度诗剧《沙恭达罗》的最后一幕。剧中的许多细节我已记不清，但始终念念不忘国王豆扇陀在一切都如意后这出人意料的悲伤愿望。命运从不公平，它可以迫害一个人写出“我们对于众神来说正像苍蝇之于顽童，他们仅仅为取乐就杀死我们”这样凄厉的诗句，也可以献媚一般不遗余力地使某人满足。神的眷顾，命运的恩宠，豆扇陀的人生光明而辉煌。但这光明而辉煌的人生，在这完美而骄傲的时刻，他并不留恋、无意重复、拒绝再来。

如果能完全明白豆扇陀的愿望，或许就能透彻地理解纳兰容若的悲伤，只是或许。

毛晓雯

图书在版编目（CIP）数据

纳兰容若词传 / 苏缨，毛晓雯著. —长沙：湖南文艺出版社，2017.5
ISBN 978-7-5404-8050-9

Ⅰ. ①纳… Ⅱ. ①苏… ②毛… Ⅲ. ①纳兰性德（1655-1685）—生平事迹 ②纳兰性德（1655-1685）—词（文学）—诗歌欣赏
Ⅳ. ① K825.6 ② I207.23

中国版本图书馆 CIP 数据核字（2017）第 076090 号

上架建议：诗词鉴赏・人物传记

NALAN RONGRUO CI ZHUAN
纳兰容若词传

作　　者： 苏　缨　毛晓雯
出 版 人： 曾赛丰
责任编辑： 薛　健　刘诗哲
监　　制： 于向勇　秦　青
策划编辑： 楚　静
营销编辑： 刘晓晨　罗　昕　刘文昕
装帧设计： 姜利锐
出版发行： 湖南文艺出版社
（长沙市雨花区东二环一段 508 号　邮编：410014）
网　　址： www.hnwy.net
印　　刷： 三河市百盛印装有限公司
经　　销： 新华书店
开　　本： 787mm × 1092mm　1/16
字　　数： 300 千字
印　　张： 20
版　　次： 2017 年 5 月第 1 版
印　　次： 2019 年 2 月第 4 次印刷
书　　号： ISBN 978-7-5404-8050-9
定　　价： 38.00 元

质量监督电话：010-59096394
团购电话：010-59320018